U0907237

中国数谷
爽爽贵阳的文化名片

兰义彤◎主编

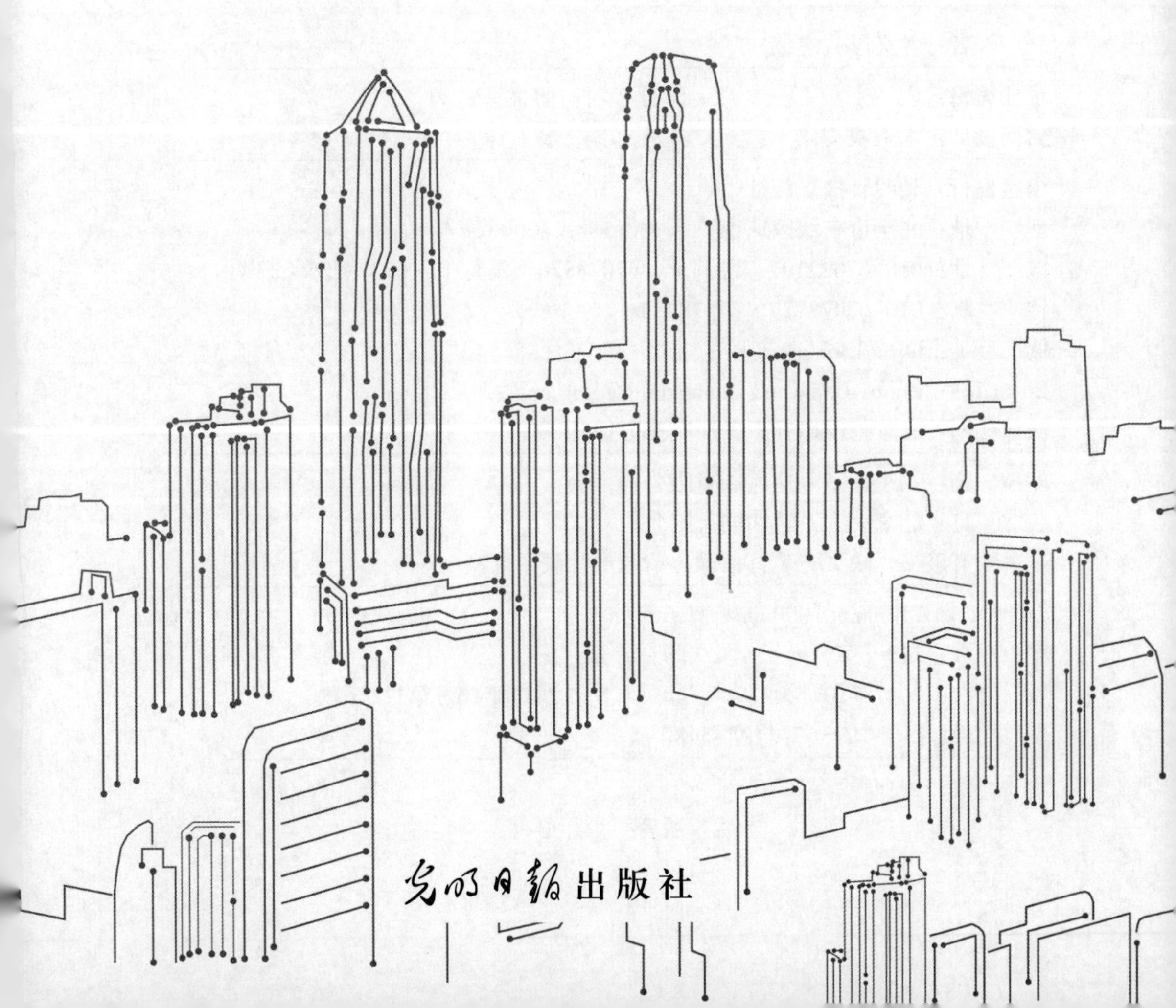

光明日报出版社

图书在版编目（CIP）数据

中国数谷：爽爽贵阳的文化名片 / 兰义彤主编. — 北京：
光明日报出版社，2017. 10
ISBN 978-7-5194-3480-9

Ⅰ. ①中… Ⅱ. ①兰… Ⅲ. ①信息产业—产业发展—
研究—贵阳 Ⅳ. ①F492

中国版本图书馆CIP数据核字（2017）第240747号

书　　名：中国数谷：爽爽贵阳的文化名片

著　　者：兰义彤　主编

责任编辑：庄　宁　　　　责任校对：傅泉泽
封面设计：水玉银文化　　责任印制：曹　净

出版发行：光明日报出版社
地　　址：北京市东城区珠市口东大街5号，100062
电　　话：010-67022197（咨询），67078870（发行），67078235（邮购）
传　　真：010-67078227，67078255
网　　址：http://book.gmw.cn
E-mail：gmcbs@gmw.cn　zhuangning@gmw.cn
法律顾问：北京德恒律师事务所龚柳方律师

印　　刷：北京天宇万达印刷有限公司
装　　订：北京天宇万达印刷有限公司
本书如有破损、缺页、装订错误，请与本社联系调换

开　　本：710mm × 1000mm　1/16
字　　数：223千字　　印　　张：20
版　　次：2017年10月第1版　　印　　次：2017年10月第1次印刷
书　　号：ISBN 978-7-5194-3480-9

定　　价：59.00元

编委会

代 序

认清形势，推动贵阳文化创新发展

陈 刚

城市是文化的容器，文化是城市的灵魂。城市文化虽然是一个老生常谈的话题，但这个话题对于今天的贵阳而言尤其关键，尤其重要，尤其迫切，尤其严峻。

之所以说尤其关键，是因为文化正在加快成为城市前行进程中最核心的竞争能力。基于文化的优势是最根本的、最难以替代和模仿的、最持久的和最独特的竞争优势，拥有独特文化特征和文化品质的城市往往能够在城市竞争中脱颖而出，而贵阳很多地方忽视了文化的延续性，城市缺少记忆，缺少独有的文化符号。虽然拥有阳明文化这样全国乃至全球顶级的文化资源，但并没有浸润在城市发展的各方面和全过程，还远没有成为贵阳城市的精神标识。

之所以说尤其重要，是因为文化正在加快成为城市经济构建中最强劲的发展引擎。一个拥有良好文化氛围和厚重历史积淀的城市，能够吸引诸多高端产业和专业人士的聚集、激发出创造性、创新性的商业模式，从而显著提升科学发展能力。特别要看到，文化创意产业越来越蓬勃发展，这是一个国内外发达城市都高度关注、倾力投入的重要领域，像伦敦，已经从原来的工业之都转变为文化创意之都。而贵阳在这方面眼界不宽、思路不清、力度不大、办法不多，导致文化产业有基础但未成体系，文化产品有亮点但未上规模。目前广义上的文化创意产业在全市GDP中的比重仅为3.5%左右。

之所以说尤其迫切，是因为文化正在加快成为城市民生供给中最重大的公共需求。随着生活水平的提高，越来越多的人开始追求高品质的精神文化生活。我观察到，贵阳的每一个广场、电影院、体育场，都可以说人头攒动，这说明什么？说明老百姓的精神需求正在发生着明显的质变，对高品质文体生活更加渴求。而贵阳的公共文化，只能说有供给但未上水平，缺少文化场馆、体育场馆、图书馆、音乐馆等等，像观山湖这样一个城市新区，竟然没有一座自己的体育馆，其他的文化设施也不健全。这说明，我们在公共文化服务供给上还任重道远！

之所以说尤其严峻，是因为文化正在加快成为城市品质提升中最突出的短板挑战。对各个城市而言，文化战线都已经站在新起点上，必须在思维、理念、手段等各方面应时而变，“不进则退、小进也是退”。而贵阳文化由于自信不足、统筹不足、开放不足，比较突出地存在一些新问题，影响着城市品质的提升。

鲁迅先生说过：“惟有民魂是值得宝贵的，惟有他发扬起来，中国才有真进步。”民之魂当以文化之，国之魂当以文筑之。文化是城市的“精气神”和最重要的软实力，是经济社会可持续发展的有力支撑。培育发展自身文化资源，是提升城市文化品质的当务之急，也是塑造城市发展竞争力的长远之需。

站在新起点上的贵阳，既面临着独特的优势，也面临着严峻的挑战。一方面，作为全省政治中心，中央和省委、省政府格外支持，重

大文化项目落地、重要文化政策支撑等都对贵阳十分有利；作为全省交通中心，是贵州文化集中展示的窗口，对文化资源的凝聚力吸引力十分强大；作为全省经济中心，文化觉醒较早，文化基础设施相对充裕，公共文化普及基础较好。另一方面，与省委、省政府对贵阳的高标准要求相比，与其他省会城市和兄弟市（州）文化超常发展的态势相比，我们还存在不小差距，需要弥补的欠账太多，文化发展的均衡性还需要提高。文化进程仍然滞后于经济步伐，文化对经济的贡献率仍然偏低，与新兴城市和最佳表现城市的地位还不相适应。可以讲，加快建设文化强市，其势已成，其势已至。当前和今后一个时期，贵阳以大数据为引领加快打造创新型中心城市，很重要的任务就是加快推进文化创新发展，挖掘城市记忆、提升人文厚度，弘扬城市精神、提升境界高度，引领城市导向、提升价值深度，培育城市气质、提升形象风度，激发城市活性、提升魅力温度。

总之，贵阳宣传思想文化战线的同志们必须切实增强紧迫感、使命感和责任感，按照守土尽责、守土有直、守土有效的要求推动贵阳文化创新发展，着力打造“五张名片”，提升文化实力，探索“五条路径”，提升文化张力，在实现文化跨越式发展这项重大工程和伟大事业的过程中，要以更高的站位、更高的认识和更高的行动自觉，发挥自己的资源优势、用好外部的各类资源，集中优势资源构筑贵阳文化精神高地。

（本文系原贵州省委常委、贵阳市委书记陈刚同志于2016年10月9日在全市文化发展大会上的讲话节选）

目　录

下篇　奋力打造“五张文化名片”

第五章 “多元一体”：打造民族文化名片

第六章 “云时代”：打造公共文化名片

貴陽

上篇

贵阳最为响亮的“城市名片”

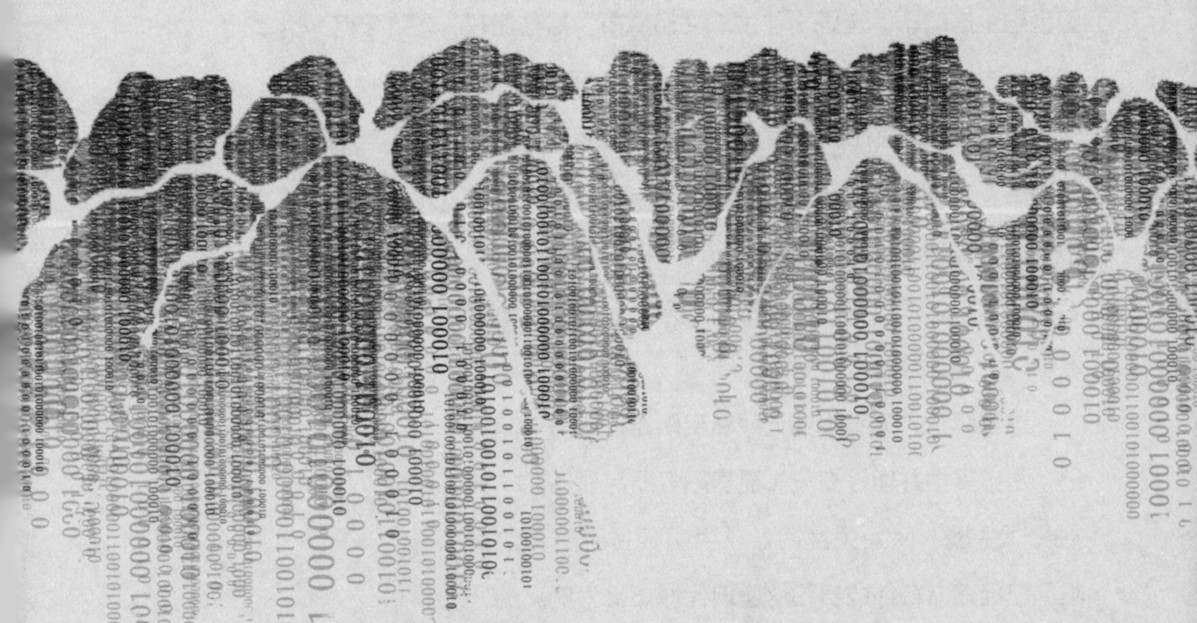

城市名片是一个城市自然、人文浓缩的精华，是一个城市最具体、最直接、最现实的品牌，是一个城市历史、现实和未来的缩影。城市名片的意义和作用体现在它能够塑造城市的灵魂，提升城市品位，强化城市精神，提高城市知名度，扩大城市影响。

长期以来，贵阳始终重视“城市名片”打造，不断获得诸多荣誉。2012年：中国十大休闲之城，全国投资环境十佳城市，中国大陆最佳商业城市，中国最佳会展城市管理奖。2013年：全国社会治安综合治理“长安杯”，最中国生态名城，最受欢迎国际会奖旅游目的地，最佳生态文化旅游名市。2014年：最适合投资数据中心的城市，2014中国最具魅力会奖目的地，2014年度中国最佳会议目的地，醉美中国·生态旅游目的地城市，醉美中国·自然养身旅游目的地城市。2015年：全国文明城市，国家节水型城市，中国金融生态城市，全国十佳生态文明城市，最佳避暑旅游城市，醉美生态旅游目的地，2015年度中国十大活力休闲城市。2016年：国家卫生城市，最佳避暑旅游城市，互联网金融十大创新城市，十大最爱阅读城市，大数据发展水平五星级城市。2017：全球避暑名城榜单在香港发布，爽爽的贵阳入选全球十大避暑名城。

这些荣誉，无不真实记载着贵阳走过的每一步印记，贯穿其中并能够充分彰显贵阳气质品质的是“数谷”“生态”两大关键词。“中国数谷·爽爽的贵阳”已经逐渐凝练成贵阳这座现代城市最为响亮的一张名片。

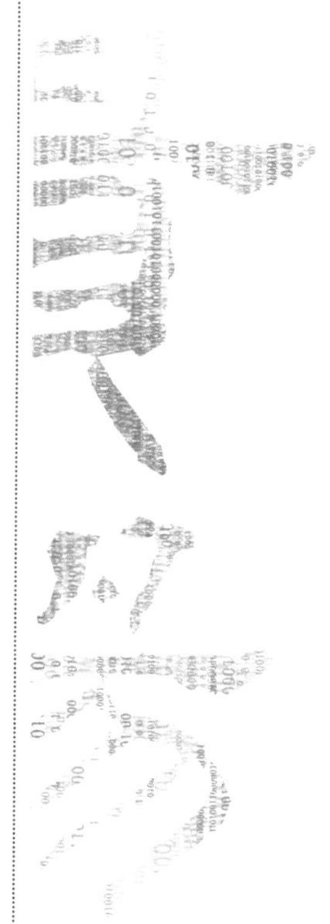

第一章

"中国数谷"因何享"誉"

2014年，在北京举行贵州·北京大数据产业推介会，标志贵州大数据正式起航，贵州随之也成了开启大数据征程最早的省份之一。贵阳市作为省会城市，在大数据发展中先行先试，抢抓了全省实施"大扶贫、大数据、大生态"战略机遇，以建设国家大数据综合创新试验区，打造以大数据为引领的创新型中心城市建设目标，逐步呈现出了"环境初显、业态渐丰、跨界融合、迅猛发展"的良好态势，城市在全国乃至国外知名度日益攀升。

第一节 因何冠以"数谷"的美誉

贵阳是国家级大数据产业集聚区、全国全域公共免费Wi-Fi城市、呼叫中心与服务外包集聚区、大数据交易中心、数据中心聚集区，全球首个块上集聚的大数据公共平台。大数据、大生态是贵阳守住发展与生态两条底线至关重要的战略。贵阳市具备良好生态与大数据的战略优势，作为全省发展的"火车头""发动机"，打造创新性中心城市建设，奠定了"爽爽的贵阳"成为"中国数谷"美誉之基。

一、“数谷”之缘

（一）贵阳市大数据发展历史背景

“大数据”是一股新的技术浪潮，它标志着人类社会从信息时代向智能时代的快速迈进，“新科技”“高智能”“大利润”“快发展”将成为大数据时代的发展特色。大数据时代是人类继农业时代、工业时代之后一个崭新的文明阶段。农业社会、工业社会和信息社会是典型的按原型结构划分的社会。按照有关学者的观点，农业社会的原型结构是实体，工业社会的原型结构是价值，信息社会的原型结构是意义。大数据的独特之处是将有价值的数据转化为有意义的数据。而意义（如幸福和快乐）可以到达异质性、个性化和潜意识（体验）层面。

2011年麦肯锡发布了一份名为《大数据：下一个创新、竞争和生产率的前沿》的报告，认为数据已经渗透到了每个行业和业务职能领域，逐渐成为重要的生产要素。2012年瑞士达沃斯世界经济论坛上宣称数据已经成为一种新的经济资产。同年，美国政府投资2亿美元启动“大数据研究和发展计划”；2013年我国两会期间，代表们提出了将大数据上升为国家战略的提案。逐步表明世界已经步入“大数据”时代，数据将成为一种至关重要的战略资源。习近平总书记多次强调贵州要守住发展和生态两条底线，并在2015年6月考察贵州期间再次提出希望培植后发优势，奋力后发赶超，走出一条有别于东部、不同于西部其他省份的发展新路。贵州省委、省政府清醒地认识到：面对欠发达、欠开放、欠开发的客观实际，决不能走“先污染后治理”的老

路，必须走可持续发展之路。大数据时代发展恰逢其时，给了贵州一个千载难逢的“弯道取直、后发赶超”的机遇，让贵州与发达地区真正站到了同一起跑线上。作为贵州省会城市，适应大数据时代发展趋势，贵阳提出“坚定不移守底线走新路，以大数据为引领加快打造创新型中心城市”奋斗目标，同样有了一个“弯道取直、后发赶超”的重大机遇。

贵阳处于发展第三梯队，该如何实现“弯道取直、后发赶超”？市委、市政府始终在探索。从贵阳市第九次党代会提出“坚持走科学发展路，加快建生态文明市”，到市委九届二次全会提出“奋力迈向生态文明新时代”，到市委九届三次全会提出“奋力走出一条西部欠发达城市经济发展与生态改善双赢的可持续发展之路”，到市委九届四次全会提出“坚守两条底线，探索双赢之路，在新起点上全面打造贵阳发展升级版”，到市委九届五次全会提出“坚定不移守底线走新路打造升级版，奋力建成创新型中心城市”，再到市委九届六次全会提出“坚定不移守底线走新路，以大数据为引领加快打造创新型中心城市”，每一次全会确定的贵阳发展主题都体现出继承与创新。

立足“爽爽的贵阳”生态实际，贵阳以辩证思维、系统思维、战略思维、底线思维，始终紧扣守住发展和生态两条底线，不断探索符合市情发展的“双赢”之路。一方面，贵阳面临着双重压力、双重任务，贵阳市委、市政府认为，作为省会城市，贵阳必须加快发展，加快转型，承担起引领贵州省经济社会转型发展的“火车头”和“发动机”使命，缩短与兄弟城市的差距；另一方面，贵阳生态环境相对脆弱，必须守牢天蓝、山青、水净、地洁的底线，不断提升生态环境质量。同时，加快发展与生态保护“一个都不能少”，既要加速发展赢得金山银山，又要改善生态拓展绿水青山，走一条绿水青山和金山银山相得益彰的发展道路。

贵阳发展路径的实践与探索，直到创新驱动战略成为现实的必然选择，大数据产业才逐步注入贵阳发展，成为打造创新型中心城市的突破口。2013年，中关村贵阳科技园在贵阳正式挂牌，贵阳市就把发展大数据产业作为经济发展和体制转型的主攻方向来抓。2013年以来，在大数据产业尚未形成垄断、整个行业处于竞相布局阶段的背景下，贵阳以与北京中关村合作为契机，紧盯技术前沿，构建以大数据为引领的现代产业体系，培育发展新动能，推动产业全面升级。

（二）贵阳市发展大数据具备得天独厚优势

贵阳市具有较高的“颜值”，是大自然的馈赠。贵阳市气候凉爽，周边年平均气温15.1℃，夏无酷暑，冬无严寒。空气清新，达到世界卫生组织设立的清新空气负氧离子标准的上限。纬度合适，处于北纬26度，与埃及的开罗、印度的新德里、美国的夏威夷大体相当。海拔适中，在1000米左右，紫外线辐射为全国乃至全球最少的地区之一，非常适合人居。灾害罕见，没有发生过地震、台风等。近年来，贵阳相继荣获了全国文明城市和国家节水型城市、园林城市、森林城市、卫生城市等称号，全国环境保护模范城市创建也通过了国家验收，在城市名片上名副其实书写了“爽爽的贵阳·中国避暑之都”。

1. 生态条件优越

贵阳市发展大数据具有先天优势。大数据产业具有生态环境要求高、产业基础依赖小、环境负面影响小等特点，发展大数据可以发挥

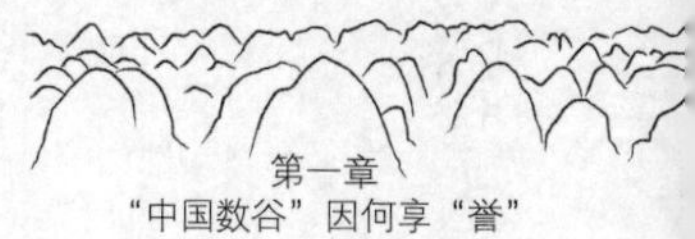

贵阳生态、气候、能源、安全、区位等比较优势，规避贵阳的发展劣势，符合贵阳生态文明城市建设要求。好的生态有利于发展大数据产业。大数据重要内容之一是数据中心，数据中心80%是能耗，数据中心有一项重要指标叫PUE（即能源利用效率值），计算方法是数据中心总的能源消耗除以IT设备消耗，PUE数值通常情况下是2，最好的是1，贵阳可以做到1.2，是发展大数据的最佳自然地理选择。

2. 产业要素保障能力强

贵州省电力充沛，能源富足，是“西电东送”的起源。贵州省水资源丰富，电力水火并济，稳定可靠。随着高铁时代的到来，贵州省物流逐步通畅，交通日益便捷。生活生产配套环境相对优越。贵阳市拥有相对较好的生产、生活和产业配套环境，电子商务、金融、保险、法律、物流、会展等生产性服务业发展水平在全省处于领先。经过近两年发展，“云上贵州”“中国数谷”已经占据了大数据产业发展的先导地位。

3. 运营商大数据中心奠定产业发展基础

三大运营商数据中心在贵安新区相继开工建设，其中：中国电信云计算中心用地500亩，总投资70亿元，中国移动（贵州）数据中心项目用地275亩，总投资20亿元，中国联通（贵安）云计算基地用地500亩，总投资50亿元。三大运营商数据中心在贵安新区相继建成后，将使贵阳周边特定区域集聚二三十万的机架、上百万台的服务器，数据存储规模可达EB以上，成为国内乃至全球最大的数据聚集地之一，这必将在贵州形成以云为基础、辐射周边的产业园区集群，带动战略性新兴产业全面、系统、有序发展。

4. 产业配套支撑能力不断提升

一是富士康第四代产业园已落户贵安新区，贵州富士康示范工厂在贵阳高新区已建成投产，电子信息产业链不断完善，配套支撑能力不断提升。二是以011、061、083三大军工基地为核心的航空航天电子装备行业快速发展，大幅度提升产业自主创新能力。三是电子材料配套能力逐步提升。在锂离子电池正极材料，银粉浆料、钯粉等电子浆料和电子级磷化工产品，金属镓等半导体材料和稀土磁性材料方面已具备很好的基础。

5.中关村要素统筹

中关村贵阳科技园作为统筹全市产业和园区发展的重要平台，为贵阳市发展新一代信息技术产业提供重要支撑。对外以首都科技条件平台贵阳合作站、北京技术市场贵阳服务平台等为载体，形成了先进科技资源引入的有效机制。对内以设立贵阳高校科研院所科技创新联盟、建立贵州大学科技园等为抓手，激发科技创新的内生动力。

6. 政策扶持到位

省委、省政府出台《关于加快信息产业跨越发展的意见》（黔党发〔2012〕27号），加快推进贵州省信息产业跨越发展。贵阳市明确了大力发展高新技术产业和现代制造业的总体思路，出台了《关于加快发展高新技术产业和现代制造业的意见》《关于支持中关村贵阳科技园发展的意见》《贵阳市产业发展指导目录》《贵阳市产业布局规划》等6个配套文件，提出打造千亿级信息产业集群。贵阳保税区的建设，将利用其独特的体制机制和政策优势，为大数据产业的发展提供强大动力。贵州省、贵阳市大数据产业发展意见、规划（行动计划）

和优惠政策已经出台，政策环境进一步完善。同时，贵阳有很好的容错性，大数据发展一定要有容错空间，在发达地区，容错的风险成本比较高，而贵阳属于欠发达省会城市，禁锢相对较小，可以为大数据标准、立法的制定和技术的实验提供平台与载体。

二、"数谷"盛会

2015年至2017年，贵阳连续成功举办了三年"数博会"。通过数博会这个平台，全球精英齐聚贵阳，探讨引领议题和发展趋势，展示大数据领域发展的重大成果和前沿探索。数博会的成功举办，提升了贵阳在大数据领域的话语权和国际影响力。

（一）数博会

1. 第一届"数博会"

2015年5月26日，以"'互联网+'时代的数据安全与发展"为主题的2015贵阳国际大数据产业博览会暨全球大数据时代贵阳峰会在贵阳隆重开幕。中共中央政治局常委、国务院总理李克强发来贺信。中共中央政治局委员、国务院副总理马凯出席开幕式并讲话。

贵州向外界回答"为什么"与"凭什么"两个关键问题。大数据产业不仅被贵州当作一个单纯的经济增长点，而且成为一个西部落后省份后发赶超、弯道取直的战略性路径选择。贵州具有"生态气候条件好""要素保障能力强""产业配套基础实""三大运营数据商落户的机遇""产业资源持续导入的机遇""产业政策环境利好的机遇"等一系列优势。

2. 第二届“数博会”

2016年5月25日，由国家发展改革委、工业和信息化部、商务部、中央网信办、贵州省人民政府主办的中国大数据产业峰会暨中国电子商务创新发展峰会在贵阳隆重开幕。中共中央政治局常委、国务院总理李克强出席开幕式并致辞：“贵州的大数据产业不仅和东部发达地区平等竞争，而且走在了全国前列。”

第二届数博会以“大数据开启智能时代”为主题，主要内容包括“两会”（即中国大数据产业峰会暨中国电子商务创新发展峰会）、“一展”（贵阳国际大数据产业博览会）、“两赛”（中国国际电子信息创客大赛暨“云上贵州”大数据商业模式大赛、痛客大赛）。大会围绕“数据创造价值、创新驱动未来”共策划了71场论坛，涉及中国智慧城市数据安全与产业合作高峰论坛、互联网金融数控创新高峰论坛、工业互联网创新与发展、云计算与大数据融合发展、大数据创新生态体系、大数据时代政府治理创新、从财经的角度看数据的价值及电子商务发展、“农业大数据”等。设立经济和社会发展、产业与应用、技术与趋势、安全和隐私保护、电子商务五大板块。本届数博会论坛除了阿里巴巴、SAP、奇虎360、华为、HPE、微软、英特尔等国际性大公司注目外，还得到了来自美、英、德、印等政府、企业界及学术机构的青睐。

3. 第三届“数博会”

2017年5月26日，由国家发展改革委、工业和信息化部、国家互联网信息办公室、贵州省人民政府共同举办的2017中国国际大数据产业峰会暨中国电子商务创新发展峰会，突出“全球视野、国家高度、产业视角、企业立场”，坚持“国际化、专业化、高端化、产业化、可持续化”的原则，围绕“同期两会、一展、一赛及系列活动”，举办了开幕式、高峰对话会和电商峰会，以及论坛77场、展馆发布31场、新闻发布12场、系列活动15场。来自全球各地的大数据业界高管精英、专家学者，科研机构、咨询机构、中小企业负责人和创新创业者，累计超过5万人参加活动。

党中央、国务院对此次活动高度重视，给予了极大的关心关怀。中共中央政治局常委、国务院总理李克强发来贺信，代表中国政府对2017中国国际大数据产业博览会的举办表示祝贺。中共中央政治局委员、国务院副总理马凯出席开幕式并做重要讲话，为贵州大数据发展指明了方向。

第三届数博会上，贵阳发出了向“区块链”进军的宣言：三年多前，贵阳率先开启了大数据的神奇探索；三年多后，在人们对大数据还没有完全搞清楚时，贵阳又提出了发展区块链。当年，我们认识到大数据是一种资源、一种技术、一种产业，更是一个时代。今天，我们也认识到区块链是一种集成技术、一场数据革命、一次秩序重建，更是一个历史拐点。

（二）京筑创新驱动区域合作年会

2013年9月8日，以贵阳市政府与北京中关村管委会签订战略合作框架协议为标志，京筑创新驱动区域合作拉开序幕。在双方的共同努力下，贵阳以中关村贵阳科技园为统揽，积极推进产业布局优化和结构调整，形成“一城两带六核”的中关村贵阳科技园总体布局；与中关村知名龙头企业合作，启动贵阳大数据7系列基础平台项目建设；从

北京引进了总额超过1800亿元的260个项目；黄城根小学、北京八中等学校，北京积水潭医院等医疗机构与贵阳相关单位开展深度合作；两地合作组建了首都科技条件平台贵阳合作站、北京技术市场贵阳服务平台等科技创新平台，促成本地企业对外技术合作项目20余项；开展了京筑干部交流和人才培训，贵阳市选派了两批147名干部到北京挂职，国家部委和北京市选派了30名干部到贵阳市挂职。北京与贵阳区域协同创新的实践成绩得到广泛认同，科技部等国家相关部委给予高度评价。

1. 2014京筑创新驱动区域合作年会

2014年4月19日，为期2天的2014中国（北京）跨国技术转移大会贵阳峰会暨京筑“创新驱动区域合作”年会在筑举行，这是京筑创新驱动区域合作首次以年会的形式开展。此次年会，与2013年系列活动的“走出去”有所区别，本次年会更多地体现“引进来”，特别是汇聚北京丰富的科技成果，促使创新要素源源不断地涌入贵阳。贵阳以本次年会为契机，全力支持京筑两地科技工作者和企业家的合作和交流，充分整合两地资源的优势，涵盖现代农业、节能环保、装备制造、生物医药、电子信息等九大领域的企业入驻贵阳，推动贵阳市实体经济快速发展，打造经济社会发展升级版的强大动力。

京筑创新合作绝不是简单的产业转移，绝不是只对单方有好处，而是共同实施创新驱动发展战略的需要，是有利于双方长远发展的共赢之举。面临汹涌而来的互联网时代，贵阳只要两地优势互补，深度合作，就一定能够创造出倍增效应，甚至出现爆发式的增长。北京高度集聚全国各行各业的数据中心，大数据基础建设、行业应用等领域

的领军企业快速成长。在贵阳贵安新区，随着包括中国电信、中国移动、中国联通三大运营商在内的一系列重点企业的数据中心的落户，为京筑合作共赢提供新的更大的空间。

2. 2015京筑创新驱动区域合作年会

2015年5月24日，年会在贵阳召开，大数据战略重点实验室揭牌。京筑两地科学家、企业家以及创新管理专家齐聚一堂，共同就“做好创业辅导服务、推动大众创业万众创新”进行交流讨论。

贵州省资源富集、生态良好，长期以来经济社会发展相对滞后，一个重要的原因就是科技创新实力不强。京筑两地签署区域合作框架协议以来，双方积极探索完善创新合作机制，共同推进协议内容实质性落实，在科技人才交流、创新资源共享、技术转移转化等方面取得了明显实效。贵阳实施开放带动创新驱动，必须回答好“发展是靠资源还是靠创新、创新是靠人才还是靠环境、环境是靠政策还是靠制度”这三个问题。贵阳以京筑创新合作为契机，始终高举生态文明建设大旗，走新型工业化发展道路，促进产业结构战略性调整，形成立足本地、覆盖全省、辐射全国的有竞争力、有辐射力的现代产业体系。在未来一段时间里共同打造大数据战略重点实验室、区域性重要创新平台、北京技术创新试验工场，实现更大范围、更深程度、更高层次的合作。

3. 2016京筑创新驱动区域合作年会

2016年5月22日，2016京筑创新驱动区域合作年会举行。大数据战略重点实验室共建工作领导小组召开第一次会议，贵阳市政府与北京市科委签署共建大数据战略重点实验室协议，大数据战略重点实验

室中央党校研究基地、大数据战略重点实验室全国科学技术名词审定委员会研究基地、贵州省块数据理论与应用创新研究基地、贵州省城市空间决策大数据应用创新研究基地、贵州省文化大数据创新研究基地、大数据战略重点实验室北京研发中心揭牌。

京筑合作把“创新驱动”作为区域合作的主题，符合中央提出的创新发展理念、符合贵阳的发展实际。回顾过去，技术和人才是贵阳大数据发展起步面临的最大问题，但随着京筑合作深入推进、中关村贵阳科技园加快建设，两块“短板”很快得到了弥补，使得我们更有信心和底气发展好大数据。

贵阳的大数据发展是在探索一种更多依靠创新驱动、更多发挥先发优势的高端引领型发展模式，符合我国发展的历史逻辑和现实需要。依托大数据战略重点实验室建立的中央党校研究基地，是京筑创新驱动区域合作的又一创新成果。基地将聚焦公共政策大数据分析，为各级党委和政府决策提供支撑，推动公共政策科学化、政府治理现代化。

4. 2017京筑创新驱动区域合作年会

2017年5月9日，2017京筑创新驱动区域合作年会在筑开幕。经过三年的探索实践，贵阳大数据发展在取得显著成效的基础上，有了新的思考、新的方向，即把政府数据共享开放、大数据安全、区块链作为三大方向选择，以数据共享开放重塑大数据生态，以大数据安全保障网络空间治理，以区块链引领信息技术创新、共建社会互信机制。未来的路上，贵阳发展大数据要取得成功，关键取决于如何发挥好比较优势。要依托自然优势，当仁不让；立足政府创新，主动作为；聚

焦集成创新，借力发展；精准把握趋势，先行先试。贵阳大数据发展也离不开京筑合作带来的动力与活力。贵阳市提出愿与北京市以及各界各方更加紧密地携起手来，共同开启京筑合作2.0版，以大数据为支点，撬动贵阳的美好明天。

京筑合作经过几年发展，已经硕果累累，形成了创新驱动区域合作的新机制、新模式、新经验。贵州作为首个国家大数据综合试验区，贵阳作为试验区核心区，率先发展大数据的效益正在全面呈现；贵州、贵阳大数据发展包含着京筑合作的重大成果，京筑合作的经验在全国具有示范借鉴意义；中国干部学习网大数据创新中心落地贵阳，有望为京筑合作增添一笔新色彩、一份新成果。

三、“数谷”航向

2015年6月，习近平来到贵州考察时，曾专门参观了贵阳大数据交易所，并留下一句话：“贵州发展大数据确实有道理。”2016年5月，工信部授予贵州省“中国南方数据中心示范基地”称号。按照国家绿色数据中心建设标准和要求，贵阳市中电高新等6家数据中心获批国家绿色数据中心试点单位。在2017年5月第三届“数博会”上，《大数据蓝皮书：中国大数据发展报告No.1》正式发布，并推出了大数据发展指数，对中国31个省域和31个重点城市评估，贵州排名省域第七，贵阳排名城市第四。

大数据的发展将对智慧城市建设和发展产生强大的支撑作用。目前，贵阳已建成“数据铁笼”“党建红云”“筑民生”“智慧物流”“智慧医疗”等多个应用平台，形成了大数据引领贵阳智慧城市建设在政用、民用、商用领域的统筹发展，并取得较大成绩。

（一）大数据政用

1. 政用领域的“第一”

（1）第一个大数据战略重点实验室

2015年5月24日，由北京市科学技术委员会和贵阳市人民政府共建的中国首家“大数据战略重点实验室”在贵州贵阳成立。大数据战略重点实验室是根据贵州省发展大数据的总体部署设计，依托贵州大学贵阳创新驱动发展战略研究院组建和运行。

大数据战略重点实验室以国家战略和应用需求为导向，瞄准大数据发展前沿和贵州省大数据发展创新实践，确定三个方向及研究重点：一是开展大数据理论创新研究，通过抢占大数据理论制高点，以块数据为核心开展块数据理论、模型及其应用等研究，形成百家争鸣、百花齐放的跨学科融合式创新氛围。二是开展大数据政府治理研究，通过抢占大数据实践探索制高点，以“数据铁笼”为突破口开展大数据监督和技术反腐体系研究，指导政府提高行政效能，强化党的建设。三是开展大数据发展与经济社会深度融合战略研究，通过抢占大数据规则制定制高点，以大数据指数为切入点，开展基于大数据监测预测研究和决策咨询服务，为推进贵州省大数据综合实验区、创新型中心城市建设提供智力支持。

在大数据战略重点实验室的组建和运营中，共建是实验室的一大特色和优势。在共建过程中，实验室将充分发挥北京的科技创新资源优势和京筑创新驱动区域合作的平台优势，共建“五基地一中心”。

一是大数据战略重点实验室中央党校研究基地。由贵阳市和中央党校共建，主要任务是共建公共政策大数据分析与应用北京市重点实验室，并积极争取申报国家重点实验室；以多学科交叉为基础，开展创新性研究，主攻公共政策检索、研究、预测与评估体系建设的基础理论与应用研究，建立以大数据驱动为核心，以新一代信息技术为支撑，具有全面感知、实时连续、自主预置和科学评估等特征的全新公共政策分析系统，为各级党委和政府决策提供支撑。

二是大数据战略重点实验室全国科学技术名词审定委员会研究基地。由贵阳市和全国科学技术名词审定委员会共建，其主要任务是依托全国科学技术名词审定委员会组建大数据战略专家委员会，指导贵阳大数据发展理论研究和实践应用；共同组织编纂出版《大数据百科全书》，并以此为基础形成年度阶段性成果；共建大数据百科网络共享服务平台，推进大数据新名词的审定、发布和应用。

三是贵州省块数据理论与应用创新研究基地。主要任务是加快块数据理论创新、应用创新和制度创新研究，引领贵州大数据向更高层次、更广领域、更大范围发展，打造中国大数据发展战略新高地，为建设国家大数据（贵州）综合试验区贵阳创新型中心城市建设提供先行先试的理论、应用和制度支持。

四是贵州省城市空间决策大数据应用创新研究基地。主要任务是坚持以大数据为引领，转变城市发展方式，完善城市治理体系，提高城市治理能力，努力提升城市规划建设管理水平；运用大数据思维和大数据技术，创新规划理念，改进规划方法，加强空间开发管制，防止"摊大饼"式扩张；充分发挥城市空间决策大数据应用创新的调控、引领和刚性约束作用，积极开展"多规合一"试点示范，探索一

条不同于东部有别于西部、具有贵州特色的城市发展新路。

五是贵州省文化大数据创新研究基地。主要任务是加快阳明文化、民族文化、生态文化大数据创新研究；积极实施阳明文化文物普查挖掘工程、阳明文化典籍整理工程和阳明文化国际文献研究交流工程，举办“天人合一·知行合一”高峰论坛，推动北京阳明书院建设；建设阳明文化国际文献大数据中心，加强中日、中韩、海峡两岸等海内外阳明文化研究、交流和合作，不断提升阳明文化的国际影响力；加快建设西南民族文化（贵州）大数据中心，充分利用大数据平台，推进民族民间文化内容创新、传播方式创新，讲好贵州故事，传播贵州声音，提升贵州多民族文化的影响力和竞争力；充分利用大数据平台弘扬生态文明理念，建立国际生态文化（贵州）大数据中心，加快生态文明贵阳国际论坛成果的数据化采集和可视化传播。

“一中心”即大数据战略重点实验室北京研发中心。依托北京市科委重点实验室和北京国际城市发展研究院组建和运行，旨在发挥北京的科技创新资源优势和京筑创新驱动区域合作平台优势，共同打造大数据战略创新平台和试验工场，成为京筑在更大范围、更广领域、更高层次合作的重要载体。其主要任务是组建大数据战略重点实验室专家咨询委员会，开展以块数据为核心的理论研究，建设中国城市大数据分析与应用平台。

（2）第一个政府资源开放的先进示范城市

2017年1月，贵阳市第十三届人民代表大会常务委员会第四十八次会议审议通过《贵阳市政府数据共享开放条例》（以下简称《条例》），自2017年5月1日起正式实施，打破了一直以来政府数据共享开放责权利关系不清，无法规可遵循，造成数据封锁，资源浪费的情

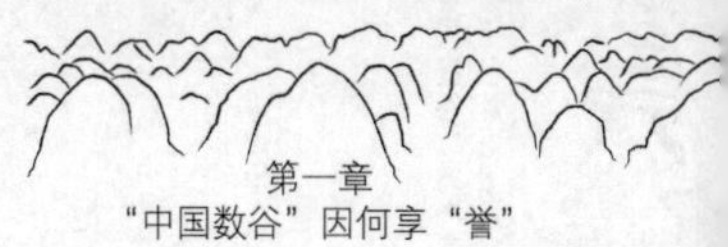

况，推动了贵阳市成为第一个政府资源开放的先进示范城市。

贵阳市制定《条例》既是承担大数据创新性实验任务的先行先试之举，也是抓住大数据发展机会的重要选择。《条例》是我国目前首部政府数据共享开放地方性法规，其诞生是贵阳市围绕大数据在地方立法实践上的一次重大突破，具有重要的示范效应和重大现实意义，意味着贵阳市已经成为大数据时代的重要参与者，甚至是积极的引领者。《条例》对共享开放做出界定，共享是指政府部门间数据要实现共享，开放是指政府部门要对社会实现数据开放。数据只有开放，价值才能被激活，产业才有了基础。《条例》对政府数据的共享开放，明确定义、责任和原则，明晰标准规范，打破利益格局，政府部门间数据共享，面向社会数据开放，让数据真正“解放”、释放价值。数据共享开放纳入法制化轨道，促进数字经济健康发展，提高政府治理能力和服务水平，激发市场活力和社会创造力。想看政府部门的数据资料，不用人托人、不用申请等，贵阳市海量的政府数据将走出高阁不再神秘。

2. 大数据在政用领域的拓展

大数据在贵阳政用领域的多个第一，其发展运用将对智慧城市建设和发展产生强大的支撑作用，特别是近三年来建设的大数据平台，将有效地监督政府公权力运行，促进政府效能提升。“党建红云”“数据铁笼”等大数据项目平台的建设运行，使全市公权力得以有效监督。

（1）“党建红云”平台

在探索大党建新途径的过程中，贵阳以大数据为引领，搭建

“云”到“端”的智能化平台——大数据云平台“党建红云”，以其特有的运行模式，持续推进党建工作科学化水平提升，取得了打造“智慧党建”的新突破、新成效。

“党建红云”平台包括党建APP（即贵阳“两学一做”APP）、干部管理、视频云服务、党务公开、党员干部教育、领导干部个人诚信六大运用系统。平台通过数据留痕，汇集各类分散孤立、实效性不强、没有形成有效关联的党建工作条数据，形成相互关联的块数据，实现对党组织和党员干部“横到边、纵到底”的数据采集、分析、查询、追踪和应用，为科学研判党建工作提供数据支撑。

在以大数据为引领加快打造创新型中心城市的征程中，作为大数据政务应用的“党建红云”平台将持续发力，推动利用大数据规范、约束、提醒党员行为和自流程化管理基层组织模式的形成，提高党的建设科学化水平。

（2）“数据铁笼”工程

“数据铁笼”工程建设，采取优化、细化、固化权力运行流程和办理环节，实现权力在阳光下清晰、透明、规范运行。

“数据铁笼”作为“破解监督制约权力这一重大课题的创新之举”在2015年1月首次与公众见面。2016年3月，《贵阳市全面推进“数据铁笼”工程建设的指导意见》《贵阳市2016年全面推进“数据铁笼”工程建设工作实施方案》印发。

“数据铁笼”工程，依托大数据产业优势，通过制定统一的数据技术标准，优化、细化、固化权力运行流程和办理环节，合理、合法地分配各项职责，实现网上办公、网上审批、网上执法，权力运行实施全程电子化、处处留“痕迹”，通过数据化的记录和监督，让权

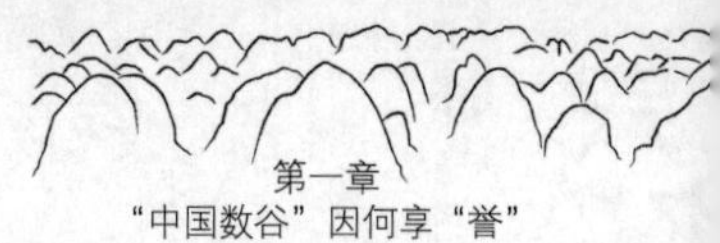

力在阳光下清晰、透明、规范运行，置于社会公众的监督之下，并及时查处和纠正发生在权力行使过程中的违法违纪行为，使权力运行透明、可追溯，实现了“人在干、云在算、天在看”。

（3）数据立法，树立大数据发展标杆

推进数据立法建设，牢牢把握大数据标准制定主导权。贵阳市相继出台《中共贵阳市委关于以大数据为引领加快打造创新型中心城市的意见》，编制了《贵阳大数据战略行动实施方案》《贵阳市大数据产业发展“十三五”规划》《贵阳市大数据产业人才队伍中长期规划》《贵阳市大数据社会领域应用三年行动计划》等系列规划文件。发布了《贵阳区块链发展和应用》白皮书，出台了《贵阳市促进大数据发展“比、学、赶、超”工作推进方案》以及《贵阳市大数据发展综合测评办法》。

研究制定国家大数据法律法规，把牢数据发展主导权。《贵阳市政府数据共享开放条例》已于2017年3月经过贵州省第十二届人民代表大会常务委员会第二十七次会议批准。同时，贵阳市与国家信标委大数据标准工作组进行合作，开展三项大数据交易国家标准的编制；主导和参与了《政府数据 数据分类分级指南》《政府数据资源目录 第一部分：元数据描述规范》《政府数据资源目录 第二部分：编制工作指南》和《政府数据 数据脱敏工作指南》等4项大数据贵州省地方标准的编制。

（4）数据联通，政府治理效能提升

成立政府治理相关大数据机构。相继成立了贵阳大数据创新产业（技术）发展中心、思爱普贵阳大数据应用创新中心、贵州伯克利大数据创新研究中心等一大批创新平台，2016年新增国家工程实验室1

个、国家级工程技术研究中心2家、省级工程技术研究中心36家、省级重点实验室13家、院士工作站8个，聚集国际国内创新创业人才团队200支。与中国电子科技集团等合作组建全国首个大数据国家工程实验室——提升政府治理能力大数据应用技术国家工程实验室。

搭建大数据科研教育平台。出台了《贵阳市大数据产业人才队伍中长期规划》《贵阳市大数据产业人才专业技术职务评审办法》，优化完善我市人才政策。在贵州大学成立了大数据与信息工程学院，贵州财经大学成立了大数据金融学院，全市大部分高校开设了大数据专业或课程，在清镇职教城成立了大数据基础人才培训基地。

贵阳市生态委综合移动办公系统、贵阳市生态委网上行政审批系统、贵阳市环境应急信息管理系统、生态环境行政执法管理系统、贵阳市生态委数据铁笼应用系统相继问世。

国家《促进大数据发展行动纲要》明确提出推进贵州等大数据综合试验区建设，促进区域性大数据基础设施的整合和数据资源的汇聚应用，标志着贵州发展大数据产业得到国家的高度认可，工信部批准贵阳建设贵阳·贵安大数据产业发展集聚区，科技部批准贵阳创建大数据产业技术创新试验区，三大示范平台建设将为贵阳市提供政策、资金、项目等支持，为发展大数据带来了大好机遇。随着大数据在贵阳市的快速发展，逐步引领，各类数据平台在政府治理领域主动担当，取得了显著成绩。

（二）大数据商用

贵阳市大数据发展，在商用领域“第一”方面主要体现在成立了中国第一个大数据交易所、建成了第一个“块数据”大数据公共平

台、建立了第一个大数据产业发展集聚区等。

1. 商用领域的“第一”

（1）中国第一个大数据交易所

贵阳大数据交易所是经贵州省政府批准成立的全国第一家以大数据命名的交易所，2015年4月正式挂牌运营并完成首批大数据交易。交易所遵循“开放、规范、安全、可控”的原则，采用“政府指导、社会参与、市场化运作模式”，主要通过自主开发的大数据交易电子系统，线上与线下相互结合，撮合客户进行大数据交易，旨在促进数据流通，规范数据交易行为，维护数据交易市场秩序，保护数据交易各方合法权益，向社会提供完整的数据交易、结算、交付、安全保障、数据资产管理和融资等综合配套服务。

贵阳大数据交易所四中心分别布局在北京、上海、深圳和成都。贵阳大数据交易所全程参与贵阳大数据产业顶层设计、产业规划和产业推动。参与工信部《大数据产业“十三五”发展规划》，大数据交易标准、大数据技术标准、大数据安全标准等国家大数据战略顶层设计，同时在全国布局十三个交易中心。

（2）第一个块数据大数据公共平台

大数据战略重点实验室立足全球大数据发展趋势和中国大数据发展实践，首创性提出的“块数据理论”，并在贵阳发展大数据实践中得到应用。“块数据”是指以一个物理空间或行政区域形成的涉及人、事、物的各类数据的总和及组构。

2015年，大数据战略重点实验室研究的最新成果《块数据——大数据时代真正到来的标志》《DT时代——从“互联网+”到“大数据

X”》和《创新驱动力——中国数谷的崛起》出版，成了“2015贵阳数博会”三大理论成果。随着《贵阳市“十三五”科技创新发展专项规划》的出台，贵阳将以建设“创新型中心城市”为总目标，力争到2020年，把贵阳建成以大数据为引领的块数据城市，建成全省创新创业的核心基地、西部地区重要的高新技术产业集聚地，建成创新体系健全、创新要素集聚、创新环境优越、辐射引领作用明显的创新型城市，为迈入全国创新型中心城市行列奠定基础。

（3）第一个大数据产业发展聚集区

2015年2月12日，工信部正式批准贵阳、贵安共同创建首个国家级大数据产业发展聚集区，由此标志着“中国数谷”在贵阳正式落户。

经过几年的发展，贵阳市涌现出一批具有引领性和标志性的大数据产业集聚区（基地、中心）。2017年2月8日，贵阳市举行首批大数据产业聚集区（基地、中心）授牌仪式。贵阳市高新区大数据综合试验区“产业生态示范基地”、双龙航空港区大数据综合试验区“数字经济产业及应用创新基地”、综合保税区大数据综合试验区“人工智能产业创新示范基地”、观山湖区大数据综合试验区“大数据产业技术创新中心”、云岩区大数据综合试验区“企业大数据应用及产业化基地”等16家产业聚集区（基地、中心）获得授牌。

在此基础上，贵阳大数据在商用领域不断拓展。比较突出的亮点有：苹果公司将在贵州贵安新区建数据中心，iCloud是苹果公司在中国的第一个数据中心，让贵州大数据站上了“更高的云端”，这是贵州“探索深化国际网络空间合作的成功典范”；贵阳市经开区依托勤邦科技这一食品安全检测领军企业，打造中国食品安全检测产业“硅谷”；利用货车帮平台，打造中国物流领域“阿里巴巴”。此外，贵阳市正在运用大数据，推动数据金融、电子商务、智能制造等领域的迅猛发展。

（三）大数据民用

贵阳市大数据发展，在民用领域“第一”方面主要体现在建立了第一个Wi-Fi公共免费全覆盖城市、全国第一个大数据·创客公园等。同时，贵阳大数据发展在民用领域，如健康医疗、社会保障、农业产业等方面得到了较快发展。

1. 民用领域的“第一”

（1）第一个Wi-Fi公共免费全覆盖城市

2015年5月26日，贵阳全域公共免费Wi-Fi城市项目正式上线运行，总覆盖范围约12.8平方公里，基本实现贵阳市主城区主要公共区域的全覆盖。

目前，贵阳全域公共免费Wi-Fi项目二期一阶段也已建成，并进入验收阶段。全域免费Wi-Fi项目二期第二阶段将继续对部分超负荷运行区域进行AP热点加密，提升这些区域的信号强度，实现无线Wi-Fi全城覆盖。

（2）全国第一个大数据·创客公园

为抢抓大数据时代和创客时代的重大机遇，大力推动大数据产业发展，传播创新创业文化，贵阳国家高新区立足自身产业基础和创新创业优势，在金阳园打造全国首个以大数据、创客为主题的公园——贵阳大数据·创客公园。

贵阳大数据·创客公园以2.34平方公里的贵阳国家高新区——金

阳园作为空间载体，突出“高新、现代（智慧）、生态”的理念，围绕“大数据和创客”两大主题，按照“科技文化的传承地、历史遗失结构数据再现地、创客思维火花的激发地”定位，以“1+N”产业发展和大众创新创业为支撑，全力打造贵阳大数据·创客公园。

大数据·创客公园借鉴苏州工业园“高新技术产业+休闲旅游业”和东京杉并动画产业中心“创意办公+动漫参观+休闲娱乐”的发展模式，结合实际，在金阳园形成“大数据+文化旅游”发展模式，实现居住、工作、休闲、旅游一体化发展，并把它打造成全省首个以科技填补空白的旅游综合体、大数据文化传播中心、弘扬创客文化示范基地。

在旅游配套上，贵阳大数据·创客公园将作为新兴的旅游景点，与贵州现有景点相结合，构建贵阳智慧生态城市，从而在金阳园区形成吃在机器人餐厅，住在筚蓝街，行在贵阳国际人才城、中国西部众创园、大数据资本服务中心、新三线咖啡，游在北京·贵阳大数据应用展示中心，购在筚蓝商业街，娱在冥想湖公园的旅游格局，全力打造创新科技游、城市休闲游、山水生态游的宜居旅游生态公园城。

2. 大数据在民用领域的拓展

大数据在民用领域的运用，体现在为民服务、方便群众办事上，如搭建起的筑民生、社会和云、精准扶贫、智能家居等一系列民用方面的大数据系统平台，实现健康医疗方便快捷，社会保障全方位服务，通过“数据信访”网上信访系统，着力打造“阳光信访”“便民信访”“责任信访”“法治信访”，贵阳智慧旅游综合平台，大数据精准帮扶平台，智慧交通监控平台建成，数据带动农业产业升级。

大数据，让贵阳的创新活力迸发。经过近3年的探索和实践，正在崛起的“中国数谷”——贵阳已享誉海内外，以大数据为引领，打造创新型中心城市的步伐走得更快、更实。

第二节　中国数谷的“文化张力”

当今时代，文化越来越成为民族凝聚力和创造力的重要源泉、越来越成为综合国力竞争的重要因素，丰富精神文化生活越来越成为中国人民的热切愿望。贵阳具有较高的“颜值”，是大自然的馈赠，在“颜值”基础上，如何提升城市的精神“气质”？市委、市政府不断探索，直到以大数据为引领打造创新型中心城市建设，切实找到了一条“弯道取直、后发赶超”的发展之路。

一、贵阳城市文化定位

文化既是经济社会发展的重要内容，又是文明进步的重要目标；既是凝聚人心的精神纽带，又直接关系人民幸福；既直接贡献于经济增长，又对提升经济发展质量发挥着重要作用，为加快经济发展提供新路径、配备新动力。

贵阳市城市文化建设的资源优势较为明显，不仅具有厚重的历史民俗文化资源、奇特的地理人文风景文化资源，而且具有精美的传统美食精华文化资源和坚实的现实文化资源等，特色鲜明，优势强劲，闻名于省内外，是贵阳城市文化建设取之不尽、用之不竭的源泉。

近年来，贵阳市进一步解放思想，把文化建设纳入经济社会发展

全局之中，统筹规划，大力推进，不断开创城市文化建设新局面。

通过不断的探索实践，贵阳城市文化发展呈现出蓬勃发展的良好势头，以孔学堂、阳明洞、阳明祠“三足鼎筑”的贵阳精神大厦初见雏形，先后获得“国家级文化和科技融合发展示范基地”“全国公共文化服务体系示范区”等称号。同时，全市文化产业总量不断扩大，全市各艺术门类获国家级大奖总数位居全省第一。

未来一个时期，贵阳市将紧紧围绕打造创新型中心城市目标，大力推进文化创新，推动文化与大数据、大旅游、大扶贫、大生态、城镇化等深度融合发展，着力打造阳明文化、生态文化、民族文化、公共文化、时尚文化“五张文化名片”，构建贵阳城市人文品牌。要充分利用生态文明（贵阳）国际论坛、国际阳明文化节等重要平台，扩大阳明文化影响力，着力将修文县打造成阳明心学圣地；要将生态文化贯穿经济社会发展的全过程，使之引领绿色发展，促进生态文明建设；加大对民族文化产业化的研究，探索民族文化产业化、高端化发展路径；充分利用大数据、互联网优势，构建贵阳公共文化服务管理云平台，提升公共文化服务效能和空间；培育和发展民族时装、时尚旅游、潮流音乐周、民谣音乐等新兴时尚产业，着力打造时尚之城。这是未来贵阳市城市文化建设的蓝图，也是贵阳城市文化发展的明确定位。

二、大数据发展与贵阳的城市文化建设

面对“大数据”时代，未来文化产业发展的主流方向将是与科技相互促进，实施科技带动战略，而新技术、高科技正是大数据时代

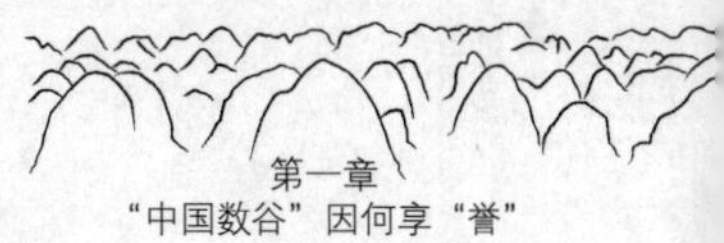

的特点，大数据时代的到来将激活文化产品和文化服务的供给和需求市场。

在大数据时代，大数据技术进入文化领域已是必然。大数据在政用、商用、民用等领域的广泛运用，提升了贵阳的国际影响力及知名度，同时也彰显了贵阳市的城市"文化张力"。随着大数据发展进入贵阳市城市文化领域并不断加大辐射范围，将不断优化城市文化传播、助推文化产业发展、提升城市文化软实力等。

（一）大数据优化城市文化传播

城市是人类文明在地理空间上的汇聚点，具有文化的贮存、传播、交流、创造和发展等基本功能。在城市的诸多内涵要素中，城市文化是城市的灵魂。作为文化在地理空间上的重要载体，一座城市在全球范围内的知名度是城市综合影响力的重要组成部分。一个国家的城市群体的影响力，是衡量国家的非权力性影响力，即软实力的重要指标。因此，对城市文化影响力尤其是国际知名度的研究，具有重要的经济、社会和政治内涵。

大数据的发展与城市文化建设的关系，主要体现在几个方面。

1. 大数据优化历史现实，扩充城市文化传播内容

（1）大数据有效优化城市文化的历史与现实。大数据的发展承载传统文化，获取新信息。大数据互联网和新媒体带来了更大的自由度，在文化传播上，受众可以根据自己的喜好、观点来做判断和选择，受欢迎的留下来，不受欢迎的被淘汰，文化传播已经不再是单维度传播，而是一个双向选择的过程。近年来，贵阳市文化产业蓬勃发

展，如贵阳市艺术中心、贵阳市杂技团、贵阳市歌舞剧院和贵阳市演出公司整合组建的贵阳演艺（集团）有限公司每年举办各类大型文化活动和文艺商演。多彩贵州文化艺术有限公司推出的大型民族歌舞诗《多彩贵州风》每年海内外演出。围绕“多彩贵州”“爽爽的贵阳”等品牌的打造，文化旅游业实现了持续快速增长。此外，近年来，第九届全国少数民族运动会、旅交会、亚青赛、装备制造博览会、生态文明贵阳国际会议、中国（贵州）国际酒类博览会、大数据博览会等展会先后在贵阳举办或召开，以有效的文化载体，记载了贵阳市的城市文化内涵，提升了贵阳的国际影响力。

（2）大数据提升城市文化传播的效率和品质。在贵阳城市文化传播上，正是寻求最适宜、最有表现力的载体，满足个性需求，把城市文化用最精练的方式提炼出来，在最合适的时间、地点，用最恰当的表达方式呈现在受众面前，才是真正提升城市文化传播的效率和品质。贵阳市大数据发展承载了贵阳爽爽的自然地理条件，与大数据相关的数据中心基地建设落户贵阳，赋予了贵阳市城市文化的崭新内容。大数据在贵阳市的发展，打开了贵阳市的国际视野，通过发展大数据，贵阳正在发生从思维模式到生产方式、生活方式的深刻变化。通过数博会平台，汇聚全球精英，探讨引领议题和发展趋势，展示大数据发展的重大成果和前沿探索，提升了贵州贵阳在大数据领域的话语权和国际影响力。

2. 大数据优化传播效果，提升城市文化传播对象自觉

城市文化传播的目的，对内而言在于形成城市认同，凝聚居民精神、提升居民素质；对外而言在于对其他城市及其居民产生渗透力、

影响力、吸引力和亲和力，从而提升城市与其他城市在经济、政治、文化等方面的综合竞争力。

当前，信息的传播早已打破传、受双方单纯的二元结构，受众在信息接收过程中拥有足够的话语权，表现出了高度的参与性。而随着经济社会发展的多元化，在各种思想不断交融与碰撞中，受众对文化的需求与理解也表现出多元性与层次性。因此，城市文化传播过程中唯有充分利用大数据对上述因素进行客观的评价和估算，在受众需求、心理意识、解读方式以及接受渠道方面予以关照，针对不同的受众群体进行精准内容投放，才能使城市文化扣动受众心弦，在其内心泛起涟漪，使其在“润物细无声”中自觉接受城市文化的感召。充分利用大数据宣传爽爽的贵阳，以及举办各类大数据盛会，吸引广大国内外友人到贵阳感受凉爽及富有朝气的城市文化，对全国各地处于夏季炎热酷暑的自然天气条件下更能感受到贵阳城市的优势。

大数据发展促进贵阳人民观念的转变。因技术的发展使人类全面的数据处理和分析调查成为可能，从而改变了以抽样、典型分析或者推论来得出结论的认识方式。大数据、云计算技术就是将人类生产生活的各方面以大体量的全面数据的形式，利用云计算技术记录、汇集、处理、分析，从而得出相应的结论的技术。大数据产业的核心其实也是对人类生活的全面数据进行收集、管理并运用处理、分析使其产生经济价值。因此，大数据对人类生产、生活和思维方式都产生了重大变化。许多社会调查，甚至化学、物理试验在运用大数据技术后，都产生了人类难以想象的结论。人们越来越认识到“数据”和“信息”会是一种比黄金还要有价值的资源。对于欠发达的贵州贵阳人民也将见证“科学技术是第一生产力”这一科学论断。总之，大数

据对转变社会落后观念，提高对新科技、新文化、新方式的认知与重视，从而扩大文化产品消费市场，提高文化产业参与度，为贵阳城市文化产业发展注入强大的原动力。

3. 大数据优化传播体系，实现城市文化传播立体化

随着贵阳市的城市文化发展，大数据有效整合海量的文化信息和文化数据，有利于文化的即时共享和传播。城市文化建设中，大数据对文化信息和文化数据的有效传播，打破了原来传统的纸质载体以及计算机存储不发达的历史，随着大数据的崛起，这些海量化的文化数据随时都在进行着更新、传播和传承。与此同时，多样的文化信息和文化数据有利于文化消费习惯的挖掘。大数据文化信息大大丰富了文化建设的门类。利用大数据挖掘文化消费者的行为习惯和喜好，从凌乱纷繁的数据背后找到更符合文化消费真正的兴趣和习惯的文化产品和文化服务，投其所好，对文化产品和文化服务进行有针对性的调整和优化，这是大数据对文化建设的一个重要价值所在。

电视广播、报纸杂志和户外媒体等传统媒体所具有的公信力、权威性，在大数据发展时代，其主导地位优势已被手机、iPad等移动终端所打破。电脑、手机、iPad等这些新媒体给予了公众自由无限的空间和不断高涨的参与热情，由此孕育而生的微博、微信、微电影等具有融合特征的媒介形态更是以极大的互动性和开放性，延伸了人与人之间的交流半径，展现出巨大的爆炸式传播影响力。面对信息传播过程中的渠道之变，城市文化传播也应借势而为，建立多元化的传播途径，构建立体化传播体系，使城市文化产生强大的覆盖力和穿透力，从而增强城市文化的软实力。

（二）大数据助推文化产业发展

文化产业引入大数据技术有着先天优势。首先，文化产业所拥有的数据具备较高的消费价值。由于文化产业所涉及的行业和产品大多和消费者直接相关，能够直接为用户所消费，有着明确的直接消费价值。其次，文化产业本身就是数据和内容创造的行业，能够不断地产生或获得新的数据资源。根据美国的统计资料，文化传媒行业数据是仅次于政府信息数据的第二大数据来源。最后，文化产业本身就拥有极其雄厚的用户资源，由于文化产业直接面向消费者，由此拥有广阔的用户基数和规模，而基于庞大的用户资源进行数据分析，则将成为文化产业未来基于大数据业务转型的关键性条件。近年来，贵阳市在提升城市文化产业方面做了大量工作，从产业结构升级、产业创新等方面不断探索，并确定了贵阳市打造创新型中心城市的发展目标。

1. 大数据助力文化产业转型升级

旅游文化方面，贵阳市、贵州省有着丰富的旅游资源，但是都没有很好地宣传出去。通过大数据，可以为游客提供更便捷、智能化的旅游体验，为政府提供更高效、智能化的旅游管理。促进旅游资源活化为旅游产品，助推贵阳旅游文化产业的产业升级，放大旅游资源效益。

公共文化服务方面，大数据时代公共文化服务的转型升级主要体现在理念、需求、技术、资源建设和管理方面。一是理念方面，公共文化领域大数据最核心的是两个部分：第一，它是大数据的提供者和加工者；第二，它是大数据的消费者和服务者。二是需求方面，大数据时代公共文化服务需求有两块：用户和内容。三是在资源方面，公

共文化领域有两块：用户和资源。大数据时代公共文化服务需求在日益提高，从大数据中分析潜在的价值决定了大数据时代公共文化的发展水平和方向，大数据时代公共文化服务范围、方式、手段都将发生巨大的变化，大数据时代数据分析、数据挖掘、数据增值将成为公共文化服务的导向。

2. 大数据推动文化科技深度融合

大数据以互联网为基础，对数据进行分析整合，系统分析一定区域或城市文化内涵，通过了解该区域市民的需求，以及区域的文化发展现状，利用好科技手段，加强文化与科技融合，满足该城市或区域的市民文化需要。

科学助推生产。信息技术经历了技术网络发展，到现在的社会网络。在大数据背景下，现代科技在生活和经济等多个领域发生了革命性的变化，一些现代科技，如互联网与云计算等相互融合，协同服务业和文化创意产业，实现了融合，成为创新发展的推动力。在大数据背景下，以强化现代科技融合力度为目标，实现文化创意产业的生态系统，借助科技，步入现代科技融合文化的创新发展道路，改变以往的滞后的分割的文化发展模式。以大数据分析消费对象，评析产业发展态势，创新产业、创新模式及产业商业模式，调整产业政策，促使文化创意产业持久健康发展。贵州省经济欠发达，迫切需要和现代科技的融合，借助科技实现产业的创新，方能在激烈的竞争中弯道取直，才可挖掘独具特色的地域文化，实现革新，整合有限的资源，在整合和融合下实现发展。

在贵阳市，市委、市政府定位为打造创新型中心城市建设目标，

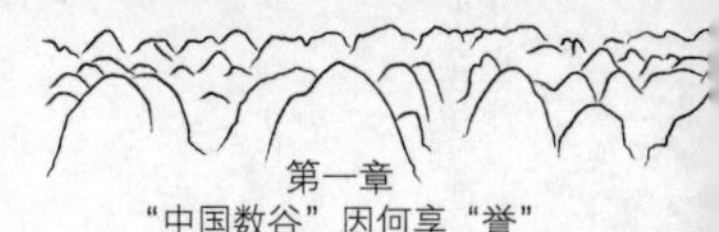

这是市情的发展实际，也是市民对城市发展的需求。贵阳市紧紧围绕创新型中心城市建设目标，在国家高新区以国家级文化科技融合示范基地为依托，全力打造中关村贵阳科技园核心区、中国西部众创园、国家数字内容产业园、贵阳火炬软件园等文化大数据融合发展平台，实施了中华文化云、教育云、媒体云等一批文化装备、文化软件重点项目，加深了贵阳市文化与科技的深度融合。

3. 大数据推动文化精品建设

一个城市发展大数据，必然会带动引领城市的文化发展方向。通过大数据技术，对特定人群的喜好进行分析，就能明确受众群体的品位和需求，创造出受欢迎的文化精品。以美国的Netflix在制作《纸牌屋》时干的两件颠覆业界的事为例。一是通过“电视剧消费习惯数据库”分析，发现老剧《纸牌屋》依旧是点播热门，改编风险较低。相比传统收视率统计只抽取数千个样本户，Netflix算出《纸牌屋》的数据库包含了3000万用户的收视选择、400万条评论、300万次主题搜索。二是把一整季13集一股脑儿放出来，这是Netflix的看家法宝大数据得来的启发。数据显示，用户喜好把一周一集的美剧屯着，待到有空时一气看完。Netflix的创举得到了广大人民群众的热烈回响。从中看出，大数据成就了《纸牌屋》的巨大成功。

大数据在贵阳市的崛起，运用数据分析和数据挖掘实现文化产品创新和用户体验提升、产品精准营销，将成为文化企业的必然趋势。文化企业只有主动拥抱大数据，将对数据的敏感和专业的领悟结合起来，才能在产业转型期占据先机，走上大数据的快车道。

4. 大数据延长文化产品产业链

传统的文化产品开发，其在开发之前参考的数据体量较小，往往容易产生误判，甚至会造成无法挽回的后果。现今，发展大数据，可以通过收集大量的潜在用户的情感体验大数据、进行科学化的大数据分析，文化企业能提炼出主流消费群体的品位和审美变化，将其附着于产品之中。例如，艺术品开发企业可以与博物馆、美术馆合作，通过分析用户浏览记录（例如某类展馆人流量、停留时间等）来确定较受欢迎的艺术作品和艺术形态，从而有针对性地进行开发。借助于大数据，文化企业还能根据产品的受欢迎程度决定是否开展二次产品开发，从而延长产品产业链和经营周期。

（三）大数据夯实城市文化软实力

1. 提升城市文化资源认知

文化资源是体现一个城市文化软实力的核心要素，也是城市文化及文化产业发展的基础和源头。我们对各类物质和非物质文化资源数字化工作的开展，为我们利用大数据分析等先进技术，加强对城市文化的充分认知和深入挖掘利用提供了前所未有的契机和条件。

一个国家、民族乃至一座城市的文化资源是其文明发展的历史过程中沉积形成的独有资产，具有唯一性和不可扩展等特点。因此，具有不可估量的文化、经济和社会价值和意义，是代表一个国家、民族或城市文化软实力的核心内容和象征要素，也是各类文化艺术产品创作的基础资料和源泉。利用大数据海量分析技术，对城市文化资源进行系统分析，对进一步加深对城市文明发展的历史认知、辨识城市文

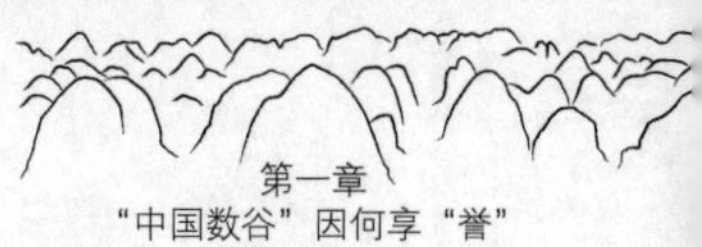

化“基因”、延续城市文脉及明确城市文化建设应加强保护、传承和对外传播的重点内容，制定城市发展战略具有重要意义。

2. 实现城市文化资源共享

在互联网产生未普及之前，城市的文化资源往往是文化“孤岛”，未形成有效联通，文化资源的传播上仅仅依靠的是亲身体验和口口相传，文化资源未形成有效聚合。大数据到来后，不仅在城市文化传播路径上，而且在文化资源的挖掘和整合上，都实现了质的飞跃。特别是在互联网的高度发展上，一个城市良好的文化资源很快就会传遍全世界，别的城市文化资源通过数据分析、数据传播等，很快就会被需求客户知晓。大数据的发展，正使得城市文化资源得以有效共享。

3. 维护城市文化多样性

贵阳市城市文化的多样性、多元化发展，有深厚的文化基础和现实支撑，特别是在领先发展大数据方面，在传统文化基础上，打造创新型中心城市建设，彰显出了贵阳特有的文化张力。

维护贵阳城市文化多样性方面，主要体现在利用大数据分析技术，一是有效整合贵阳市历史文化，延续历史文脉。贵阳市有丰富的历史文化资源，王阳明、周渔璜、李端棻、张之洞、杨龙友等曾在此留下足迹。辖区内有文物保护单位183处，其中4处属于全国重点文物保护单位，26处省级文物保护单位，66处市级文物保护单位，87处县级文化保护单位，属于历史遗存和文化遗存保留较多的城市之一。但现代都市化发展，对城市历史文化造成了一定程度挤压，生存空间狭

窄。大数据技术，可有效地充分借鉴国内外对历史文化资源的整合，最大限度地延续贵阳历史文脉。二是充分挖掘文化资源，推动城市文化开发与利用。散布于贵阳城市的历史古迹，承载着城市遥远的记忆。如阳明祠——明代大儒王阳明“心学”的“悟道”之处，文昌阁——供奉文昌帝君之所，弘福寺——贵州佛教第一大丛林等。这些历史古迹，在一定程度上具有较大的产业潜力，可以通过大数据分析技术，整治、利用、再创意等，有效挖掘历史文化资源，推动城市文化产业开发和利用，整合历史与现代文化，拓展文化产业链，构建现代文化产业体系。

4. 有利于进行文化安全保护

从大数据技术角度来看，对于海量数据的分析有助于信息安全服务提供更准确的网络异常行为，从而找出数据中的风险点。互联网各个社区、群、组，甚至是私密的聊天，对管理者来说，都可以通过技术终端进行控制了解，网络攻击行为总会留下蛛丝马迹，这些痕迹都以数据的形式隐藏在大数据中，利用大数据的处理和分析技术有助于更有针对性地应对信息安全，找到发起攻击的源头，有利于我们对外进行必要的文化安全保护。

大数据的发展更应因势利导，维护城市的安全稳定，保护文化发展。隐藏在大数据之中的生活足迹与规律，如果被大数据使用者或者开发者不恰当的使用，有可能给人生或者公共利益带来损害。所以，大数据发展关乎人类的安全。为此，在最大限度地开放数据的同时，人类应该为大数据文化传播和管理设立安全屏障，以避免数据独裁和数据霸权的现象产生。从宏观上看，大数据安全，意味着一个城市、

一个民族乃至一个国家的安全感。从微观上看，大数据安全，意味着公民个体的安全感。我们不仅应该沿着开放的导向前进，还应该同时兼顾安全导向，提高个人和城市、国家的文化安全意识，让大数据时代朝着更好的、更安全的方向发展。

第二章

“爽爽的贵阳”因何而“爽”

“绿绿的贵阳，爽爽的贵阳，感受着你的气息，我醉倒在惬意的天堂……”一首婉转清扬的《爽爽的贵阳》，不仅吟唱着属于贵阳的生态特质，更寄予着这片土地上的人们对人与自然关系的深刻理解。它昭示着，今天我们理解的“爽爽的贵阳”，已经不仅仅是一片美丽的自然生境，更已构筑起了一片充满诗意的人文生态。在探索人与自然关系的过程中，贵阳文化基因不断被擦亮，贵阳文化自信不断得到彰显，一种更有归属感、获得感的生态文明新生活，在清朗的歌声中跃然纸上。

第一节　爽爽的贵阳：从自然生境到人文生态

20世纪50年代，苏联民族学家托尔斯托夫、列文等人提出了著名的经济文化类型说，该学说认为：“每一个类型的文化特征首先取决于该类型所处的具体生态环境。”人类必须结成社会才能生存并发展经济文化，而社会又一定要建立在某种生态环境的基础之上。民族共同体的各种历史类型，从氏族、部落到现代民族，都是以共同地域为基本的构成条件，这个地域，就是各族人民借以发展其经济的历史

舞台。生态环境不但影响着文化的性质，而且影响着文化的发展质量和人类社会前进的步伐。优美的生态环境，不仅给人以享受，陶冶人的情操，而且能发展人的思维和智力，决定着文化的性质及其发展方向。从这个意义上透视，“爽爽的贵阳”从一种“凉爽”的自然环境到“清爽”的人文环境的升华轨迹，越来越清晰可辨。

一、自然生境扮靓“爽爽的贵阳”

“上有天堂，下有苏杭，气候宜人数贵阳。”这是一个被视作“生态文明建设样本”的城市，一个被誉为“最适合人类生存”的城市。独特的、天然的、无与伦比的自然特质，成就了“爽爽的贵阳”。

（一）贵阳之爽，爽在气候宜人

作为大自然的“宠儿”，贵阳拥有独特的地理地貌、良好的气候条件、优质的生态环境，温度适宜、湿度适中、风度翩翩。

1. 温度适宜

贵阳四季分明，冷暖相宜，年平均气温在14℃～16℃之间，夏季平均气温为22.5℃，冬季平均气温在6℃～8℃之间。这样的温度区间带来了“春有鲜花、夏有雨雾、秋有红叶、冬有霜雪”的自然馈赠，是不断升温的地球上一个最适宜的环境温度。人是恒温动物，正常体温在36.5℃左右，利用黄金分割率36.5℃×0.618计算出最令人体舒适的温度是22.5℃，也就是说，在22.5℃左右的环境中，人感觉最舒适，肌体的新陈代谢、生理机能处于最佳状态。同时，人还需要通过

一定的温差变化来提高身体自我调节和生化功能，温度过高容易造成养分的蒸发、破坏和流失，温度过低容易造成心脉迟缓。而贵阳夏季温度最高为35.1℃，冬季最低为4℃，最有利于人体机能的良性运转与正常调节，最适宜现代人尤其是中老年人长期居住养生。

合理的温度区间也利于人的睡眠。2017年5月26日，美国《科学进展》杂志刊发的最新文章显示，夜间气温每上升1℃，将导致每月每100人中多出3个睡眠不足的夜晚。科学家预估，到2050年温室效应将会使全球平均气温升高1℃，这无疑意味着未来人类睡不好的情况将日渐频繁，届时仅美国每年就会额外增加1.1亿人面临失眠问题，而“爽爽的贵阳”无疑会让人睡得更舒服和踏实。

2. 湿度适中

贵阳属亚热带湿润温和季风气候，是典型的低纬度高原气候，降水充沛，水润万物，年降水量为1072.8毫米。雨水的浸润使得贵阳空气湿度适中，这种感觉就像随时敷着面膜，源源不断地补水，使皮肤润滑、柔软，富有弹性和光泽。雨热同期，贵阳夏半年降水量占年降水量的78.5%，尤其是最热月平均气温舒适度的优势，是贵阳荣膺“中国避暑之都”的重要原因之一。昼晴夜雨，夜雨量占68%，不仅让贵阳这座城市有了“小楼一夜听春雨，深巷明朝卖杏花”的意境，更为重要的是，如期而至的夜雨也是最好的空气净化器，及时地清洗这座城市，将白天生产生活中排放的污染物冲刷干净，这也是贵阳空气质量优良的一个原因。2016年，贵阳市环境空气质量优良天数为350天，空气质量达标率为95.6%。

3. 风度翩翩

贵阳风轻云淡，安定舒爽，无地震、无大风、无旱涝，较少发生地质灾害和气象灾害。夏季多年各月平均风速在3米/秒以下，属微风级别，给人带来“轻风拂脸面”的舒适感，对身体散热、生活出行和生产活动都十分有利。

台湾富士康科技集团总裁郭台铭，贵阳最重要的客人之一。2013年7月20日，他从美国长途飞行16个小时后首次抵达贵阳，出席生态文明贵阳国际论坛。他对媒体讲述贵阳印象时，最先提到的就是空气。他说，一下飞机就感觉到气候的清爽。“我早上起来穿衬衫，就试验了一下，穿的还是来之前的衬衫。但是，到了现在，我都发觉，我的衬衫衣领还是和洗过的一样。另外，我的手和皮肤也没有感觉到不清爽。”“不到24小时，我已深深爱上贵州。”2016年5月25日，郭台铭再次对媒体得意地拉拉衬衣领子，“看，还是和三年前一样干净噢。”无论是市民，还是客人，他们身上的衬衣，虽然是没有生命的纺织品，但它们依然能够和主人一起感受到空气的秘密，感受到一个风度翩翩的贵阳，一个风度翩翩的自己。

（二）贵阳之爽，爽在美景迷人

贵阳地处东经106°，北纬26°。从浪漫的夏威夷到秀丽的迈阿密，从绚烂的冲绳到爽爽的贵阳，北纬26°孕育了地球上最美的风景带，也孕育了胜景如云、美不胜收的爽爽贵阳。“青山环碧水，绿树绕林城”，贵阳“山奇、水秀、谷险、洞异”的高原自然风光，对崇尚自然和生态的旅游者颇具吸引力。

1. 山奇

贵阳是山的城市，北有贵山，南有图云关，西有黔灵山、砍马山，东有相宝山、扶风山、东山。贵山“孤峰峭拔，兀出群山”；图云关“云日蔽亏，林木蓊郁”；相宝山“列嶂排云，俨如翠屏”。群山之最，首推有“黔南第一山”之称的黔灵山。

黔灵山总面积300余公顷，由杖钵峰、宝塔峰、钵盂峰、三台峰、狮子岩、象王岭、大罗岭、檀山等峰峦组成。“奇山藏古寺，茂林掩平湖”，峰峦叠翠，古木参天，深谷幽潭，清泉怪石，随处可见，景致清远，不仅冠于黔南，且足与滇之西山、蜀之青城相伯仲。山上生长着1500余种树木花卉和1000多种名贵药材。树种以松、杉为主，其次为枫香、青杠，更有珍稀树种如半风荷、香樟、紫楸、紫薇、桂树等，尤以红豆树为罕见，常有相思鸟栖息其间。黔灵山不仅是植物的王国，也是动物的乐园，仅常见的鸟类就有50多种，除相思鸟之外，还有画眉、伯劳、松鸦、柳莺、春带、杜鹃等。此外还有数百只野生猕猴，时常与游人嬉戏，呈现出人与自然和谐同构的画面。黔灵山良好的植被，清新的空气，优美的生态，令人心向往之，一年四季游人络绎不绝，是名副其实的“贵阳城市封面”。

2. 水秀

贵阳是水的王国。王阳明曾赞誉道：“天下山水之秀聚于黔中。”红枫湖、百花湖、花溪十里河滩、阿哈湖湿地公园……在群山怀抱之中，一个个精美绝伦的水世界，更让人流连忘返。

“高原明珠”红枫湖，因深秋时节红枫似火而得名。水域面积57平方公里，湖区分北湖、中湖、南湖和后湖，大小岛屿星罗棋布，

烟波浩渺，山、水、洞、林齐全，阔、秀、奇、爽俱胜。南湖将军湾溶洞群中的将军洞，长达600米，有3个洞中湖，形成了山里有湖、湖里有岛、岛上藏洞、洞中有湖、洞湖相通的奇特景色。将军湾右岸有一将军洞，水涨时形成独特的“洞中湖”。洞内钟乳石柱五光十色，尽头处有一幅10多米高、20多米宽的晶莹闪烁大石幔，恰似一幅巨瀑从悬崖直泻而下，甚为壮观。北湖与南湖之间，有中湖连接。进入中湖，两岸峭壁森严，山势险峻。山巅之上一石似亭亭仙姑，一石含笑若罗汉。后湖则湾汊众多，纵横交错。看似山穷水尽，忽又柳暗花明，船头一转，山水如画，尽收眼底。湖、岛、山、洞巧妙结合，构成一幅绚丽的画卷。

花溪十里河滩，青山环绕，绿树含烟，蜿蜒曲折的花溪河水贯山过崖，越桥撞壁，河水回曲，鱼翔浅底，鹭鸟翩飞，河中沙洲小岛千姿百态，跌水浅滩星罗棋布，展示出一幅由河滩、花海、苗圃、沼泽、鹭鸟、古树、民居村寨构筑的美丽画卷。面对这样的美景，开国元帅陈毅也禁不住诗兴大发：“真山真水到处是，花溪布局更天然。十里河滩明如镜，几步花圃几农田。”

“山中水，水中山”的百花湖，山缠水绕，岛多湾奇，兼具秀、幽、奇、巧的特色。对于那些喜欢亲近大自然的零星游客而言，百花湖像一片巨大的磁场，深深吸引着他们。百花湖分为中湖、南湖和北湖三部分，以湖光山色和岩溶地貌的自然景观为主，共有风景点50余处，现已开放的有松林远眺、双猴守园、蟹洲螺屿、观音洞、百花双峡、群峰叠翠、金蟾嬉水、孤峰独秀、奇石、营盘古堡、鸟岛等。鸟岛是百花湖珍贵的一景，每当春冬两季，百花湖上常有白鹭、大雁在天空飞翔，湖面也有野鸭、湖鸥戏水。荡舟湖上，可以和这些可爱的

生灵共享大自然的美丽。百花湖的上下游都是狭长的河谷，湖区中间宽阔。到了上游，两岸青山越来越逼近，形成了最狭窄的一线天。

3. 谷险

峡谷被称为地球的“伤疤”，是地球深层肌理的纤毫毕现，能让我们感受到峡谷形成之初所经历的天崩地陷。贵阳多山地，地表破碎，沟壑纵横，形成了一条条险峻壮观的峡谷，赐予了贵阳独一无二的山水风光。

南江大峡谷，以发育典型、气势宏大的喀斯特峡谷风光，类型多样的瀑布群，优越的生态为特色，集奇峰、峡谷、峭壁、断崖、瀑布、跌水、钙华、溪泉、巨石、喀斯特森林于一峡，纳奇、险、雄、秀、野、幽、奥为一体，风光旖旎，景象万千，具很高的美学、科学和旅游价值。峡谷全长40多公里，峭峰顶立，最深处达398米，经有关专家完成的科学考察结果显示：南江峡谷地层古老，河谷深切，为典型的低中山峡谷地貌景观，十分壮丽优美。峡谷内有自然景观80余处，各种姿态瀑布40多条，位于小南江的奢香瀑布，落差达150余米。游人可顺江在碧玉般的江水中进行惊险刺激的漂流，也可漫步于峭壁栈道或浓荫小路，还可穿越典型的喀斯物原始森林。峭壁上藏酋猴、猕猴在攀缘嬉戏，河中鸳鸯、野鸭畅游，鱼儿成群可见，江上鱼鹰白鹭飞翔，野趣盎然……

香火岩峡谷，峰峦叠嶂、怪石峥嵘、飞瀑流泉，蔚为壮观。峡谷由三段明谷和两段暗谷组成，分光明河、营河、香火岩瀑布群、香火岩等7个景区。其中，香火岩瀑布群独领风骚。瀑布共有五级，最高级为15米，宽30米，级级相连，总落差60余米。俯瞰瀑布，飞珠捣玉，

紫烟升腾，雷声贯耳；仰观瀑布，银河天降，雨雾飞舞。

鱼洞峡，位于乌当东风镇的鱼洞河上，清澈澄碧，逆河而上，“v”字形河谷，两岸群峰耸立，河水深达4300米，十余米高的河水如珠帘般倾泻而下，飞珠溅玉，空谷回声，河水清澈澄碧，步入谷中，凉气袭人，令人赏心悦目。泛舟湖上，两岸峭壁悬岩，头顶一线天，藤条攀岩附壁，阳光穿过清晨薄雾，透过茂密的灌木挤进谷中，在湖面上洒下斑驳的倩影，景色如诗如画，十分迷人。

4. 洞异

绿水绕青山，奇峰藏异洞，贵阳喀斯特地貌孕育了独特的溶洞奇景。花溪天河潭，原名天生桥，以芦荻河经暗湖形成竖井深潭、穿天生石桥流出而得名。山岩嶙峋，瀑布成群，河流弯曲蜿蜒，水洞旱洞纵横交错，满布玲珑剔透、形态各异的钟乳石，被誉为“喀斯特山水浓缩盆景”，汇聚贵州山水之精华，山、水、洞、潭浑然天成，飞瀑与清泉相映，奇石伴深潭而生，远近高低不同，四季景色迥异；农舍水车，小桥流水，竹林翠溪，恍若世外桃源，令人不得不叹服自然造化的鬼斧神工。天河潭下游有石蚌滩、卧龙滩。其中卧龙滩是长达280米的钙华滩，在全国绝无仅有。

堪称“亚洲地下长廊”——修文多缤洞，洞景千姿百态，五彩缤纷，是世界一流的喀斯特洞穴艺术宝库。多缤洞由六支河洞和七支干洞组成，多洞一体，多洞互通，五层洞道层叠交织，洞中有水、水上有滩、滩下有瀑。洞中水陆并存，曲径通幽，洞厅大小皆备、厅厅有景、各不相同，是旅游、探险、科研的理想之地，被誉为“举世无双的地下岩溶地貌博物馆”。

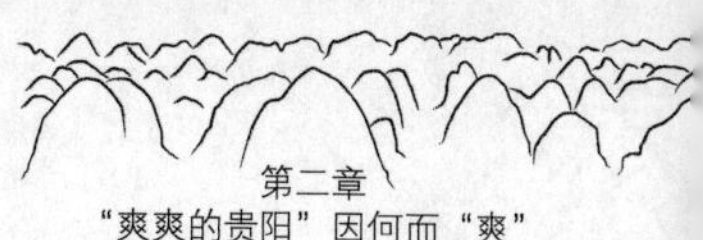

（三）贵阳之爽，爽在生态养人

《人，诗意地栖居》是德国19世纪浪漫派诗人荷尔德林的一首诗，后被德国存在主义哲学创始人海德格尔演绎为一个哲学命题，“诗意地栖居在大地上”几乎成为所有人的向往。诗中所传达的含义，自古以来就被认为是一个美好的梦想，一首生命自由的歌谣，至今仍对寻求人与自然的和谐关系有着深刻启迪。爽爽的贵阳，不仅仅提供着难得的“森林福利”，更提供了充满质感和张力的生活，让“诗意地栖居”成为可能。

1. 爽爽的养生天堂

贵阳平均海拔约1200米，这是一个充满灵性的高度。海拔高度带来的气压变化直接影响人体的生理机能。海拔低于500米的地方气压较高，空气密度大，比较潮湿，会对人体机能带来负担，海拔高于2500米的地方气压较低，空气中含氧量减少，会造成呼吸困难等高原反应。而在海拔1200米的地方，人的心跳会提高10%～20%，心率在合理范围内低强度加速，有利于促进人体新陈代谢，使人体排汗量增多，脂肪燃烧加快。女性在不知不觉中减肥塑身，变得更加美丽；男性的甲状腺、肾上腺、性腺功能进一步活跃，能最大限度地释放人的潜能。世界上著名的长寿区多集中在这个高度，中国的道观、寺庙多修建在这个高度的地理位置。

也是在这个高度上的贵阳，“山中有城，城中有山，绿带环绕，森林围城”，总长达374公里、总面积达228.52万亩的两条环城林带，就像环绕在贵阳周边的两条绿色项链；而城市周边的几个森林公园，就像点缀在项链上的珍珠。环城林带提供了富足的负氧离子，平均每

立方厘米高达2700个以上。负氧离子素有“空气维生素”“长寿素”之美称，具有净化空气、预防呼吸道疾病、改善睡眠、抗氧化、防衰老、易清除体内自由基、降低血液黏稠度等效果。漫步贵阳城中，随时感受新鲜空气，头脑清醒，呼吸舒畅，是名副其实的养生天堂。

2. 爽爽的贵阳小吃

除了是“老干妈”的故乡，贵阳美食还有酸汤鱼、肠旺面、丝娃娃、玫瑰糖、花溪牛肉粉、豆腐圆子、凉拌折耳根……极大的地域差异和丰富的民族文化，发展出酸、辣、香、鲜、野交相辉映的贵阳生态饮食文化，给世人下了醇厚绵长的饮食记忆。比如“丝娃娃”。这种小吃由薄得透明的一张小面皮，借用被子包婴儿的方法，包上莴笋丝、酸萝卜丝、折耳根、竹笋、大头菜、芹菜节、绿豆芽、黄瓜丝、蕨菜根、炸黄豆等十几种原汁原味的贵阳本土天然食材，浇上精心调制的酸辣蘸水，一口嚼下，鲜香酸辣脆。老外将这道小吃唤作“素沙拉”，是他们的心头之爱。

2014年3月17日，习近平总书记在“两会”期间参加贵州代表团审议时，特别提到了当年在贵阳吃的花溪“牛肉粉”。总书记风趣地说：“吃了一顿不过瘾，还想吃第二顿，但没时间了，不知道现在还有没有？”总书记接着说：“不要小看这种幸福感，确实是留得住人，贵阳这个地方应该有它吸引人的地方。”人们常说，小吃体现一种生活态度，小吃蕴藏一种生活感受，小吃彰显一种城市特征。仔细品味贵阳原汁原味、琳琅满目、价廉物美的小吃，我们可以清晰感受到贵阳这座休闲宜居城市的舒适从容、悠闲亲切。

二、人文生态诗化“爽爽的贵阳”

每一座城市都诞生于一定自然环境之中，并在之中成长成熟，特定的自然环境不仅是人们认识自然和改造自然的前提，更影响着人们对于城市发展的价值取向、审美观念乃至哲学思维。“爽爽的贵阳”中蕴含着丰富的自然生态与文化生态的互动。当我们说起“爽爽的贵阳”，已经不单单是在享受一种自然图景，更是在感受一种文化气象。

（一）滋养原生态的沃土

千百年来，“爽爽的贵阳”以其丰富而有益的生态智慧，影响着这片土地上的人们对自然生态的洞悉和理解，在信仰、建筑、服饰、习俗等方面形成多元荟萃、人与自然和谐、原生态十足的文化体验。对青山绿水的依赖和守护，以及代代相传的生态智慧早已融入贵阳人血液之中，成为构筑贵阳人精神世界不可或缺的一部分。

1.“爽爽的贵阳”为“万物有灵”的信仰奠基

从古而今，大自然不单是人类物质生活的源泉，也是人类借以与其心智交通的对象，是人们精神的象征。智者乐水，仁者乐山，自然以其变化万千的物态天趣，显现着宇宙的无限生机。在贵阳这片丰饶的土地上，先民们在适应自然、依赖自然的过程中，对自然形成了独特的感知，认识到自然蕴藏着种种不为人力所及的天工之美，为了更好地生存，他们习惯于把自然作为文化诉求的对象，对动植物进行膜拜，逐渐形成“万物有灵”的生态直觉。如苗族崇拜山神、树神、雨神、火神等自然神，并供奉大树、悬崖、水井等，赋予其神灵感应，

期望其保佑平安。布依族自然崇拜以山神、树神、寨神为主，禁止在树神、寨神旁边大小便，不能触摸树神、寨神。在万物有灵论和自然崇拜的影响下，出于对自然的畏惧和敬重，先民们以自然保护为生态理念，善待山水林地，不破坏一草一木、一山一水，把自然界中的各种生物都尊崇为相应的神灵，冀图通过神的力量来约束人类自身的行为，保护生态平衡，维护自然环境。

这种“万物有灵”的信仰，折射出了一种朴素的共生意识，反映了人对于大地母亲的无限依恋，并从对自然的敬畏引出了人对自然的责任，从而在人们的观念中确立了保护山林、水源等自然资源是每个个体必须履行的生态道德义务，提供了人与自然和谐生存的生态伦理观。

2.“爽爽的贵阳”启发民族建筑生态智慧

一个民族的发展历史，就是一个不断呈现生态智慧的过程。建筑是人类思想观念的物质外化，其风格是想象最为鲜明的文化景观，它客观反映和记录了居住地的文化特征，其本身就是一种文化的体现。居住建筑是人类栖息之所，是与人类生活联系最为密切的活动空间，受自然环境的影响更为明显，所显示出的地域文化特征与气候、地质、水文等自然环境尤其相关。生活在贵阳不同区域的少数民族，以各具特色的建筑显示了少数民族对环境主动适应的生存智慧。在重峦叠嶂、林木葱郁、溪流纵横的良好生态土壤中，贵阳各民族祖先学会了因地制宜、随遇而安、就地取材，创造了与山地特色相宜相生的吊脚楼、石板房、干栏式建筑、鼓楼、风雨桥等各式建筑，形成自然中有秩序、随意中有规律、变化中有统一的一个个依山傍水的聚落空

间，发展出高超的生态建筑智慧，充分展示着先民们与自然的和谐相处之道。

3.“爽爽的贵阳”熏陶原生态民族文化

梳理贵阳各民族传统文化习俗、节庆等不难发现，诸多文化活动中都体现着自然生态环境的鲜明“烙印”和熏陶。如与原生态自然息息相关的民族器乐文化。古代贵阳盛产竹子，以制作乐器“筑”而闻名，故简称“筑”，也称“金筑”，别名“林城”“筑城”。据史书记载，贵阳竹林丛生、举目皆竹；因贵阳盛产竹子，历史上许多地名以竹命名。贵阳的历史名称就叫“贵竹”，以“郡产美竹故名”，贵阳人生活中随处可见竹枝翠影，因而发展出了许多与竹息息相关的乐器文化。如直接取材于竹的苗族芦笙、笛子、木叶、苗族木唢呐、布依族姊妹箫、苗族口弦等传统民族乐器。芦笙是一种深受苗族同胞喜爱的吹孔多簧气鸣乐器，其声古朴、悠扬。芦笙，已成为苗族的文化符号。花溪高坡乡批林村，一个依山傍水、风景秀丽、民风淳朴的苗族小山村，因制作芦笙而远近闻名，被誉为“芦笙之乡”。又如乌当香纸沟，林木茂盛，迄今保存着数十座古老而原始的造纸作坊，乡民们沿用东汉蔡伦古造纸术制造香纸，造纸作坊一个接一个绵延数里，形成一道别开生面的历史人文风景，被誉为“古造纸术博物馆”。

与此同时，居住在这片土地上的各民族先民们，将自己的审美思想、艺术天赋、文化特质和创造精神无限地投射在日常生产生活之中，孕育出与农耕文明息息相关的地戏、赛马、斗牛、射箭等体育活动，歌唱即生活、生活即歌唱的四印苗簪汪古歌、布依族古歌；与生态生活息息相关的苗族挑花刺绣、苗族蜡染、皮纸制作技艺，等等，

都是民族文化对自然选择的结果，至今仍清新刚健、血脉旺盛，饱含天真烂漫的情致和跃动不已的生命力。

（二）成就思想家的憩园

“爽爽的贵阳”是驰名中外的王学胜地，是王阳明大彻大悟并形成思想体系的悟道之所。明正德三年（1508）春，被贬为贵州龙场驿的王阳明，历经长途跋涉到达龙场（今贵阳修文）。此后三年间，王阳明“居夷处困”，领悟孔孟之道，省度程朱理学，大悟“格物致知”之旨，创立“知行合一”学说，为其“致良知”思想奠定坚实基础，构成了阳明心学的核心。考察王阳明在贵州的悟道轨迹，不难得出结论，正是贵阳成就了王阳明，为阳明心学的形成提供了不可复制的思想道场、人格呵护和精神家园。

1. 思想道场

孟子曰：“天将降大任于是人也，必先苦其心志，劳其筋骨，饿其体肤，空乏其身，行拂乱其所为也，所以动心忍性，曾益其所不能。”阳明心学为什么没有产生于繁华的京城，也没有产生于他自幼成长的江南水乡，这是一个饶有趣味而又耐人深思的问题。司马迁曰：“屈原放逐，乃赋《离骚》。”谪贬龙场，犹如孔子“在陈缺粮”，是怒是怨，王阳明也曾感受过“草庵不及肩”“鹿豕且同游”的困厄，但在与龙场百姓同生活、共患难的过程中，他逐渐走出了困顿，鼓起勇气，用生命去探索和体察人生之道、宇宙之源。

因此，龙场悟道，是在特定的时间、地点和条件下迸发出来的思想火花。从玩易窝到阳明洞，在这幽静无染的万山丛中，王阳明深感

与大自然浑然一体，“天理”与“良心”息息相通，遂得出“圣人之心与天地万物相通”的结论，确立了“心即理”的基本立足点。由此看来，没有彼时彼刻的特殊环境，没有惨淡的人生，没有虚一而静的心态，没有龙场人民给予的灵感和启示，就不可能有作为王学起点的“龙场悟道”。“爽爽的贵阳”为王阳明悟道成圣提供了绝佳的物理空间，至今仍弥散着儒学思想道场的无穷魅力。

2. 人格呵护

从京城来了一个有大学问的人，很快引起龙场人民注意。当地苗彝乡民纷纷把自己的孩子送来请王阳明教学。善良而朴实的龙场人民非常同情王阳明的遭遇，他们不忍王阳明居住在阴暗潮湿的石洞里，主动砍树伐木，为他建起了新居，他感慨而做《何陋轩记》。百姓还为他修建了凉亭，并在周围“环植以竹”，使他感悟到竹子“挺然特立”的品格，自题“君子亭”。及至“宾阳堂”建成，王阳明感觉仿若重见天日，对着东方的朝阳“稽首再拜”，他不再感觉自己是一只形单影只的孤鹤。太守派人前来羞辱他，百姓们义愤填膺，齐心协力把差人打跑了。彝族土司安贵荣同他交好，时常派人送来米、肉、鸡、鹅，让王阳明感激不尽。这些善良、忠厚的人们，帮助王阳明渡过了生活的难关，消除了孤独、寂寞的心境，给予他新生的力量，使得他感受到人间真情而重新站了起来。

这些弥足珍贵的乡村情义，与朝廷中那种尔虞我诈、钩心斗角的恶习，形成了鲜明的对照，让王阳明深受感动，认识到人最宝贵的就是淳朴和善良，有如“未琢之璞，未绳之木”，虽其俗尚陋，但“无损于其质”，遂萌发“致良知”思想，进而酝酿出富有生命力和影响力的崭新哲学思想。可见，王阳明之所以悟道成功，除了自己坚持不懈地努力，不盲从任何学说的个性外，更得益于龙场老百姓的启发，使其找到了成圣之道。

3. 精神家园

龙场不仅让身处危机逆境中的王阳明的身心得以安顿，还给王阳明提供了一次重新发现日常生活的机会。王阳明不仅亲自开荒种地、采蕨负薪，“箪瓢有余乐”；而且与僮仆嬉戏，与村老宴饮，与学生讲学，随遇而安，其乐无穷。

真实的生活世界并不都是和谐而富有诗意的，更多是充满了艰难困苦。然而，多姿多彩的思想花朵和果实往往绽开、成熟于“艰难困苦”的真实生活境遇之中。孔子的仁学成于其“知其不可而为之”，甚至“累累若丧家之犬”的颠沛流离之中。王阳明对此也深有体味，他在后期曾一再地说明，其良知之学得之于自己“千死百难”的生存危机和生命体悟。就在这段平民化的、鲜活而真实的“遁世生活”中，王阳明感到生命存在的欢愉和满足，进一步发现和确立了自己作为一个士人的独立人格和个体价值，进而构建起丰饶的精神大厦。阳明哲学，实可称为充满鲜活生命的生活哲学。而其充满平民精神的哲学特质，以百姓日用之事为圣学，主张人人皆可为尧舜的平民化观念，也正是源于这种对平民化的、真实的生活世界的体验和感悟。

（三）践行绿色化的良田

黔中腹地，森林之城。作为长江和珠江上游重要的生态屏障，进入新世纪以来，爽爽的贵阳“懂绿”“爱绿”“追绿”“护绿”，

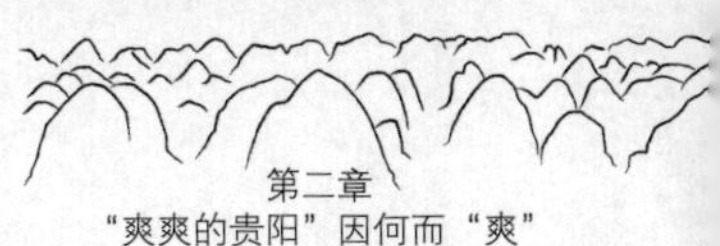

将生态文明建设从古时自觉的文化沉淀转变为推进绿色发展的鲜活实践，使得贵阳生态文化的脉络更加清晰，更为全球绿色发展提供了极具参考价值的“贵阳样本”。

1. 绿色论道“风向标”

以全国唯一的生态文明贵阳国际论坛为平台，把贵阳带到了全球绿色文化建设的聚光灯下，向国际社会发出了推进生态文明建设的“中国声音”，展示了加快绿色发展的“中国行动”。

生态文明是人类文明的一种形态，它以尊重和维护自然为前提，以人与人、人与自然、人与社会和谐共生为宗旨，建立可持续的生产方式和消费方式为内涵，以引导人们走上持续、和谐的发展道路为着眼点。生态文明强调人的自觉与自律，强调人与自然环境的相互依存、相互促进、共处共融，既追求人与生态的和谐，也追求人与人的和谐，而且人与人的和谐是人与自然和谐的前提。生态文明是人类对传统文明形态特别是工业文明进行深刻反思的成果，是人类文明形态和文明发展理念、道路和模式的重大进步。生态文明贵阳国际论坛被纳入国家“一带一路”总体规划，致力于用生态文明的理念来校正商业文明，用商业文明的经验来助催生态文明的愿景，让这两种文明互为动力、互为支撑，推动人类社会在更好水平上实现良性发展、持续繁荣，创造更美好的未来。

生态文明论坛视野下的爽爽贵阳，成为国际国内在生态文明、可持续发展领域的知名组织、知名人士汇聚的焦点，从绿色银行到绿色发展基金；从可持续企业联盟到海洋保护联盟；从“一带一路”环境生态保护应对到气候变化合作，从共同抓住绿色机遇到携手应对生

态安全，从理念、责任到具体行动，论坛不仅注重文化引导、思想引领、建立互信，更揭示行动的紧迫性，既关照人类文明发展方向和生存幸福，又解决现实问题，凝聚国际社会对生态文明建设的共同关注，输出绿色发展主流意识，成为引领生态文明领域国际前沿的“风向标”。

2. 体制机制建设“先行者”

生态文明，制度先行。从2007年年底市委八届四次全会通过《关于建设生态文明城市的决定》开始，贵阳先行先试、积极探索，生态文明城市体制机制建设经历了从无到有、从有到优的过程，驶入了生态文明城市体制机制建设“快车道”。

在全国首创施行《贵阳市建设生态文明城市条例》，颁布《贵阳市生态公益林补偿办法》《贵阳市民用建筑节能条例》，修订完善《贵阳市大气污染防治办法》等生态法规，将生态文明建设纳入法制化轨道；编制《城市环境总规》，划定环境质量、林业、湿地、基本农田保护几条红线；制定推进蓝天、碧水、绿地、清洁、田园五大保护计划；探索成立生态保护审判庭、生态保护法庭、生态保护检察局、公安局生态保护分局、生态环境保护人民调解委等较为齐备的生态环保司法体系，开全国之先河，谱写拿起法律武器保护“绿水青山”的新篇章。环境保护法庭从“两湖一库保卫战”打到“森林保卫战”创造了多个“第一”：第一例环保组织针对国家机关形成的公益诉讼，第一个由检察机关做原告的民事案件；创新行政体制在全国率先成立贵阳市生态文明建设委员会、市水务管理局等政府部门，建立完善84个乡镇生态环保工作机构，将环境保护工作延伸到乡镇第

一线，变“九龙治水”为“一龙管水”，让“九龙治水水难治”的问题不复存在。贵阳市生态文明基金会依托政府引导，动员社会各界力量，积极争取海内外热心团体及人士的支持和捐助，筹措各类公益资金5000多万元，探索了公众参与环保的新模式，创造性地解决了我国环境管理中多方共治的难题，为当下促进我国环境共治提供了有效的经验。

3. 价值观“培养皿”

建设生态文明，是一场涉及生产方式、生活方式的深刻变革，更是价值观念的深刻变革。培养生态文明主流价值观，对于凝聚贵阳“生态共识”、推动生产生活绿色转型、打造创新性中心城市的“制度屏障”，具有重要意义。近年来，贵阳通过把生态文明价值观纳入国民教育体系，组织生态文明志愿活动，围绕树立环境意识、节约意识、生态意识，选择低碳、节俭的绿色生活方式和消费模式着力培育“生态共识”，形成人人、事事、时时崇尚生态文明的新风尚。

第二节　文化基因彰显的文化自信

“爽爽的贵阳”之“爽”，兼具文化厚度和文化温度，其更深层的底蕴是建立在文化的繁荣和发展基础之上。“爽爽的贵阳”擦亮了贵阳文化基因，夯实了贵阳文化自信，让贵阳成为一个满载文化的容器并彰显出独特的文化气质。

一、“爽爽的贵阳”发掘贵阳文化基因

所谓文化基因，是指决定文化系统传承与变化的基本因子、基本要素。文化系统发生和演进的核心基因，一定程度上表现为民族传统的思维方式和心理底层结构，而决定民族思维方式的条件，则是其赖以生存的自然环境。当我们穿行历史与现实间去探寻“爽爽的贵阳”的价值和韵味，不难发现，正是“爽爽的贵阳”，让“天人合一”“知行合一”“协力争先”等贵阳核心文化基因越来越闪亮。

（一）让“天人合一”更走心

“天人合一”是中国哲学的核心命题，也是中国人的存在方式。它强调客观环境与人的生存、人的心态、人的力量相互包容、相互协调。这样一种宇宙观和价值观，在贵阳这样一个自然生态葱茏的地方，其独特的启迪价值和开导意义尤为凸显。在贵阳这片土地上，天、地、人和谐共生，多民族和谐共居，人与人和睦相处，多元文化融合共进，“走心”地阐释了“天人合一”的理念。

1. 天地人和谐共生的“天人合一”

“天人合一”，最深刻的含义就是承认自然界具有生命意义，具有自身的内在价值。天，从广义上来讲，代表着宇宙大自然，也即人类所赖以生存的大地空间。换句话说，自然界不仅是人类生命和一切生命之源，而且是人类价值之源，如何与其和谐相处，也就成为一个值得人类关切的终极问题。

千百年来，贵阳人始终以其自身的生产生活实践诠释着“天人合一”的生动理念，在“天命”的价值指引下生产生活。无论是在万物

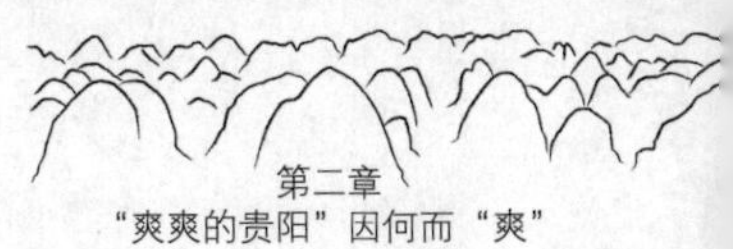

有灵的民族信仰里，还是在神秘的文化符号里，无论是在古老的民族建筑美学中，还是在“苗族飞歌”“侗族大歌”的传唱中，或者是在贵阳少数民族“寨老”“鬼师”“歌师”们的讲述中，天地和合、物我不二的观念比比皆是，集中表现为人与自然、人与人、人与自身的和谐，饱含敬天畏天、顺应自然的生态情怀。

2. 精神标识的“天人合一”

贵阳人一生与大山结缘，虽然生活在偏远、疏离的地理位置，置身在局促、险峻的山地环境，但始终不曾改变其淳朴、宽厚、耿直、热情的高尚品质，千百年过去了，这片土地上一直充满绿色和包容，人与人，人与社会，人与自然，人与文化，始终“天人合一”，和平共处。在处理与自然界关系方面，历史上的贵阳人最懂得“顺其自然、顺势而为”“近乎人道、近乎天道”，他们顺山营造吊脚楼、摸索出林粮兼作、塘田养鱼、在嶙峋乱石间种植作物等，以求生存谋发展的独特创造，说明了山川万物与人相依相生、不可分割的道理。从古至今，这片土地上的人们懂得不能贪婪地向自然索取太多，对自然界从来不是毫无节制的攫取，而总是出于一种敬意来感谢大自然。

贵阳人不仅在生态结构上做到了“天人合一”，体现了人类生存或生活应有的价值理想，而且在精神境界上也践行了“天人合一”，展示出存在与创造应有的人格风范。从这个意义上，我们可以说，“天人合一”在贵阳具体的、特定的生活氛围中得到了落实，这种基于现实的生存环境出发，所理解到的“天人合一”智慧和所形成的“天人合一”精神，真正体现了贵阳人的人文涵养和心理定力。

3.“走心”的“天人合一”图景

今天的贵阳，让人处处感受到绿色发展的脉动和气息，始终彰显着顺天应人、理性健康的生态情怀，勾勒出一副各美其美、美美与共，尚和合、求大同的文化图景，一种基于群山万峰的人文景观。生态文明贵阳国际论坛持续发出“中国声音”，就是“万物一体”“民胞物与”，是一种广而传之的生态理念。保护绿水青山，全市森林覆盖率达到46.5%，就是“道法自然”“天人和谐，不以人灭天”的生态道德。

在“大数据”“大生态”“大健康”等新的“结构力”和“结构方式”的作用下，“爽爽的贵阳”正成为民族和谐“立模”、文化生态“立范”的精神高地。可以说，“天人合一”，正是当代贵阳人坚守生态和发展两条底线，坚守山青、天蓝、水清、地洁四条底线朴素智慧的理性积淀，是筑城人民世代坚守的人际相处的“神圣约定”。

（二）让“知行合一”更饱满

“知行合一”是王阳明在贵阳的山洞里悟出的“大道理”和“真境界”。很难想象，如果王阳明未曾来过贵阳，或虽然来了却不曾得到贵阳自然生态与风土人情的滋养与激发，他是否还能集立功、立德、立言于一身、成为有明一代的“最强大脑”？“知行合一”的思想是否仍然能够顺利酝酿出来？“知行合一”的诞生，是“爽爽的贵阳”对中国和世界文化的卓越贡献。

1.“知行合一”大观园

“爽爽的贵阳”以一往情深的笃信和践行，捍卫着王阳明馈赠的无价之宝。“他年贵竹传异事，应说阳明旧草堂。”以贵阳为中心，

分布着大量阳明名胜古迹，瞻仰王阳明的遗迹，贵阳是必经之处和首选之地。这里有他初至龙场读《易》的“玩易窝”，有默坐了悟的“阳明小洞天”，有龙场人民建造的“何陋轩”，有他自题的“君子亭”和宾至而歌的“宾阳堂”，有龙冈书院和王阳明哭诉客死吏目的“三人坟”，有彝族土官安国亨所题“阳明先生遗爱处”和蒋介石所题“知行合一”牌匾，有“奇秀独绝”的阳明祠，有作为学术研究中心的阳明文化园，还有王阳明手植的两株古柏。

“王学圣地”贵阳，处处引人怀古之思、想见阳明先生当年的种种情景，想见其人、其事、其为人、其情操，想见其著述、其诗文，其高超、警策、简明的哲学思想。一个“爽爽的贵阳”，就是一个“知行合一”文化大观园。

2.“知行合一”模范生

知行合一，“知”着眼于人的道德意识和思想意念；“行”着力于道德践履和实际行动。“知行合一”在贵州的生动实践，主要体现为形成了“一个圣地、两大书院、前后三先生、四代弟子、五大王学重镇”的显赫声势，让贵阳成为践行“知行合一”的模范生。

“一个圣地”，贵州成为心学起源之地，阳明心学的大旗最早高举在云贵之巅，引发天下王门弟子五百年来不间断的朝拜。贵州既是王学的起点，又是王学的圣地。

“两大书院”，即“龙冈书院”和“阳明书院”。“龙冈书院”是王阳明在贵州亲手建起来的第一所心学书院，也是天下王门的祖庭。“阳明书院”则是黔中弟子在纪念王阳明逝世五年（1534年）之际修建的天下王门第一家直接以“阳明”命名的书院。在两所书院的

影响下，贵州在明代中后期一共修建了40多所书院，成为贵州文化发展的重要时期。贵州弟子感恩王阳明先生，尊称他为“黔学之祖”，祭祀王阳明成为贵州书院的普遍习惯。

“前后三先生”，即黔中王门重要的六位代表人物。“前三先生”是王阳明在贵州的亲传弟子——陈文学、汤伯元、叶子苍。他们学有所成，晚年辞官归里，修建书院，传播阳明心学，是进入《王阳明年谱》的三大黔中王门弟子。“后三先生”是王阳明在贵州的二代弟子——孙应鳌、李渭、马廷锡，其中，孙应鳌在黔东“苗疆”办学，传播阳明心学，是当时闻名天下的“名臣大儒”。李渭、马廷锡在思南、贵阳开办书院讲学，培养了大批阳明学人才。

“四代弟子”，即黔中王门在一百年间传承的四代弟子群体。第一代是王阳明的及门弟子，以陈文学、汤伯元、叶子苍为代表。第二代以孙应鳌、李渭、马廷锡为代表。第三代以东林党领袖邹元标为代表。第四代是邹元标在都匀的弟子陈尚象、吴铤等人。黔中王门四代弟子传承一百余年，对贵州文化发展和民族融合起到重大推动作用。

“五大王学重镇”，即黔中王门形成的五大讲学中心。王阳明离黔之后，黔中王门弟子先后形成龙场、贵阳、都匀、凯里、思南五大讲学中心，使阳明心学传到边远民族地区。贵州清代出现两个状元和郑珍、莫友芝、黎庶昌三大文化世家，都与阳明文化在贵州的传承有紧密关系。1817年，郑珍、莫友芝等在贵阳“阳明祠”祭祀王阳明，自称“后学”，表现了对阳明文化的继承和发扬。

3.“知行合一”新境界

五百年前，扶风山麓，王守仁结庐传道，开启儒学经典创新之

路。五百年后，贵山之南，大数据、大旅游、大健康风生水起、方兴未艾。“爽爽的贵阳”立足生态优势迈出建设生态文明示范城市坚实步伐，主动融入全国全球发展格局，以占领绿色发展制高点的实际行动，为守住两条底线加持，开辟了“知行合一”新境界。

从城市发展的道路抉择层面，这些年来，贵阳市倾力打造生态文明绿色发展命运共同体，走可持续发展之路，走创新性中心城市建设之路，这正是贵阳站在“知行合一”智慧高度，群策群力在发展方向、发展路径上做出的最重要抉择。

从绿色发展的个人践行层面，在“爽爽的贵阳”，这种“知行合一”的体认和表达得到上下齐心里外联动的呼应。从76岁高龄的护水人雷月琴，到无私坚守森林28载的陈维清，再到为“水缸”打官司的摩托车巡河环保志愿者蔡长海，将“知行合一”提升到城市精神高度来认识的贵阳人，主动承担起生态伦理的责任，处处留下实践“知行合一”守护绿色家园的足迹。

（三）让“协力争先”更生动

“协力争先”与“知行合一”一同作为贵阳城市精神，是伴随着欢乐忧患、顺势逆境、甘苦艰辛历程的民族机体的心灵支柱。为什么要提“协力争先”呢？因为周恩来总理于20世纪60年代在贵阳花溪寄语：“贵州山川秀丽，气候宜人，人民勤劳，只要贵州各族人民在中国共产党的领导下，加强团结，努力工作，那么贵州的社会主义建设必将后来居上，大有希望。”胡锦涛同志1988年明确要求贵阳在全省“做表率、走前列”。“协力”就是贯彻周总理“加强团结”的要求；“争先”就是贯彻周总理“后来居上”和胡锦涛同志“做表率、

走前列”的要求。

在当前的文化语境中，“爽爽的贵阳”让“协力争先”这个文化动因更生动、更具体，它既是“争先”的前提，又寄予着“协力”的目标，让“协力争先”有了作为实现建成创新型中心城市的方法论意义。“协力争先”真正恰如其分地描述了贵阳人独特的生存发展状态，尤其深刻表达出了当代贵阳人的精神追求。

1. “争先”的前提

20世纪60年代初周恩来总理在勉励我们“后来居上”时，首先点出了“山川秀丽，气候宜人”这个大前提，这就是对“爽爽的贵阳”这一生态系统、生态优势、生态“肌肉”的充分认可和肯定。用今天的话来说，这是周总理对贵阳“后发优势”的预见和点拨。正是有着“爽爽的贵阳”文化底色之浸润，贵阳才能焕发生态之志，敢于“做表率、走前列”，围绕创新型中心城市建设这一蓝图迈出坚实步伐，用一抹抹厚重的绿色诠释了自己的探索与担当，培育出个性鲜明的“争先”文化。

“爽爽的贵阳”之于弘扬“协力争先”城市精神的价值启迪，还在于当今时代是一个不“争”则“退”的时代。任何国家、任何地区都面临着经济发展与生态建设的矛盾，往往是经济发展上去了，生态环境搞垮了，这样的例子比比皆是，回头来补“环境课”、还“环境债”，代价更沉重、更惨痛。而不大力进行经济建设和开发，生态环境之“堤”总是易攻难守、往往垮得更快。“爽爽的贵阳”，单靠守，是守不住的，历史的经验和教训告诉我们，退而“守”之不如起而“争”之。不干，半点马克思主义都没有。不“争”，半点生态文

明都没有。只有肯“争”、敢“争”、会“争”，为贵阳争取先进的业态、先进的技术、先进的人才、先进的理念，为贵阳争取到一条创新发展、协调发展、绿色发展、开放发展、共享发展的科学发展之路，才能为“爽爽的贵阳”争取到一个光明的未来，让贵阳青山常在、碧水长流，永葆绿色和活力。

2.“协力”的目标

“协力”之于贵阳城市精神，首先是贯彻周恩来总理关于“加强团结”的要求。回到贵阳当前发展实际，“协力”的目标是什么？无疑就是围绕以大数据为引领加快打造创新型中心城市，如期建成大数据综合创新试验区、全国生态文明示范城市、更高水平的全面小康社会。因此，“爽爽的贵阳”既是“争先”的出发点，以“爽爽的贵阳”为基础，打造更高水准的全国生态文明示范城市，又对“协力”的目标进行再聚焦、再凝练，提出了更高标准的“协力”目标和可期待的“协力”愿景。

“爽爽的贵阳”之所以维持着今天这样的气候美、环境美、生活美，不是因为这里山高路远，无人开发，“养在深闺人不识”，也不是因为这片土地上的人们不会“开发”、不懂“开发”，恰恰是因为我们的祖先懂自然、懂生态。当然，祖先们难以预料我们今天正在进行的大规模开发和大规模经济建设是什么样子，但看看世界其他地区生态环境的变迁史就能体会到，我们的祖先不知道付出了多大的努力，才能在“要生态”与“要吃饭”之间平衡取舍，以难能可贵的文化自觉“协力”维护了贵阳的“生态美”，让“爽爽的贵阳”直到今天还能成为这一代人享之不尽的生态恩典。可以这样认为，“爽爽的

贵阳”不仅是一种自然选择，更是人类“协力”的结果。今天我们正在进行的创新型中心城市建设，无疑需要更大程度的“协力”，“协力”建设一个为爽爽的贵阳“锦上添花”的创新型中心城市，让“爽爽的贵阳”和创新型中心城市水乳交融、交相辉映。这既是我们这一代人的使命，也是我们这一代人的责任。

二、“爽爽的贵阳”夯实贵阳文化自信

作为一种价值观导向，文化自信深刻地反映了一个民族、一个国家在不同历史时期，对自身文化生命力所呈现出的自尊心和自信心。文化生态学认为，在文化的形成过程中，自然环境发挥着基础性作用。在打造“爽爽的贵阳”名片的同时，贵阳文化边界不断拓展，贵阳文化深度不断被发掘，贵阳文化气场不断被弘扬。“爽爽的贵阳”这个概念，本身就意味着一种生态意义上的自信自强，已成为表达贵阳文化自信、展示贵阳文化自强的最根本的文化基础设施。

（一）拓展了贵阳文化边界

城市是有边界的，文化则是没有边界和疆域的。不是每一座城市都有机会临江临海，但一座有天分、肯勤奋的城市，可以努力为自己开创文化多元的海洋。在充分发挥“爽爽的贵阳”文化优势，推动贵阳特色文化与大数据、大旅游、大扶贫等融合发展过程中，贵阳以其独特的发展魅力，吸引和引领着人们探索多元文化发展路径，不断拓展了贵阳的文化边界。

1. 生态文化独领风骚

以生态文明贵阳国际论坛为载体的生态论坛文化成为国家级、国际性生态文明交流平台，形成生态文明“贵阳共识”及“中国生态文明发展报告”“中国生态文明发展指数”“中国生态小康指数”等理念和成果，推动了生态文明实践，维护了全球生态安全；以形成“南明河人文新景观、百山城乡新形态、千园城市新品质”为目标的“一河百山千园”生态景观文化体系建设有序推进，让山水贵阳更绿、人文贵阳更美；以《贵阳市建设生态文明城市条例》等一系列政策法规、体制制度、机构组织变革为内容的生态体制文化，形成一整套绿色城市管理制度链，不断深化对生态文明建设的规律性、系统性认识，为生态城市的运作建立起指导性框架；以“绿色+”理念推动生产生活方式绿色化的生态行为文化不断发展，让生态文明、绿色发展成为贵阳人的普遍共识和自觉行动；阿哈湖国家湿地公园、花溪国家城市湿地公园、贵阳孔学堂、花溪青岩古镇、白云区牛场乡蓬莱现代农业展示园、北京·贵阳大数据应用展示中心、贵阳货车帮科技有限公司、贵阳市城乡规划展览馆、贵阳市水环境科普馆等生态文明建设示范点，集中展示了贵阳市生态文明成果，成为生态文明建设“活文化”；生态教育文化系统推进，编制生态文明建设学生读本、市民读本、干部读本，生态文明纳入国民教育体系、作为干部教育的基本内容，提升人们对生态文化的认知水平和参与生态文明建设的自觉性。

“爽爽的贵阳”作为一道亮丽的文化风景线，也得到了外界的普遍认同。有研究者利用语料库软件对“贵阳城市文化传播语料库”进行语料库检索和主题词抽取，选择70个受到媒体高度关注的热词作为关键词，同时根据词汇属性进行聚类，抽取其中的名词关键词共计

64个，构建贵阳城市文化传播关键词表。结果显示，媒体在对贵阳的报道中，“文化”“生态”出现的频次非常之高，如果按“贵阳”在语料库中出现的频次来进行均值计算，“贵阳”每出现2.55次，“文化”一词就会出现1次；“贵阳”每出现4.3次，“生态”一词就会出现1次。媒体在对贵阳进行报道时，总是将“贵阳”与“生态”“文明”“爽”“经济”“学堂”“文化”“旅游”“避暑”“产业”“铁路”“楼市”“环境”“森林”“绿色”等词语搭配在一起，共同构成了媒体对贵阳报道的语义场，也代表着公众对贵阳城市文化形象的认知和理解。

2. 大数据文化方兴未艾

著名信息管理专家、《大数据》《数据之巅》作者涂子沛提出：“要把数据这个科技符号变成文化符号、让重视数据的基因融入中国人的血液。”他认为，当年陈独秀疾呼的“德先生”与“赛先生”，已在百年时光中引领中国从内忧外患走向繁荣兴盛。时代的步伐永不停歇，如今我们又站在一个新的历史路口，大数据时代呼唤“数先生”，引领中国走向新一轮的启蒙。在这条全新的赛道上，上演的将是以数据为基础的全面竞争。这一次，面对大数据的无垠瀚海，我们可能与世界同步，甚至还能领先。“大数据”既是崭新尖端的数据技术，也是雏形初现、前景可期的新型数据文化。立足于生态文明贵阳基础上的大数据建设，既带来了新兴的业态，也引领了新潮文化，“数据治市”的理念正在公共领域全面流行，“用数据说话、用数据管理、用数据决策、用数据创新”的文化氛围正在不断养成，其在量化民意、发现民意、引导民意方面也富有更多意义。

在贵阳，一大批有识之士踊跃加入到传播数据文化的队伍中来，大数据博览会的接连举办，成了国内大数据产业发展的最高端平台，《大数据时代》杂志首发，大数据领域研究成果密集推出，大数据治国理政研究院的成立，使得“大数据”成为助推贵阳文化发展的动能，带来了崭新的数据文化启蒙，而且正在为贵阳培养越来越多的“数先生”，让贵阳在抢占下一个文化风口的突围战中先下一局。

3. “贵漂”文化蔚然成风

从黔籍人才踊跃返乡，到戴尔、惠普等行业巨头相继落户，再到硅谷博士扎根贵阳，“爽爽的贵阳”以良好的生态让人流连忘返，以强劲的赶超势头让人倍感振奋，以海量的机遇让逐梦者看到希望，更让“贵漂”一词脱颖而出，成为一种新风尚。“漂一族”对很多现代人来说，并不是一个陌生的词汇。它指的是那些离开故乡，出门在外工作的年轻人。在“漂一族”中，以“北漂”这个群体最为庞大，也最有名。如今，在距离首都千里之外的贵阳，同样有一群青年，怀揣着共同的梦想来此打拼，他们被称为“贵漂”。“贵漂”这个词汇从贵阳不断扩散，已成为一个“时尚”词汇，甚至有不少人自信地喊出：当“北漂”不如当“贵漂”。

如果说，“北漂”是一种现象，那么，“贵漂”就代表着一个时代，一个大众创业、万众创新的新时代。越来越多的创业者加入“贵漂”一族，逐渐成为贵阳独特的人文景观，这些“漂”在贵阳的外来者，既体现了贵阳独特的精神魅力，又给这个城市文化增添了别样风韵，更增加了贵阳的青春气息和活力。

（二）提升了贵阳文化深度

如果仅以传统视角来看，贵阳文化的深度和中原主流文化显然有着巨大差距。在文化建设的过程中，贵阳似乎并没有太多的“历史感”，也没有很多值得打出来的“历史牌”“故事牌”。但如果站在当今时代发展潮流的高度，轻装上阵的贵阳，依托“爽爽的贵阳”这一生态级资产、系统级资源一路跳跃、弯道取直，反而发展出了更有价值、更有思想、更接地气的文化。

1. 核心文化：让贵阳文化更有价值

生态文化从来就是人类文明重要的组成部分和核心部分，也是中华文明的重要的、核心的内涵。党的十七大提出“建设生态文明，基本形成节约能源资源和保护生态环境的产业结构、增长方式、消费模式”。生态文明正式成为中国特色社会主义理论体系的一个重要概念。党的十八大提出“大力推进生态文明建设”“建设美丽中国”。2015年3月中央《关于加快推进生态文明建设的意见》明确提出“必须弘扬生态文明主流价值观，把生态文明纳入社会主义核心价值体系，形成人人、事事、时时崇尚生态文明的社会新风尚，为生态文明建设奠定坚实的社会、群众基础”。2015年10月，十八届五中全会将“绿色发展”作为“十三五”时期“五大发展理念”之一。

在当代中国，生态文明已然不是一个空洞的概念和符号，而是现实的因素、活动或过程，是一个国家克服生态危机的文化自觉和必然选择。贵阳正在推进的生态文明实践，正是贯彻绿色发展理念、建设美丽中国的一部分，在此视域下的贵阳文化建设，也必然是社会主义文化建设和社会主义核心价值体系建设的一部分，是践行社会主义核心价值观的题中应有之义，从而显得更有价值。

2. 创新文化：让贵阳文化更有活力

创新是一个民族进步的灵魂，是一个国家兴旺发达的不竭动力。一个国家、一个地区、一座城市，如果没有创新文化和创业精神，发展就没有后劲。如果有了深厚的创新文化底蕴和昂扬的创业精神，就能够汇聚成经济社会发展的巨大动能。在大数据产业培育过程中，贵阳以“痛客计划”为抓手，将创新要素和资源不断引入，让贵阳文化更有活力。

2016年，首届中国痛客大赛在全球大数据顶级盛会——2016数博会压轴举行，吸引了来自全国各地的22185名“痛客”参加，收集各领域的“痛点”2700个，1336个创客团队提供了385个解决方案。最终，10组“痛客—创客”队伍分获“十大痛客奖”“最佳痛点奖”“最佳痛客—创客奖”。与此同时，“痛客计划”的长效运行平台——痛客平台上线，平台将大数据与痛点解决相结合，推出大数据精准匹配系统和大数据全息画像系统这两大支撑系统，为痛点任务解决提供秒级的精准匹配服务。以“痛客”找“痛点”，以“创客”解“痛点”，让有想法的人遇到有办法的人，将想到的与能做到的转化为实实在在的新产品、新项目、新产业，让一切知识、技术、资本、管理的活力竞相迸发，真正充分释放创新的能量，让创新成为一种乐趣和生活习惯，成为引领贵阳跨越发展的文化动力。

3. 群众文化：让贵阳文化更接地气

群众文化，是全部文化的母体，是众多文化模式的根基与源头

活水。“创造在基层，希望在民间”是被文化发展证明了的一个基本规律。脱离了群众文化，文化建设势必曲高和寡、干涸枯涸，前途渺茫。当《爽爽的贵阳》歌声风靡筑城，当“贵阳避暑季”“贵阳温泉季”家喻户晓，当“绿丝带”者活跃在大街小巷，当“低碳小管家”布满校园，当共享单车成为人见人爱的贵阳网红，文化建设不再是闭门造车、自弹自唱，而是直接事关百姓福祉，接地气、有活力，实实在在融入了百姓日常生活，成为增强筑城人民群众文化认同的心灵纽带。

（三）壮大了贵阳文化气场

曾经的贵阳人，骨子里铭刻着山的气质，实诚、勤奋而平和，却较为缺乏开放创新、进取冒险的积极性。在生态文明建设成为发展新常态的今天，贵阳人开始审视自己的客观环境和行为方式，发现祖祖辈辈置身其间的绿水青山、清爽空气、凉爽天气具有莫大价值，以前被视为无足轻重的资源成为后来居上的巨大优势，开始敢思、敢干、敢超，整个贵阳文化气场也随之一变。

1. 发展的底气更足

生态文明重要性日益凸显的今天，良好生态环境所带来的宜人气候，所孕育的宝贵动植物资源，所蕴藏的丰富能源矿藏，所积淀的人文景观和民族风情，已成为贵阳发展的核心竞争力，成为贵阳科学发展的坚实底气，也让贵阳人民有底气拒绝污染，大力发展资源节约型、环境友好型产业。

2. 创新的思路更宽

习近平总书记指出，抓创新就是抓发展，谋创新就是谋未来。工业化的历程告诉我们：越是创新活跃的地方，就越容易形成产业革命的光明舞台；一旦创新活力丧失，就面临着出局的危险。创新文化的差异是区域间经济发展产生差距的一个重要因素。坐拥“爽爽的贵阳”富矿的贵阳人，并未陷入“靠山吃山坐吃山空”的固化思维。当“互联网+”的春天到来之时，贵阳人以“山”作跷，以“爽”为媒，“无中生有”发展出先人一步的大数据、云计算产业，做强创新驱动战略引擎，成功实现了发展的“换轨”，让“思路决定出路”的创新精神在贵阳再一次得到应验。“爽爽的贵阳”和大数据、云计算“联姻”，无疑需要超强的“想象力”，贵阳也因此没有少遭遇外界的冷眼。“为什么是贵阳？”“恐怕还是造势吧！”质疑声曾经此起彼伏。而把“想象力”变成“生产力”，贵阳付出了百分之千的努力。从全域公共区域免费Wi-Fi城市一期建成投用，到政府数据共享交换平台和开放平台上线，从数据铁笼、大数据综合治税、国有企业大数据监管的实施，到社会和云、智慧城管、智慧交通等一批云应用示范工程投入使用，贵阳实现了全市数据中心服务器3.5万台，呼叫中心座席15万席，大数据及其关联企业达到4000户。以过去五年大数据产业规模总量超过1300亿元、电子商务交易额达到700亿元的靓丽成绩单，回答了外界的一切质疑。借助“爽爽的贵阳”这一跷板，贵阳大数据产业一跃而起，而这种从顶层设计高度焕发的创新之志，也让贵阳的创新思路越来越宽，贵阳发展的想象空间更大了。

3. 赶超的步伐更快

从养在深闺无人识，到八方友朋纷至沓来，贵阳的蓬勃发展，是生态文明理念不断深入发展引发的蝶变。贵阳人民以时不我待、只争朝夕的紧迫感创造了“洼地崛起”的贵阳速度。过去五年，贵阳按下快进键，保持快速增长势头，经济增速连续4年位居全国省会城市第一，总量超过了2个省会城市。2015年7月，英国《经济学人》智库（EIU）发布的“中国新兴城市排名”中，贵阳名列第一。2016年9月，美国知名独立经济智库米尔肯研究所发布的报告显示，在2016年“中国大陆最佳表现城市”排行榜中，贵阳超过北上广等一线城市，在全国260个城市中跃居榜首，比上年度上升了10位。

（四）爽爽的贵阳：涵养生活的“文化定力”

改革开放以来，经济的快速发展大大改善了我们的生活质量，但急剧地新旧交替、中西杂糅、鱼龙混杂，也使我们的文化生活、精神走向、价值观念时而出现困扰与失范、歧义与冲撞，乃至忧虑与紧张。在钢筋水泥的城市生活中寻找到一个属于自己的精神家园，获得一种涵养生活的“文化定力”，是许多都市人孜孜以求的向往。“爽爽的贵阳”正是这样一片美好的心灵净土，它为都市人的精神追求提供了足够的定力和稳健，让人们在面对各种现实挑战时可以更加应对有方、进退有据。

1. 净土守望：重塑乡愁的“文化定力”

乡愁是一种抽象的情感，是人们对家乡故土的眷恋，对生活环境经历的记忆，是历史文化的传承，是对美好生活的渴望。乡愁作为中

国文化意象中最核心的主题之一，承载着中国传统文化的最高价值之一，是整个中华民族的精神财富和文化瑰宝。借用赫格斯特兰德“时间地理现实”（Time geographical reality）的概念，“乡愁”文化是一个民族存在的精神核心，更是人际社会联系的“情景基础”。

在全力以赴厚植创新型中心城市生态文明优势过程中，在推动绿色生产生活方式普及化过程中，“爽爽的贵阳”把一个城市应有的自然性与社会性、现代化与原生态成功适配起来，重塑乡愁的“文化定力”，极大地满足了人们的乡愁感、归属感、获得感，对于构建美好城市生活具有重要现实意义。

（1）更有乡愁感的生活

现代社会生活经验让都市人赖以承载记忆和梦想的故园感正在消失，通常意义上作为“故乡”的空间感与时间感面临崩溃。在这种情况下，“爽爽的贵阳”作为复兴“乡愁”和治愈“乡愁”的“唤醒师”，愈发显得弥足珍贵。

“乡愁”复兴。乡愁体现的不一定是“愁”，而是人内心深处的一种文化依恋和精神需求。显山、露水、见林、透气的爽爽贵阳，以科学发展之美、自然生态之美、人居环境之美、人文行为之美、生活幸福之美的完美融合，从“千城一面”“十面霾伏”的现代化模仿和复制中突围而出，生态、文化和个性被放到了首要位置，“山城交融、水城绿影、林城环抱、人城乐居”的城市意境日益凸显，形成极富有乡土气息的生存方式、社会群体和社会形态。

复兴的乡愁，蔓延贵阳天地间。以“时光贵州”为例，坐落在自然山水间的“时光贵州”，力图用建筑群落诠释时代下城市的风貌。它兼顾自然与社会、融合历史变迁与传承，诠释着贵阳的山川秀美、

气候宜人，也展示着时代元素与城市发展的脉络。它总结和提炼贵州数亿年的史前文化、屯堡移民文化、建筑文化的精髓，呈现贵州城镇的前世今生，也将贵阳这座城市的气韵提升到更为广阔的包容性和发展视野，呈现出别致的气质，迎接更多人来到这里聆听风景，捕捉这座城市的灵魂，让人流连忘返。与“时光贵州”相映成趣的还有“乡愁贵州”“寻味贵州”“四季贵州”等，共同展示着“爽爽的贵阳”的“乡愁”韵味，让“望得见山，看得见水，记得住乡愁”成为最真实的存在。

“乡愁”治愈。在众多千篇一律的都市生活里，由城市的现代化进程引发的“现代型乡愁”正越来越密集。社会的不断发展进步，带来了线性的时间观、信息、资本和人的全球化，重塑了人们的时空观。时空边界的消弭，令现代人生活的世界成为一个没有边界、难以确立自身定位的世界，城市成为诱发“思乡病”的一个病根，成为放大时空分离导致的不安全感的主要推手，生活在大城市的人过得越来越焦虑烦躁，沉潜在焦虑情结背后是对家园皈依的强烈渴望。而“爽爽的贵阳”开出的“一草一木皆乡愁”的药方，成为一种治愈，让更多的人爱上了贵阳、留在了贵阳、融入了贵阳。

美国20世纪城市化进程中最有影响的城市学家之一、《城市文化》的作者路易斯·芒福德认为，“乡愁”就好像一块强力磁石，“把一些非居住者吸引到此来进行情感交流和寻求精神慰藉”。德国当代哲学家、美学家伽达默尔认为“乡愁”文化“不仅是特殊的时间体验，还是对当下日常生活连续过程道德意义上的辖制”。本质上，人们对现代乡愁的需求基于对工业化、城市化的反抗，也是对田园生活、对慢生活、对自由和想象力的怀念。“爽爽的贵阳”成功营造了一种乡愁感，使得漂泊者在此间获得了精神文化的回归，也为当今的新型城镇化建设拓展了无限的地域和心灵空间。

（2）更有归属感的生活

“爽爽的贵阳”不仅在经济上赶超起飞，更呈现出一种最舒适、最优雅、最自然的生活状态，传达着一种与自然血脉相连的美感和归属感。

安全感。人对作为居住地的物质环境，有着独特的身体感知。身体的知觉模式由视觉、听觉、嗅觉、味觉、触觉所组成。该模式与圆形的身体维护模式、方形的身体结构模式共同组成“身体安全模式”，并与外界相作用。与此同时，弗洛姆氏理论认为，归属感指的是心理上的安全感与落实感。城市归属感是衡量城市发展潜力的一个重要指标，是检验城市发展质量的关键量，同时也是城市人才竞争的标的物。无论从身体上还是心理上，贵阳都是一个让人安全感“爆棚”的宜居之城。贵阳位于7亿多年前形成的“扬子断块”，地质构造稳定，历史上基本没有发生过破坏性地震，无地震，无大水灾，无大旱灾，无大面积虫灾，无严寒酷暑，还是全球生态环境最优、紫外线辐射最低的城市之一，高铁时代的到来，让贵阳通江达海，生活尤为便捷。加之从历史的角度，从历史来看，贵阳建城至今，没有发生过大的战乱和饥荒。无论是检索历史沿革还是比较当下环境，“爽爽的贵阳”风景秀丽、经济繁荣、社会稳定，为工作和生活在这里的人提供了实实在在的安全感。

品质感。自然、优美、宁静、祥和的“爽爽的贵阳”，资源消耗、环境损害、生态补偿等各类环境经济制度运行良好，远离后工业文明的都市喧嚣、环境污染、燥热不安、空气混浊，为人们提供了高品质的空气、高品质的睡眠、高品质的水、高品质的食物、高品质的生态。

向心力。在更加开放、经济一体化的今天，城市的向心力是一个城市能否吸引优秀企业和人才的关键。人们对一个城市的选择，其中必然包含对城市经济环境、文化氛围、人文精神等等众多城市形象资源的考量。一些跨国企业在进入中国时，往往将北京和上海作为首选之地。这两个城市，一个是首都，一个是经济之都，代表着强大的向心力和吸引力。而在大数据产业集聚上，从中国移动、中国联通、中国电信到富士康，从“BAT”到华为、京东、奇虎，从IBM、惠普、戴尔到高通，无论是电信运营商，还是互联网领军企业，甚至是跨国公司，纷纷在贵阳设立数据中心，这些例证足以说明，贵阳已成功占据了竞争力的制高点。

一个城市是不是有活力、显魅力，还要看它对年轻人的吸引力。留得住年轻人的城市才有未来。在2017年5月4日发布的《全国城市年轻指数报告》中，贵阳的年轻指数排名全国第二。统计数据显示，2010年到2016年，贵阳市常住人口从432.93万人增长到469.68万人，净增36.75万人。而同期全省常住人口从3474.65万增加到3555万人，净增80.35万人。在同期年人口出生率均低于省平均数据的前提下，贵阳实现了同期常住人口的净增数占全省的45.83%。这正是对“‘孔雀’西南飞，‘贵漂’正当时”势态的有力佐证。

（3）更有获得感的生活

习近平总书记指出，“良好的生态环境是最公平的公共产品，是最普惠的民生福祉。”“像保护眼睛一样保护生态环境，像对待生命一样对待生态环境，推动形成绿色发展方式和生活方式。”生态文明并不是去弘扬一些宏大抽象的、老百姓看不懂的数据或概念，更为重要的是要让老百姓过上更有获得感的生活。说到底，生态文明建设，归根到底要让老百姓拥有沉甸甸的“生态获得感”。

从普惠福利到价值获得。在“爽爽的贵阳”，这种获得感，既体现为大自然本来赋予我们的种种普惠的“绿色福利”，又体现在尊重自然、顺应自然、保护自然的生态责任；既体现在思想观念从“盼温饱”到“盼环保”的转变，又体现在精神追求从“求生存”到“求生态”的变革；既体现为绿色产业发展开创的生动发展局面，又体现在绿色生活方式的流行；既体现在绿色发展价值观的深入人心，又体现在让每一个人都能过上幸福、有尊严的生态文明新生活。

生活在“爽爽的贵阳”，今天的我们既可以置身于车水马龙的繁华，又有幸享受到青山绿水的静谧，既能够感受到生机勃勃的商贸，又能够与蓝天白云常相伴，这已经成为贵阳市民习以为常的日常生活，正是良好的生态环境，赋予和提升了贵阳人更多实实在在的生态获得感。

从“主体人”到“生态人”。从“自然人”到“主体人”再到“生态人”，是人与自然相关的三大生存方式。人与自然相关的第一大生存方式表现为自然人样态，其主要特点是人是自然界的“奴仆”，完全消弭于自然之中，是人与自然的原始统一。第二大生存方式表现为主体人样态。近代社会人的主要特点是自我意识，即主体意识的觉醒，人是自然界的主人，人以自我为主体来观察世界、检验世界。第三大生存方式表现为自然的样态，其主要特点体现在人不是自然主义的自然人，也不是人道主义的主体人，而是自然主义与人道主义统一的“生态人”。人与自然的关系不再是主人和奴仆的关系，而是共生性同体关

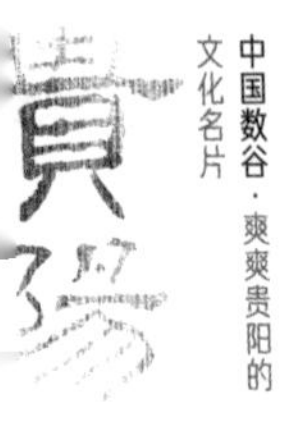

系。生态人是体现人与自然新型关系的当代人格的重要表征，是体现人的本质的多样性展开的重要向度，是人的生态属性的历史再认。

生态人不仅是一种精神理念，一种人类新的生存方式，而且是代表人的自由发展的现实性人格的一种价值信仰和行为方式。今天的贵阳，正致力于形成以南明河人文新景观、百山城乡新形态、千园城市新品质为标识的“一河百山千园”自然生态体系，绿色生活正在成为城市民生供给中最重要的公共需求。而贵阳的老百姓，在经历着从“主体人”到“生态人”的升华中，把对人与自然平衡的向往变成对人体自身功能平衡的向往，把对自我生命价值的尊重变成对自然生态的尊重，把生态的美好视为自身的美丽来追求，切实培养亲近自然的生态人格，在社会大文化环境中弘扬生态价值信仰，在生活实践中培养绿色行为方式获得了对生态文明最深刻的体验。爽爽的贵阳人，与生态文明同行。

2. 净静相宜：涵养心态的“文化定力”

著名学者余秋雨认为：“文化就是一种变成生态方式的精神价值，最后沉淀为人格。”“爽爽的贵阳”兼具了生态体验和文化精神的双重价值体验，一方面保持着空气干净、水土清净、环境宁静的自然生态，另一方面建构着思想纯净、心灵平静、社会和静的精神生态，成为涵养心态的“文化定力”。

（1）“爽爽的贵阳”让思想更加纯净

作为一个开门见山、推窗见绿的城市，群山将贵阳与外界阻隔开来，为“爽爽的贵阳”营造了一种有别于众多都市的独特思想氛围和文化气场。怡然自得、随遇而安、清心豁达，曾经是祖祖辈辈贵阳人

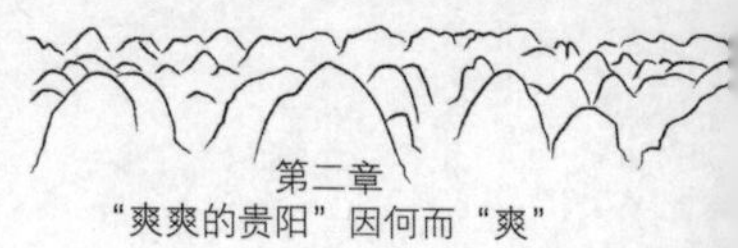

的生存态度。这种心态也造就了贵阳人淳朴善良、宽厚耿直、平和包容的特点。

改革开放以来，在事关发展的大是大非问题上，贵阳人素来大局观强、价值观正，“内无妄思，外无妄动”，不起哄、不争论、不折腾、听指挥，真正以思想的高度纯洁性践行了“知行合一、协力争先”的城市精神。近代思想家梁启超指出，“纯粹的理想信念是精神家园之本，也才拥有宁静的精神家园”。“信仰是神圣的，在一个人为一个人的元气，在一个社会为一个社会的元气。”思想纯净的贵阳人，才能心往一处想、劲往一处使；思想纯净的贵阳人，呈现出朝气蓬勃、欣欣向荣的气质风度，构筑起了思想纯净的贵阳精神生态环境，而这种精神生态环境，正是当下贵阳发展所必需的浩然元气，是助推贵阳文化腾飞的不竭动力。

（2）“爽爽的贵阳”让心态更加平静

在人类文明的发展演变中，生态与心态是人所处的现实世界最具普遍性的事物存在状态。生态关乎自然，心态关乎人心。生态环境恶劣，心态也会变得复杂低落。生态环境好了，心态会受到积极的影响。与此相关的两个问题也成为影响全球发展与进步的最深层次的问题：一个是生态危机，一个是心态失衡。“生态环境”的恶化，给社会带来的损失是直接的，而“心态环境”的恶化，给社会带来的损失则是隐蔽而间接同时又是不可估量的。

今天的贵阳人，正在与“爽爽的贵阳”共同成长中，按照自然规律和美的规律，进一步创造宜人宜居也宜于自然生态的环境，在美化环境中美化人类自身，在优美的生态中塑造优雅的气质和美丽的心灵，寻觅培养自然美的好奇、对自然的敬畏与感恩意识，进而养成爱

护自然环境生态保护的精神观念行为习惯和现实品格。对于贵阳而言，正是良好的自然生态滋养了更加平静的人文心态，而良好的人文心态又进一步呵护了更美丽的自然生态。“爽爽的贵阳”让我们看到了一种生态与心态的正向互动效应，为解决当今社会普遍面临着的生态与心态的双重危机、重建人类平静心态，提供了有益的借鉴。

（3）“爽爽的贵阳”让社会更加和静

法国著名作家罗曼·加里在其生态哲思小说《天根》中启示我们：自然是人类的避难所，是人类灵魂的净化器，只有在纯净的大自然中，人类才能获得最终的心灵安宁。这一理念，既适用于五百年前风尘仆仆赶到贵州的先贤王阳明，也适用于今天忙忙碌碌的都市现代人。与众多繁华都市人总是倍感人情冷漠、精神空虚、孤独寂寞、浮躁焦虑不同，“爽爽的贵阳”这个特定的文化场域，对个人、城市和社会的和谐产生着重要的积极意义，让生活在贵阳的人们，总是那么的从容而平实、怡然而自得。

贵阳作为一座移民城市，经历过四次移民高峰。“贵阳人”来自五湖四海，原生态文化与历史文化、本土文化与外来文化、原住民文化与汉族文化、各民族之间的文化，一直处于互动、互渗、互补、互助的关系中。在和煦的日光沐浴下，在清新的空气滋润下，在多样性文化的哺育下，形成了贵阳人宽容宁静、富于情趣、从容淡定、进攻退守的稳定社会结构。

“江南千条水，云贵万重山。五百年后看，云贵胜江南。”曾先于王阳明一百多年造访云贵高原的刘伯温，似乎早已料到，千山万壑并不会是永久制约贵州发展的沉重负担，青山绿水恰恰是贵阳绿色发展、后发赶超的巨大潜力。

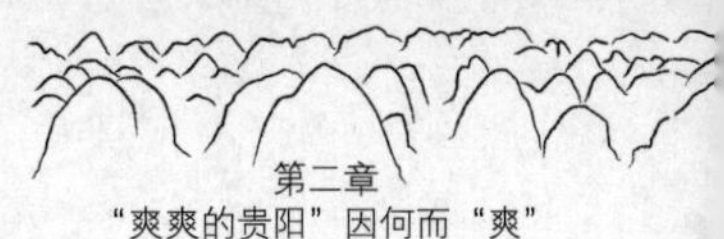

对于今天的贵阳而言，刘伯温所谓的“胜”，不仅仅是自然之“胜”，更是文化之“胜”、文明之“胜”，“爽爽的贵阳”已经从一种生态型资产转变为一种文化型资源，“爽爽的贵阳”已经从一个生态系统演进为一个充满活力的文化系统。正是从这个意义上，我们自豪地说，“爽爽的贵阳”，不仅是自然美，更是文化美！

下篇

奋力打造“五张文化名片”

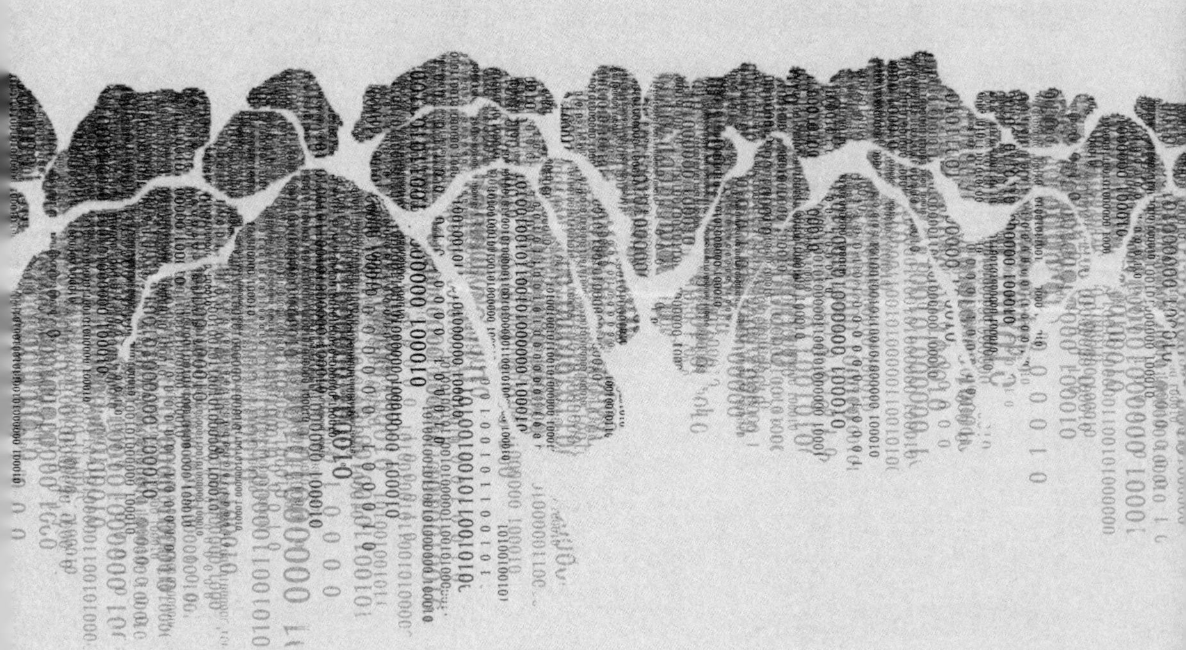

城市如人，人有个性，城市亦然。贵阳市未来一个时期历史文化发展蓝图是要紧紧围绕打造创新型中心城市目标，大力推进文化创新，推动文化与大数据、大旅游、大扶贫、大生态、城镇化等深度融合发展，着力打造阳明文化、生态文化、民族文化、公共文化、时尚文化“五张文化名片”，构建贵阳城市人文品牌。

对城市而言，历史记忆、文化涵养、城市精神均能彰显城市魅力。在城市化发展中，伴随人们物质文化生活水平的提高，一个城市的“人文厚度”对城市发展更显重要。城市特色文化是城市存在的根基和发展的动力，对城市的经济、文明、环境、人文乃至人的习惯、习俗有着重要的影响，决定着城市的品质和魅力。贵阳市委、市政府强调要提升贵阳作为创新型中心城市的人文厚度，提升城市颜值气质品质，这看准了文化内化的效用。贵阳加快打造创新型中心城市，需要不断培厚城市文化土壤，打造独特的“文化名片”，构建精神高地。

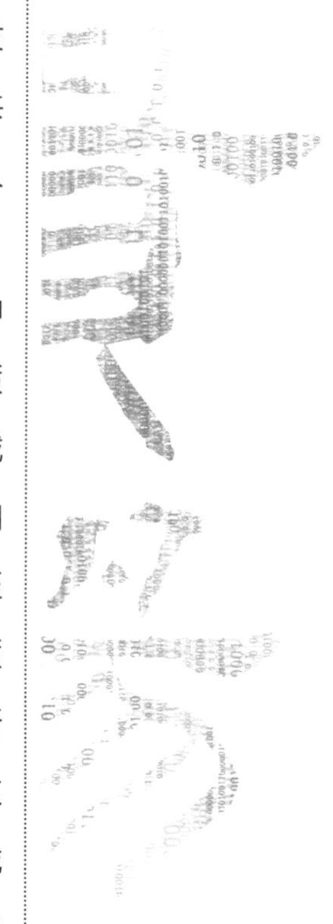

第三章

三足鼎“筑”：打造阳明文化名片

文化是一个民族的血脉，而传统文化是一座城市的底蕴根脉。传统文化的弘扬，很重要的一点就是要找到城市的根脉，不然就是无源之水、无本之木。在此基础上，再结合地方实际和特点，将其熔铸到城市文化发展之中，不断赋予新内涵，形成独特的文化个性、文化风格、文化品位。贵阳市在实践中，深入挖掘城市历史，梳理文化脉络，找到了贵阳和王阳明的交集，发现了阳明文化早已在这里扎根传承，感受了王阳明所倡导“知行合一”精神和贵阳时代精神的共同点，并将其熔铸到贵阳文化发展过程中，提炼出“知行合一、协力争先”的贵阳精神。从而，唤醒全体市民热爱家乡、建设家乡的满腔热忱，增强百姓生于斯、长于斯的认同感、使命感和责任感，积极投身于建设生态文明城市、打造创新型中心城市的伟大实践中。

第一节　以“三足”为依托构筑城市精神

2014年12月30日，中共贵阳市委九届四次全会指出：“实施文化惠民工程，打造人文贵阳升级版。充分发挥文化引领风尚、教育人民、服务社会、推动发展的作用，提升人民群众思想道德素质，满足人民群众精神文化需求。弘扬社会主义核心价值观，进一步创新载体、创新形式，推动社会主义核心价值观教育大众化、制度化、本土化。构建以贵阳孔学堂、阳明洞、阳明祠三足鼎‘筑’的贵阳精神大厦，丰富‘知行合一、协力争先’贵阳精神的内涵。围绕贵阳孔学堂制定和实施贵阳孔学堂中期、长期建设和发展规划，围绕阳明洞打造阳明产业文化园，围绕阳明祠打造阳明文化公园，努力建设‘中华文化瑰宝、世界心学圣地’。”三足鼎“筑”充分说明了在凝聚贵阳城市精神战略部署中，通过依托孔学堂、阳明洞、阳明祠这三个顶级文化资源，讲好贵州故事，传递贵州好声音。

一、孔学堂、阳明洞、阳明祠的基本情况

（一）孔学堂

贵阳孔学堂坐落于贵州省贵阳市花溪河畔，东毗大将山，西临花溪河，俯瞰十里河滩，仰承孔学精华，总占地1320余亩，建筑面积近15万平方米，分为“公众教化区”“中华文化国际研修园”和“文化创意产业园”。

在建筑设计上，孔学堂在保留传统孔庙功能的基础上，增加中华传统文化的普及、培训、传播、研究、交流等功能，使之成为敦风厉俗、明礼知耻的道德高地，成为百家争鸣、产生思想的学术高地，做到古为今用、推陈出新，为现实服务。在硬件环境上，把高校集中、风光秀丽、生态良好、交通便利的花溪十里河滩划为孔学堂建设用地，满足孔学堂建设的人文、自然、环境等必备要素。在基础设施和

配套工程建设上，要求功能完善、设施配套，确保孔学堂建设的高品位、高质量、高标准。在功能定位上，孔学堂以“古为今用、推陈出新”为宗旨，坚持“创造性转化，创新性发展”方针，突出“教化”与“研修”两大功能，通过各类大众化、普及性活动传承与弘扬中华优秀传统文化，提升市民道德文明素质，践行社会主义核心价值观，努力使优秀传统文化为现代社会服务。

（二）阳明洞

位于贵阳市修文县城东栖霞山，为省级文物保护单位，洞旁现存清代建筑数座，石刻题咏甚多。因明朝著名哲学家、文学家、教育家、军事家王阳明谪为龙场（今修文县城）驿丞时，于正德三年（1508年）曾居于此洞而得名。明朝武宗正德元年（1506年）2月，王阳明因为抗疏营救南京科道戴铣等人，得罪了大宦官刘瑾，因受其所害，第二年被贬谪到龙场驿任驿丞。正德三年3月，王阳明一路跋山涉水到达龙场，当时的龙场是深山荆棘丛生，毒蛇猛兽出没，蛊毒瘴气相侵，苗彝杂居，属水西安宣慰辖地。王阳明初到龙场，居无处所，在一天然溶洞内埋头研究、玩味《易经》，洞因名“玩易窝”。不久他的书童在离龙场不远的东面三里远的龙岗山上发现了一个天生洞，土民称为“东洞”，洞颇宽敞明亮。自王阳明在此栖身后改称为“阳明小洞天”，习惯称为“阳明洞”。洞顶经常有滴水落下，当地少数民族怜悯其阴冷潮湿，伐木结茅，在洞口右下方为之建房屋，王阳明以“君子居之，何陋之有”，名为“何陋轩”。又在洞口左上方修建一小亭，亭子四周栽些竹子，王阳明以竹子具有“君子之德”，将亭名为“君子亭”。王阳明开初在东洞讲学，当地百姓见洞内阴暗潮湿

教学不便，就在洞上山顶修造一房屋，阳明命名为龙岗书院，成为当时全国著名的书院之一。来到龙场后的第二年，贵州提学副使席书聘请他到贵阳文明书院讲学，王阳明在龙岗书院、文明书院传道讲学，为贵州培养了大批心学弟子，使“连峰际天”“飞鸟不通”的“山国”贵州从此人文蔚起，风气大开。他离开龙场后，贵州宣慰使安国亨亲笔书题“阳明先生遗爱处”，镌于洞口崖壁上，迄今完好无损，备受世人珍惜。王阳明去世23年后的嘉靖三十年（1551年），巡抚贵州监察御史赵锦将龙岗书院改建为“王文成公祠”，阳明洞因此成了王守仁的重要纪念地。阳明洞是王阳明谪居、成道、讲学、形成“王学”的主要重地，世称“王学圣地”。目前，阳明洞已被国务院列入全国重点文物保护单位，并位列“贵阳八景”之一。

（三）阳明祠

坐落在贵阳市区扶风山的阳明祠，始建于清嘉庆十九年（1814年），由扶风寺、王阳明先生祠、尹道真先生祠组成了风格独特，以王阳明先生祠为主体的古建筑群体，清代西南巨儒郑珍曾赞之为“插天一朵青芙蓉”。此祠为四合院结构，主体建筑为享堂（大殿），堂前有“正气亭”“桂花厅”与两侧游廊相通，现为全国重点文物保护单位。王阳明被贬谪为贵州龙场驿丞，在贵州的三年中，先后在修文龙岗书院和贵阳文明书院讲学，治学成名，门人众多，影响甚大，至今在日本及东南亚国家仍有深远影响。1528年阳明先生逝世后，贵阳人为纪念他而修建该祠。祠内林木葱茏，根雕、盆景千姿百态，桂树浓香四溢，碑刻甚多，曲径回廊，清幽宜人。祠内现存有阳明先生朝服线刻大像，日本东宫侍讲文学博士三岛毅曾作赞扬阳明先生的七言绝句：“忆昔阳明讲学堂，震天动地活机藏。龙岗山上一轮月，仰见良知千古光。”另外，祠内左右两壁还嵌有王阳明先生的《训士四条》和《论语四条》木刻。祠内殿堂中，有王阳明先生汉白玉坐像，两侧为先生手书“壮思风飞冲情云上，和光春霭爽气秋高”木刻对联。殿堂外碑廊有王阳明先生手书《矫亭记》和家书文稿及燕服画像。建祠以来，文人墨客吟唱题赞，佳作不乏，有清代学者莫友芝、何绍基等人游览祠堂题咏的诗文及捐资修建人员名册石刻，是贵阳市现存的碑刻精华，也是极其珍贵的历史文物。

二、“三足”之间优势互补、相互支撑

三足鼎“筑”充分说明了在凝聚贵阳城市精神战略部署中，孔学堂、阳明洞、阳明祠是一个整体，缺一不可，三者都是以阳明文化为主线、支撑，表明了贵阳市不仅要加速推动孔学堂事业的发展，还要加速打造阳明文化品牌、提升贵州阳明文化的内涵。

阳明文化是前人留给贵阳的一份文化瑰宝，是具有贵阳地方特色的优秀传统文化品牌，也是倡导社会主义核心价值观的活水源头之一。我们知道，500多年前明代王阳明先生谪贬贵阳龙场，在此参学悟道，受到世界奉扬。知行合一、致良知的心学理论如何与当代社会结合发扬光大，学界的目光聚焦在贵阳，学者的步履追逐到贵阳，希望贵阳作为龙场悟道的发祥地，在弘扬中华优秀传统文化方面发挥重要作用。王阳明的悟道，对贵州来说，在传承中国传统文化上做出了杰出贡献，所以，孔学堂建在贵阳是有缘由的，阳明文化发扬光大的责任已经历史性地落在了贵阳肩上。而孔学堂承接书院传统，延续阳明

文脉，建设道德和文化高地，弘扬时代精神，成为打造弘扬传统文化的“梦工厂”。

孔学堂、阳明洞、阳明祠，都是中国传统文化的优秀组成部分，其价值主要在于对全社会的思想引领和道德示范，值得全社会和全体人民大力弘扬。从三者之间的关系上看，可以说你中有我、我中有你。“知行合一”是阳明文化思想的精髓，也是孔学堂的行动指南。孔学堂本身就有很多王阳明的元素，且将阳明文化作为重中之重的内容予以建设，设立了“阳明大讲堂”，成立“阳明心学与当代社会心态研究院”，在原有阳明祠、乡贤祠广场等基础上，打造了“阳明馆”。孔学堂研修园的功能，主要是为贵阳发展阳明文化、落实“知行合一”的城市精神提供学术上的支撑。除了硬件上的体现，阳明元素还出现在孔学堂开展的公益讲座、课题研究、学术研讨、文艺创作等方面。孔学堂和修文县还联合举办了“孔学堂——阳明洞会讲”，地点在修文阳明洞，邀请了武汉大学国学院、贵州大学中国文化书院等专家学者齐聚阳明洞，向先贤“问道”，这是孔学堂“走出去”的另一种尝试。对于阳明洞而言，其打造中华国学文化名片、中国阳明心学文化地标的定位，包括阳明祠建立的阳明书院、国际阳明文化交流中心、举办心学讲坛来说，也需要孔学堂这一平台提供人才保障、智力支撑，才能丰富文化内涵、提升文化品位。

当然，孔学堂、阳明洞、阳明祠的宗旨和功能的侧重点有所不同。如孔学堂的宗旨和功能是坚持古为今用，推陈出新，努力传承和弘扬中华民族优秀传统文化，大力培育社会主义核心价值观。它集祭祀活动、纪念、吟诵、游艺、旅游、文化产业等功能为一体，是贵阳市传承与弘扬儒学的圣殿，教化与开启新风的基地。孔学堂将打造成

为全国传承中华优秀传统文化的重要基地，弘扬社会主义核心价值观的重要平台，实现孔学堂的区域价值、国家价值和世界价值。而依托阳明洞，是建成“中国阳明文化园”“阳明博物馆”，建成集旅游、文化、休闲养心、度假及商业开发为一体的国家形象创新传播共建基地、中华国学文化名片、中国阳明心学文化地标、世界心灵旅游目的地，将以健康养生体验、身心拓展训练、修学修心、禅修养性等特色闻名。中国阳明文化园是贵阳市依托阳明文化品牌及其世界影响，加快推进旅游文化产业发展，探索贵州产城融合特有模式的构想和实践，希望达到“国际领先、国际一流”和“做足文化、做成精品”的目标定位。同时，依托阳明祠加快建立阳明书院，增建国际阳明文化交流中心，定期举办心学讲坛，将阳明祠打造为国际性文化研究搭建交流和传播平台，以及利用市区市场优势，策划成王学典籍、阳明文化周边产品的营销中心，成为城市个性的特色文化街区。并且，促使阳明祠“清明茶祭阳明”等祭祀活动变成“华夏大祭”，在此按照中国古代传统礼仪流程，鸣古乐、颂祭文、奉香茶，真诚地表达着对先贤的敬畏之情。确实，王阳明龙场悟道是全国乃至全世界独一无二的，作为龙场悟道之地的贵阳，理应在阳明文化重建中扮演不可或缺的重要角色，充分发掘王阳明的文化资源，全力打造好阳明文化品牌，使之真正成为三足鼎“筑”的抓手，充分展示贵阳市文化软实力。

抓好三足鼎“筑”工程，应该注重从内容上、手段上、方法上、渠道上大力创新，在教育引导、舆论宣传、文化熏陶、实践养成等方面下功夫，把传统文化与传统节日结合起来，把公益性与经营性结合起来，把文化与活动结合起来，真正让中华优秀传统文化在贵阳像空

气一样无所不在，起到潜移默化、润物无声的作用。在三足鼎“筑”中，三足间的关系应该是优势互补、资源共享、人才共享、经验共享，使1+1+1＞3，这样才能共同提升贵阳的文化品位，打造对外开放新形象。在三足鼎“筑”基础上，以精神殿堂的实体来凝聚人心，引导文化发展，不断凸显孔学堂、阳明洞、阳明祠的品牌价值。通过三者资源整合、集成创新形成体制机制优势，进一步把孔学堂、阳明洞、阳明祠建设成为以弘扬中华优秀传统文化，培育和践行社会主义核心价值观为灵魂的重要文化综合体。具体来说，阳明祠、阳明洞和孔学堂，应在科学合理布局的前提下，实现必要的互补型发展。一是阳明祠和阳明洞要严格按照文物古建修复和利用的规范进行，功能配套按照旅游景区、博物馆规范要求在毗邻地段进行设置，实现产业、服务与核心区的必要隔离和有机统一。孔学堂的功能配套按照公益性文化需求和会务、培训、教学等产业化需求互补的原则进行设置。二要坚持文物保护修复由政府投入为主，完成阳明祠和阳明洞的维修完善。孔学堂和中国阳明文化园的产业配套区、基础设施建设，鼓励社会资本按开发规划推进实施，实行公益与产业的互补型运营。三是推动形成阳明祠、阳明洞、孔学堂为一体的阳明文化“心学之旅”旅游品牌。打造和经营《龙场悟道》大型高端文化创意节目；将贵阳市文昌阁到阳明祠地段建成阳明文化特色街区，将阳明洞区域建成阳明文化产业园区；构建阳明文化特色旅游产品体系，围绕“吃住行娱购游”需求链，培植大型文化旅游企业集团，大力开发阳明文化旅游服务和产品；借力贵阳大数据发展机遇，打造中国国学数字文化产业园，推动文化与科技的深度融合发展，建设“中国·阳明文化门户网站”；鼓励、支持社会各类运营主体以及文化企业入驻产业园，整合

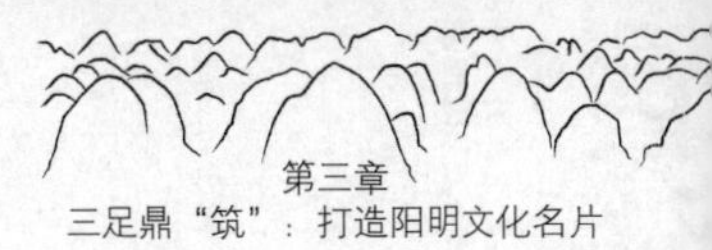

创意设计、传媒、影视等力量进行开发推广。

三、以“三足”为载体讲好贵阳故事

三足鼎“筑”的提出，主要目的是为了在贵阳市民群众当中，共享这一份贵阳独有的历史记忆与文化个性。贵阳孔学堂、修文阳明洞和东山阳明祠，通过多种多样的阳明文化活动，试图唤起市民对城市文化的认同，找到城市的形象，提升市民对城市的归属感、自豪感和自信心，继而给贵阳市经济社会各方面的发展、进步带来源源不断的生机与活力。贵阳孔学堂、修文阳明洞和东山阳明祠要切实担负起向全国讲好贵阳故事、传播贵阳好声音，向世界讲好中国故事、传播中国好声音的重要职责。

（一）讲好中国故事，要阐释好中国特色

要讲清楚中华民族在五千多年的文明发展进程中创造了博大精深的中华文化，中华文化积淀着中华民族最深沉的精神追求，包含着中华民族最根本的精神基因，代表着中华民族独特的精神标识。讲清楚中华优秀传统文化是中华民族的突出优势，是中华民族自强不息、团结奋进的重要精神支撑，是我们最深厚的文化软实力。讲清楚王阳明龙场悟道在中国哲学史、中国思想史、中国教育史中的地位和贡献，开创的阳明心学与程朱理学汇聚成了中国传统两大主流思潮。讲清楚阳明心学在21世纪的今天，如何与地方实际相结合，发挥其应有的作用，对贵阳、贵州甚至国家的时代价值。讲清楚中国特色社会主义根植于中华文化沃土、反映中国人民意愿、适应中国和时代发展进步要

求。我们应该贯彻习近平总书记关于中华传统文化要实现“创造性转化、创新性发展”的指导方针，让书写在古籍里的文字都活起来，让遥远的古迹都动起来，使其贯穿到贵阳人的思想中，融入贵阳人的血液里，成为涵养社会主义核心价值观的重要源泉。现在，各行各业都在研究实现中华民族伟大复兴的中国梦，而民族复兴呼唤文化复兴，文化复兴成就民族复兴。贵阳孔学堂、阳明洞、阳明祠的使命就是推动中华优秀传统文化的复兴，在顺应历史潮流中做点自己应当做的事情。

（二）如何讲好贵阳故事

就阳明文化来说，众所周知，阳明文化是前贤留给贵阳的文化宝库。儒家文化在贵州传播过程中最重要的事件就是明朝正德三年王阳明在贵阳修文的“悟道”，“龙场悟道”代表了中国思想史发展的一个高峰和转折。王阳明提出“知行合一”“致良知”都是高扬人的主体性，让人活得有意义、有价值，让人在良知的状态中，在真实的道德感中来发展自己生命，完善自己的人格。阳明心学学派从贵阳发源，然后遍及全国，甚至影响到日本、韩国及东南亚，它已经化入到中华民族的血脉之中了，我们讲“心”、讲道德主体，就会与王阳明联系在一起。贵阳有这样一笔丰厚的财富，当然应该继承发展，让良知在现代社会发出应有的声音，这个声音要转化成人的实践，提升人的境界。故而，传承和推广阳明文化，应以阳明洞打造阳明产业文化园，围绕阳明祠打造阳明文化公园，整合省内黔中王门遗迹资源构建阳明文化走廊，提升阳明文化活动内容和内涵。同时，孔学堂挂牌成立了阳明心学与当代社会心态研究院，打造了阳明馆，引入国内外著名高校进驻，整合学者的研究力量，搭建国际交流平台，挖掘阳明文化资源，并打造高层次的“阳明大讲坛”，不断提升贵阳在阳明文化中的影响力。

阳明洞、阳明祠，特别是孔学堂的发展目标，与中国传统知识分子“为天地立心，为生民立命，为往圣继绝学，为万世开太平”的理想追求一致。作为三“足”中重要一“足”的孔学堂，将如何扮演好自己的角色？孔学堂将孔庙、书院、学堂等传统文化载体进行创新和发展，不仅要敬拜先贤，更要推动中华传统文化普及、传播、交流、研究、转化，使之成为敦风厉俗、明礼知耻的道德高地，百家争鸣、产生思想的学术高地，弘扬传统、播撒文明的文化高地。孔学堂自成立以来，在探索和实践中，不断完善功能定位，拓宽发展渠道，创新体制机制，整体实力不断增强，在海内外的知名度和影响力正在逐步提升。正如时任贵州省委书记赵克志所说：“孔学堂是贵州的精神高地，贵州文化的新名片、新地标。”到目前，孔学堂已经建立了以理事会为中心的管理体制，一期、二期工程顺利完成，三期正在加快建设力度，基本具备了教化、礼典、祭祀、典藏、研究等功能。理事会创办了孔学堂书局、《孔学堂》杂志、孔学堂网站、孔学堂艺术团等机构，还建设了全国第一家“国学云”平台，实现了传统文化和新兴媒体融合发展。每年100场的公益讲座、举办好民俗民间节日活动，与研究机构和高等学府共同研究优秀传统文化落地；借助外力优势，提升孔学堂影响力，与央视加强合作，争取成为“百家讲坛”拍摄基地；用好“海峡两岸交流基地”平台，为促进两岸文化互补发展做出贡献；与国际儒联合作，成立总部设在贵阳孔学堂“中华儒学社团联合会”，等等。正如贵州省委领导提出的“要建好、用好孔学堂这个

平台，为弘扬中华优秀传统文化，构筑贵州精神高地，做出更大贡献”，孔学堂不仅要让优秀的传统文化不过时，更要让传统文化中蕴含的美德和思想精髓成为鼓舞人们前进的力量，实现中华传统优秀文化创造性转化、创新性发展。

由此可见，培育和践行社会主义核心价值观要以阳明文化等中国传统文化为依托。对贵阳而言，就是要以孔学堂、阳明洞、阳明祠为载体，让更多市民去参与、去领悟、去认同阳明文化，在日常生活中践行社会主义核心价值观。我们应将弘扬传统文化与培育社会主义核心价值观结合起来，要借助孔学堂这一载体，通过开展六艺教育、文化讲座等活动，坚持古为今用，让传统文化逐渐融入机关、融入学校、融入社区、融于市民的行为之中，也要让学者们的研究成果能够切实影响到市民的行为风范，最终成为市民思想道德和社会主义核心价值观教育的基地，精神的家园。要依托阳明洞这一平台，吸引海内外阳明文化学者和爱好者来到阳明文化的发祥地进行“朝圣”、寻访古迹、洗涤心灵。要利用阳明祠这一基地，组织开展各类祭祀，引领大众遵循中华礼仪文明的同时，也践行了优秀文化传统。与此同时，应该更加注重在文化接地气上下功夫，采用新思路、新做法让文化真正惠民，比如充分考虑将孔学堂、阳明祠、阳明洞传递出的文化元素用百姓喜闻乐见的方式展现等，避免“文化高处不胜寒”。采取多种方式，利用多种途径，提高阳明文化传播能力，提升群众对传统文化的认知，努力把阳明文化打造成贵阳文化的典型升级版。

第二节　阳明文化贵阳行

黔中之学，开始于东汉尹珍，他开了贵州学术的端倪，为贵州学术史、文化史的第一阶段。但是其后一千多年的时间里，贵州学术乏善可陈，处于停滞沉默状态。到了明朝正德年间，因为王阳明的到来，阳明心学突放异彩，贵州才有了真正学术意义上的文化，贵州学术史进入到第二个，也是影响最为深远的阶段。正如清代贵州学政翁同书所言：“黔学之兴，实自王文成始……揭良知之理，用是风厉学者，而黔俗丕变。”从王阳明谪黔开始（1508年），直到明末一百多年，是贵州学术、文化发展史上极其活跃的时期。王阳明在黔三年（1508—1510年）是一个历史性时段，他不仅开创和初步构建了心学思想体系，而且是黔中阳明文化之发端。王阳明在黔时已经打下了深厚的心学基础，开启了心学学风，使得以后在一百余年时间里，其亲炙、再传及私淑弟子们以崇尚和发明阳明心学为学术旨趣，把心学思潮在偏远的贵州大地极力加以传播、阐发，从而让贵州的学术发展形成了前所未有的高潮。黔中弟子们传承、发展了阳明思想，延续并发扬由王阳明开启的黔中王门，影响至今。

一、阳明文化在贵阳的缘起——龙场悟道

明朝正德元年（1506年）年底，王阳明三十五岁，不顾个人安危，仗义上疏议政救戴铣等人，得罪大宦官刘瑾，被谪官贵州龙场驿

驿丞。正德二年（1507年）赴谪，到了浙江钱塘，刘瑾仍然不想放过他而派人暗地跟踪，企图加以谋害，被王阳明察觉，便假装投江自杀，随商船跑至福建，走武夷、鄱阳，到南京，才得以幸免。正德二年（1507年）12月，王阳明重新返回钱塘，起身赴龙场，他由浙江进入江西玉山，经萍乡到湖南长沙。然后，由湖南芷江进入贵州玉屏，经凯里炉山、黄平、福泉，过龙里到达贵阳。他长途跋涉，历经千辛万苦，百死千难，于正德三年（1508年）春才到达龙场驿。当时，龙场十分偏僻荒凉，自然环境恶劣，他的生存处境极度困难。在遭遇了人生厄运，甚至陷入绝境，直面生死中，阳明却收获了人生最大的成果——龙场悟道。“龙场悟道”最为通行的记载为《王阳明年谱》所说：“春，至龙场。先生始悟格物致知。龙场在贵州西北万山丛棘中，蛇虺魍魉，蛊毒瘴疠，与居夷人鴃舌难语，可通语者，皆中土亡命。旧无居，始教之范土架木以居。时瑾憾未已，自计得失荣辱皆能超脱，惟生死一念尚觉未化，乃为石墎，自誓曰：‘吾惟俟命而已！’日夜端居澄默，以求静一；久之，胸中洒洒。而从者皆病，自析薪取水作糜饲之；又恐其怀抑郁，则与歌诗；又不悦，复调越曲，杂以诙笑，始能忘其为疾病夷狄患难也。因念‘圣人处此，更有何道？’忽中夜大悟格物致知之旨，寤寐中若有人语之者，不觉呼跃，从者皆惊。始知圣人之道，吾性自足，向之求理于事物者误也。”王阳明惨遭此祸，心境孤独、寂寞、苦闷、悲戚。他以京城的一个兵部主事身份被贬到偏僻边远的地方当一个未入流的驿丞，由聚落千万家的京城，陡然降落到偏僻、荒凉、冷漠的龙场，举目无亲，衣食无着，前途渺茫，不由得产生一种巨大的失落感，仿佛由“天堂”坠入“地狱”，跌入万丈深渊。经过一番激烈的思想斗争后，他认为得失

荣辱都能够超脱，只有生死这一念头还没有看透，于是对着玩易窝内一石墩说："我只有等待命运的安排了。"他白天黑夜端正静坐，内心澄清静默，求清静守一，反复思考处于极端困苦和危险时的心态，用周文王被拒而演《周易》，孔子遭厄运而作《春秋》，屈原被放逐乃赋《离骚》，司马迁受腐刑而写《史记》的精神来激励自己，玩味《易经》中"精华糟粕一致，内心外在合一，把艰险视作坦途"的人生道理，领悟古代圣人"视死如归，杀身成仁，舍生取义"的人生精神。他日思夜想，厚积薄发，忽然在一天夜间睡觉中，隐约听见有人和他说话，不自觉地跳跃起来欢呼，终于彻悟"格物致知"之旨，因而懂得圣人之道，创立"心即理"新学说，为其后开创阳明心学奠定了基础，这就是著名的"龙场悟道"。

长期以来，"龙场悟道"被蒙上一层神秘的面纱，仿佛是在一夜之间，王阳明就恍然大悟，而忽略了其间许多思想转变及理论形成的重大情节。王阳明学说，并不是产生于他那"水乡泽国"的故乡，而是产生在穷乡僻壤的龙场。这是偶然中的必然，它与王阳明当时的处境和寂然心态有极大关系，是在特定的时间、地点和条件下迸发出来的思想之火。龙场悟道最大、最关键的转变无疑是"格物致知"，"忽中夜大悟格物致知之旨"。王阳明在悟道之前一直未能解决这一问题，"独与朱子之说，有相牴，恒疚于心"。他明确说与朱熹格物之学格格不入，从十五六岁初次接触朱学的"格竹"事件开始，此"疾"一直存在内心深处，始终未能解决"物理吾心终若判而为二"的矛盾，困惑不已。一直到37岁时龙场悟道方能真正解决此"疾"。他探寻了许多年，不断反思"理"以及穷理之方，终于在龙场悟到朱子"即物穷理"的功夫是不得法的。"这是阳明在为学方向或功夫上

的重大突破，是功夫之变的重大成果，他历尽磨难，功夫终于被他找到了，应该是‘向心求’，而不是‘向物求’，从而实现了心体的澄明。”

与此同时，谪居修文龙场期间，王阳明与地方官员关系融洽，和当地民族友好相处，贵州的地域文化、民族文化，乃至贵州的气候土壤、民俗民风，亦为王阳明成就其心学体系之开端提供了不可或缺的援助。他从玩易窝迁居阳明洞时，当地“夷民”与王阳明无亲无故，却能拔刀相助，为他整修石洞，搭建何陋轩、君子亭等居所堂院，帮助他渡过了难关。这与京城官场中“各抢地势，钩心斗角”的情况相比，有如天渊之别，他体味到人间“真情”，深感“良知”的可贵，从中得到新的启示和灵感。时任贵州宣慰使的安贵荣，听说王阳明生活艰苦，派人送油、盐、柴、米、肉、帛、鞍马，为其解决衣食住行所需。王阳明曾两次致书安贵荣，一次是劝导其放弃减驿之举；一次是督促其迅即出兵平息水东地区阿贾、阿札之乱，使广大人民避免了一场灾难，维护了民族的团结和国家的统一安定。王阳明还应安贵荣之请，为水西彝族人民修复的象祠作《象祠记》，表明他对少数民族风俗和信仰的尊重，表达民族之间应友好相处的良好愿望，也阐述了“天下无不可化之人”的哲理，萌发出“致良知”的思想。王阳明具有悲天悯人的情怀，曾到远离龙场12公里的蜈蚣坡掩埋客死异乡的吏目及其子、仆三人，并作《瘗旅文》，哀吏目客死他乡的悲凉，叹自己落魄龙场之不幸，抒发忧郁愤懑之情怀，如哭如诉，句句是泪，字字是血。总之，阳明此时著述颇丰，留下了大量文章，从初至龙场著《玩易窝记》起，至离黔途中所写《镇远旅邸书札》止，其间共写下各类文章计27篇，诗歌达105首。27篇文章中，记事类8篇，示谕类2

篇，序文类5篇，信札类6篇，祭祀类4篇，论说类2篇。其中有些具有较强的哲理性，甚至已有后来阳明心学主要范畴、命题的萌芽。特别是王阳明爱好传道讲学，在龙场创办龙岗书院教授当地苗、彝少数民族青年读书，学习文化、礼仪。当时龙岗书院盛况空前，贵阳周边，甚至云南、四川、湖南等地许多学子慕名而来，开启了贵州一代学风。正德四年（1509年），他又应贵州提学副使席书邀请来贵阳文明书院讲学，第一次提出“知行合一”说，“为诸生讲知行合一之学，席公公余常就见论难，或至中夜，诸生环而观听，常数百人，于是黔人争知求心性”。王阳明创立龙岗书院、主讲贵阳文明书院，从而培养了数百贵州学子，对黔中王学学派的形成起了客观的作用。

“龙场悟道”是王阳明思想发展过程中具有重大意义的转折点，是其学术思想方向、精神境界的转换，一直为阳明学（又称王学、阳明心学）研究者津津乐道。恰如贵州后学、清代康熙时期贵州巡抚田雯所言：“先生之学，以谪官而成；先生之道，其亦由龙场而跻于圣贤之域也耶！”王阳明的学说反而是因为贬谪贵州而创成，王阳明也因为龙场悟道得以升登于圣贤地位，其说是儒家之道的新发展。毫无疑问，“龙场悟道”是阳明心学的起点，它奠定了阳明心学的基石，并构建起“心即理”——“知行合一”——“致良知”的基本理论框架。倘若不经此“大彻大悟”，阳明心学恐怕很难臻于炉火纯青的境界，无法建立与程朱理学相媲美、相抗衡的心学。确实，“龙场悟道”是王阳明一生中极重要转折阶段；“知行合一”的创立是我国哲学史上的一个重要突破；龙岗书院的创办是贵州教育史上一个新的里程碑。因王阳明在龙场悟道，龙场被当今中外学者称为“良知之源”，誉为“王学圣地”。天下的王学，无论是浙中、江右、泰州、

南中、楚中、北方、粤闽诸学派，抑或是日本的阳明学、朝鲜的实学以及东南亚、欧美的王学，寻根溯源，都以贵州为渊薮，以龙岗为始发地。正如明朝嘉靖时期贵州巡抚王学益在《改建阳明祠记》所说："阳明之学言于天下，由贵（州）始也。"充分表明了贵州在阳明心学学术史中的特殊地位，阳明心学正是由于在贵州龙场悟道而得以开创、形成，并且首先传播于黔中大地。再盛行于江西、浙江等地，从而在明中叶以后形成了风行天下、盛行一时、影响至今的良知心学思潮。

二、明清时期阳明文化在贵阳的继承与传播

王阳明在黔期间（1508—1510年），可以分为龙场悟道时期与贵州传道时期，在此期间，他不仅开创和初步建构了心学思想体系，同时，使黔中阳明文化、黔中王学得以发端。王阳明贵州之行是贵州历史上自汉朝尹珍之后第二次，也是影响最重要、最深远的文化学术事件。恰如阳明的自信："他年贵竹传异事，应说阳明旧草堂。"从正德到崇祯年间，"正是在阳明的影响下，贵州不仅出现了大规模的书院讲学活动，开辟了一种新的精神发展方向，使心学思想得以迅速传播，而且通过讲学活动也涵化培育了一批地方心学人才。"这一时期的学术队伍以宗于阳明心学的弟子（包含外省籍在贵州的弟子）为主干，产生了一代代王学重要人物，他们有着独特的学术建构。如此，使得学术性组织具备了非常成熟的历史条件和学术条件，如黄国瑾看到的："贵州自牂柯盛览问赋西京后，旷千百年尠闻学子。明初改卫设省，文献稍有可采。嘉靖中先生谪龙场，始开学派。"从而形成了

贵州历史上第一个学术派别，也是全国较早的地域性阳明学学派——黔中王门。不仅如此，王阳明的传道讲学对贵州学风、士风、民风，甚至儒化少数民族方面的影响都巨大深远，黔中王门弟子包括其他各种阶层的人士，进一步扩大了建学和讲学的规模，阳明心学的氛围覆盖了明代中后期的贵州，并影响到了清代。

1. 传承阳明心学初期

贵州对阳明学说的传播与普及，从王阳明来到贵州修文龙场就已经开始，时间大概从王阳明龙场悟道（1508年）到黔中王门第二代弟子登上学术舞台（16世纪三四十年代）之间。此时，贵州对阳明学说的传承处于“拿来主义”阶段，黔中王门弟子的思想也是处于草创阶段，是黔中王学的形成初期。此时黔中弟子们基本上是对阳明思想的消化吸收，没有多大义理发展，贡献主要在于创办了大量书院，通过书院学术文化的传播途径，培养了众多的黔中学者。从人物谱系上看，黔中王学第一代主要指阳明在贵州的亲炙弟子，也包括对黔中王学形成有重要作用的外省籍官员、学者，如席书、胡尧时、王杏、徐樾、蒋信等。外省籍王门学者因各种原因，如做官、谪贬、游历等来到贵州，他们在贵州各处大力讲学、培养弟子，推动了阳明学的传播，甚至有的在此对阳明学史有了一定的理论贡献。虽然他们属于非黔籍王门后学，但表明了黔中王学的地域开放性和思想交流性，可以视为兼属于黔中王门，其中，湖南常德人蒋信（1483—1559年），与同乡冀元亨到贵阳修文龙场拜王阳明为师，向王阳明求教问学一年多，是王阳明在龙场及门最早的亲炙弟子。其后，蒋信于嘉靖十八年至二十三年任贵州提学副使，讲学于文明书院，修缮阳明书院，又新

建正学书院。蒋信讲学是继阳明讲学之后的第二次高潮，他培养了大批弟子，有蒋见岳等，特别是马廷锡、李渭、孙应鳌三人成就最大，构成了黔中王门的主体。蒋信对于黔中王学的发展、阳明心学的传播以及贵州地方教育的发展做了重要贡献。

王阳明在离开贵州途中，给贵州弟子寄《镇远旅邸书札》："别时不胜凄惘，梦寐中尚在西麓，醒来却在数百里外也。相见未期，努力进修，以俟后会。即日已抵镇远，须臾舟行矣。相去益远，言之惨然。书院中诸友不能一一书谢，更俟后便相见，望出此问致千万意。守仁顿首。"表达了对贵州的深厚感情，同时信中记载多人为黔籍弟子，弟子有：高鸣凤、何廷远、陈寿宁、朱氏、阎氏、李惟善、张时裕、向子佩、越文实、邹近仁、范希夷、郝升之、汪原铭、陈良丞、汤伯元、陈宗鲁、叶子苍、易辅之、詹良丞、王世丞、袁邦彦、李良丞等等。其中最重要、最优秀的是陈宗鲁、汤伯元。陈文学，字宗鲁，贵州宣慰司（今贵阳）人，正德初，赶赴龙场龙岗书院，拜王阳明为师，后又追随王阳明到贵阳文明书院，潜心学习心学。陈文学亲聆王阳明的教诲，受到王阳明的重视、欣赏，王阳明有《赠陈宗鲁》诗："学文乃余事，聊元子所偏。"陈宗鲁对阳明非常尊奉、怀念，曾作《阳明集诗》以表达情怀："不拜先生（阳明）四十年，病居无事检遗漏。羲文周孔传千圣，河汉江淮汇百川。"陈文学既懂阳明心学而又能精于诗词，所以认为他"得文成之和，并擅辞章"。王阳明去世后，陈文学与叶子苍等阳明弟子收集阳明遗文，先后刊刻《居夷集》《传习录》《阳明先生文录》《阳明先生文录续编》等阳明著作，这是贵州最早的王阳明著作刊刻本，也是全国最早的王阳明著作刻本之一。另外一重要人物是汤哻，他名伯元，贵阳人，正德十一年

（1516年）中举，十六年（1521年）中进士，历任南京户部郎、潮州知府、巩昌知府。王阳明谪龙场时，贵州提学副使席书请阳明来贵阳文明书院讲学，“诸生环而观听，常数百人，于是黔人争知求心性。得其传者首推陈宗鲁及先生（汤哻）。宗鲁得文成之和，先生得阳明之正。文章吏治，皆有可称”。陈文学、汤哻对阳明学的传播、普及有着重要作用，他们在嘉靖十三年（1534年），带头提请贵州巡抚、阳明的私淑弟子王杏建阳明书院和阳明祠，这是全国非常早的专门纪念王阳明的祠堂，又请为修文龙岗书院置办祠田，重修文明、阳明书院。在王阳明去世后，遭当朝一些权臣的诋毁，禁止天下宣讲阳明心学，但陈文学、汤哻等弟子在边远的贵州以龙岗书院、文明书院、阳明书院、正学书院等为载体大力传播阳明心学，他们以传承、发明师说为旨趣，兴起了王阳明离开贵州后的第一次大规模的讲学运动。特别是，“两先生承良知之派以开黔学”，二人开创了贵州阳明学派——黔中王学，他们是黔中王学初创期的关键人物，也是贵州最早传承阳明心学的领军人物。

2. 传承阳明心学成熟期

经过三四十年的发展，黔中王门第二、三代弟子成长起来，他们因中举或进士在外省做官，与当时各派王学弟子有许多论学往来，从而登上了本土学术舞台，还迈向了全国。他们不仅传承了王阳明基本思想，还有着独特的理论建树，形成了自身的学术体系，在某些方面发展了阳明心学。从而，在贵州大地上将传播、发扬阳明心学不断推向高潮，黔中王学的发展也进入了成熟期。时间大概从第二、三代登上学术舞台（16世纪四五十年代）——主要代表弟子去世（16世纪

八九十年代），此时有蒋世魁、赵大洲等人，尤其是形成了孙应鳌、李渭、马廷锡“贵州王学三先生”，构成黔中王门的主体。正如清人谢圣纶称：“李同野、孙淮海、马内江三先生皆崛起黔南，毅然以斯道为己任，青螺先生所谓‘可以不愧龙场’也……三先生躬行实践，体道入微，卓然为后学典型，非但振拔超群，为全黔一时山斗也。”贵州大地形成了区域性的阳明学派，主要有以马廷锡为代表的贵阳王学、孙应鳌及弟子的黔东南王学、李渭及其弟子的思南王学、邹元标及其弟子的都匀王学等“四大”王学重镇。

马廷锡，字朝宠，号心庵，贵阳人。嘉靖十九年（1540年）中举人，此时蒋信提学贵州，重修文明书院，新建正学书院，马廷锡为其中非常优秀的弟子。后任四川内江知县，著有《渔矶集》《警愚录》等。“（马廷锡）于渔矶构栖云亭，趺坐其中三十余年，有悠然自得之趣……督学万公士和请公入书院为诸生师……此举与席元山请阳明先生意同……可以不愧龙场矣。”马廷锡在贵阳南明河畔渔矶上构筑栖云亭，静坐其中三十余年，慢慢生出悠然自得之趣味，明觉了良知心体存在，故而，人们认为他不负王阳明龙场传道使命。当时，提学万士和、巡抚阮文中、布政使蔡文、按察使冯成能相继请他主讲贵阳文明、正学书院，冯成能后来在城东隅建阳明祠（亦称阳明书院），又请转移到此讲学，听者常常数百人，掀起了贵阳阳明心学的高潮。在这种盛况下，本地人们就把他与阳明当年讲学贵阳文明书院相提并论。他在贵阳主讲阳明心学三十年，对阳明文化的传播、普及，贵阳王门队伍的壮大，甚至士阶层和民间社会心学传统的建构做出了重要的贡献。马廷锡家族可以说是五世心学世家，与汤伯元一家三代培养、影响了大批心学弟子，有功于贵阳地方士大夫阶层的形成，促进了贵阳，甚至贵州阳明学文化的落地生根、开花结果。

李渭（1513—1588年），字湜之，号同野，贵州思南府人，为王阳明在黔再传弟子。嘉靖十三年甲午（1534年）22岁时，乡试以《易》中举。嘉靖癸卯（1539年）楚中王门巨子蒋信提学贵州时，李渭前往问学，蒋信破其“楼上楼下光景”。嘉靖己未（1559年）任广东高州府同知时，拜谒湛甘泉于小崵峒中。癸亥年（1563年）过湖北麻城访泰州王学耿定向、耿定理兄弟，与兄弟二人相交甚契，并称耿定向为师。丙寅年（1566年）任广东韶州知府，在任时，为王阳明大修祠宇，并与诸亲炙弟子证道论学：“至隆庆己巳，知府李渭大修祠宇，集诸生与黄城等身证道要，师教复振。”在此期间李渭与首辅，被称为“王门护法”的南中王门徐阶论学，徐阶回了《复李同野太守》。隆庆辛未（1571年）时，讲学湖南石鼓书院，并与泰州王门罗近溪同游湖南。万历二年（1574年），转任云南左参政，又与罗近溪同地为官，学问日益精进。同时，他与贵阳王学马廷锡、凯里王学孙应鳌等交往频繁，在江右王门邹元标被贬都匀期间，也相互往来论学，邹元标对之极其称道：“首访清平孙淮海、思南李同野，所至讲学必称两先生，以示圣贤为必可学。”在去世时，耿定向作《祭李同野》悲呼：“前年丧胡正甫（庐山），去年丧罗惟德（近溪），同志落落如晨星，而湜之又继之长逝，斯道将何？”明神宗按其学问品行亲题：“南国躬行君子，中朝理学明臣。”李渭自从中举后就开始收徒讲学，晚年辞官归乡在“为仁堂”“点易洞”“川上学舍”等处讲学，培养了众多弟子，影响颇大，从学者不仅有本地人，还远至江西等地。“贵筑之学倡自龙场，思南之学倡自先生”说明了李渭对阳明学统的承续，对黔东北阳明学有开创之功，甚至得到与王阳明龙

场讲学相提并论的美誉度。李渭弟子群以思南为中心，使得阳明学传播到黔东北土家族地区，思南成为贵州王学的主要基地之一。当时全国处于禁毁书院、禁止讲阳明心学的大环境中，在思南王学弟子的推动下，万历年间又建立了中和书院、文明会馆、大中书院等书院，位于边远地区的思南在此种困境中仍然能够遍立书院、踊跃讲学，出现非常繁荣的景象，心学无畏、救世精神起了思想引领作用。而且，思南王学讲学具有乡治和吏治的双重效用，除了开办书院、发明心学之外，思南王门弟子还积极参与地方治理，以对乡贤的表彰等方式参与地方文化建设和地方秩序的建构。经过思南王学几代弟子的努力，思南人文蔚然，民风、吏风都大有改观，其影响至清代甚至到民国，思南的文化、教育水平在县级层面一直位居于全省前列。

孙应鳌（1527—1584年），字山甫，号淮海，贵州清平卫（今凯里）人。他是贵州人中传承、发扬阳明心学最大贡献者，也是黔中王门二、三代弟子最大成就者。嘉靖二十四年（1545年）应试时，王艮弟子徐樾遂传王阳明、王艮之学于孙应鳌。二十五年（1546年），以第一名中举，三十二年（1553年），中进士。三十六年（1557年），任江西按察佥事时，与江右王门罗洪先、胡庐山、浙中王门王宗沭等有深入往来，与王阳明最杰出弟子王畿也有论学书信往来。三十八年（1559年），他归觐返清平经过湖南武陵时，向蒋信问学，蒋信甚至在临终前认为“志我者，孙山甫乎”，将阳明心学衣钵传于孙应鳌。嘉靖四十年（1561年），升陕西提学副使期间，与泰州门下耿定向相交，又交于江右王门邹守益、邹颖泉父子。江右王门邹元标被贬都匀，孙应鳌与之相交极密，又与本省王门李渭、马廷锡来往论学。孙应鳌在黔东南苗族地区建“山甫书院”“学孔书院”“学孔精舍”，

大力展开教育，培养了许多王学弟子，并推动了地方学风和民风的移风易俗。在黔中王门中，孙应鳌与江右、泰州、浙江、南中、楚中等各流派学者都有往来，著作最为丰硕，成就最大，内容涉及非常广泛，有哲学、易学、经学、教育、文学、美学、史学、音乐、诗歌等。孙应鳌的弟子群，主要活动在今天的贵州黔东南州凯里市地域，使阳明心学深入黔东南苗族地区，且对少数民族具有明显的易风化夷的社会治理作用。

3. 传承阳明心学衰落期

马廷锡、李渭、孙应鳌等人在偏远的贵州大地极力传播、普及、推行阳明学说，从而使得贵州阳明学派发展到了历史高峰。在阳明心学风行天下的时代环境中，与其他地方的阳明后学流派相比较，黔中王门思想水平、组织程度都毫不逊色。然而，在马廷锡、孙应鳌、李渭去世之后，黔中王门盛极而衰。他们众多弟子（第四、五代）虽然使得阳明心学几乎覆盖了贵州，很大程度上，阳明学内化为了贵州本土文化的有机组成部分，但义理层面的创造已经没有多大进展，处于停滞状态，黔中王学步入衰落期。时间大概从16世纪八九十年代到17世纪30年代明亡前夜。黔中王学第四、五代最为重要的人物，外省籍是郭子章与邹元标，本省籍是邹元标弟子陈尚象，李渭弟子萧重望。

郭子章（1542—1618年），字相奎，号青螺、璸衣生，谥文定，江西泰和人。明万历二十七年（1599年）担任贵州巡抚，他虽属江右王门，但在黔中王门中有着重要地位与作用，因为他“对百年贵州心学进行了第一次比较系统的总结”。即他大约在龙场悟道（1508年）之后一百年的1608年著成《黔记》，记载了众多黔中王门弟子事迹与

论学著作，并进行了一定的整理和提炼，特别是为李渭、马廷锡、孙应鳌作《理学传》，保留了此三大王门弟子活动概貌，成为后世研究的珍贵资料。他还亲自到思南追怀李渭遗迹，在思南中和山作《题中和山寺壁·追忆同野李先生》；到凯里追怀孙应鳌，为他建孙文恭公祠，并作碑记；到都匀访问邹元标讲学遗迹，专门为之题“理学名儒”额；等等。他大力表彰黔中王学弟子，发展贵州文化教育，为贵州传承阳明心学创造了良好的外部环境，对黔中王学的发展也有着重要的影响与作用。

邹元标（1551—1624），字尔瞻，号南皋、忠介，江西吉水人。与郭子章是好友，同师从江右王门胡庐山。他在贵州著有《龙山志》《云中存稿》《戍记删后诗》等。万历五年（1577年）邹元标谪都匀，主讲“鹤楼书院”，建“讲学草堂”，非常类似于当年阳明在龙场情形，甚至有人把他与阳明讲学相提并论，“盖自王文成，邹尔瞻讲学明道，人知向学，故黔之士能望的而趋，握瑾以售，正不乏人”。他非常尊敬李渭、孙应鳌。当时李、孙二人都年老辞官回乡讲学，培养弟子。邹元标虽然比他们年岁小、辈分要低，但与他们交往也颇契，他说：“元标一别兹土，荏苒凡二十年。忆承名儒，如少宗伯淮海孙公（应鳌）、参知同李公（李渭）及诸士陈公（陈尚象）等，以圣贤之学相切劘朝夕……悠悠我思矣！”孙应鳌对他学问的长进起了很大作用，“忠介至都匀益究心理学，岁数访淮海证可否，学以大进”。他为李渭《先行录》作序，也从中受到启发，对其重功夫品格的形成有着重要的作用，“子知先生（李渭）之学，则余昔之未以子躬行为是，今以先生躬行为正”。邹元标本为江右王门后期重要代表人物，但在贵州都匀“张公读书堂”等地大讲阳明良知之学，开

了黔南一时讲学之风，培养了陈尚象、余显凤等大批弟子。同时，他在贵州时就有许多思想创设，对贵州阳明学派影响极大。都匀王学形成于明代由盛转衰的万历朝，在思想界，王学末流的空疏学风不断受到批判，远在贵州一隅的都匀王学亦被波及。都匀王学在思想上一方面传承了早期黔中王学致力于边地知识系统和地方秩序建构的意识，另一方面也参与了明末的救世思潮。邹元标及众多弟子以首府都匀为中心，把阳明学推进到贵州黔南地区，但是，在邹元标、郭子章之后，黔中王门无可避免地不断走向衰落。

17世纪20年代以后，由于多方面的原因，贵州阳明心学迅速衰落。一是因为孙、李、马、邹的弟子们相继去世，后继无人，如萧重望、陈尚象等在17世纪前十年去世；二是贵州连年战乱，社会动荡，贵州书院大多被毁；三是明廷为打击东林党，封毁天下书院，禁止自由讲学；四是人们厌恶王学末流空谈误国，转宗程朱之学和考据之学。在清代，陈法、郑珍、莫友芝、黎庶昌等贵州学者对阳明学义理并没有特别的发展，义理创造基本停滞，只是出于对阳明的个人尊奉及黔中王学的史料整理。或者说，他们是站在阳明学之外的，既在清代“扬朱批王”时代思潮之中，又处于西学东渐初期的历史时期，晚清贵州阳明学属于新形式的阳明学，非理学范围下的阳明学，可以说有清一代是属于阳明心学的余波和终结期。但是，黔中王门弟子建立的书院学统一直在延续，清初，“阳明书院”改为“贵山书院”，1902年，“贵山书院”改为“贵州大学堂”，是为“贵州大学”前身；1942年，重组改建为“国立贵州大学”。当然，贵州阳明心学重新焕发生机且发扬光大，是在我国改革开放后，特别是在贵州省跨越式大发展时期。

三、新时期阳明文化在贵州的弘扬与创新

改革开放以来，贵州学术界、阳明文化爱好者从不同角度对阳明文化开展了积极探索和深入研究。与此同时，贵州省、贵阳市、修文县各级党委和政府领导对中华优秀传统文化在社会经济发展中扮演重要角色有着超前的认识和精心的谋划，率先在体制内开展了中华优秀的传统文化特别是阳明文化的传承与弘扬工作。可以说，贵州在全国形成了独一无二的政界、学界、民间多个层面共同传承和弘扬阳明文化的盛大景象。通过各方多年来的努力，贵州成为除了浙江、江西外，中国研究阳明文化的三大重地之一，而贵阳则是贵州“阳明文化圈”的中心。阳明文化成为贵州最重要的文化品牌，构成了贵州特别是贵阳思想文化的特色，贵阳在挖掘阳明文化方面做了大量富有成效的工作，创造了重要经验，取得了较大的成绩。

1. 在阳明文化的学术研究方面

阳明心学作为贵州地域文化的特色，20世纪80年代，贵州知识界人士在认识到王阳明思想的价值后，就非常重视，开始潜心钻研阳明心学，取得了较大成果，为贵州学术界后来的研究打下了扎实的基础。

到了21世纪，贵州阳明学的研究进入春天，各项研究工作扎实顺利推进。随着阳明学研究的不断深入，现在，阳明学研究迈进“新时期”。比如，2014年11月27日，“贵州阳明文化研究院”在贵州师范大学成立，获批了“贵州省阳明文化传承与美德养成协同创新中心”和“贵州省高校人文社科重点研究基地”，取得了国家社科基金特别委托项目“阳明文化与现代国家治理研究”等。并且，由贵州师范大

学牵头，在孔学堂设立“阳明大讲堂”，“贵州阳明文化研究院”正式入驻孔学堂开展研修活动。同时，贵阳孔学堂在2016年4月10日正式挂牌成立“阳明心学与当代社会心态研究院”，8月正式建立了“阳明馆”，孔学堂在公益讲座、研究课题、学术研讨、文艺创作等方面，均围绕阳明心学开展了一系列相关工作，成果初显，等等。这些事件标志着贵州的阳明学研究进入了一个全新的时期，在组织上、制度上、硬件建设上、经费的投入上为阳明学的研究提供更加充分的保障，而且，还有社会各界的大力支持与广泛参与，必然会建成为特色鲜明、国内一流，具有重要国际影响的研究基地及传播和研究中华优秀传统文化的国际合作与交流平台。总之，目前研究王阳明的学者逐年增多，研究的层面广泛，程度深刻，内容涉及有对王阳明的心学思想本身价值的探讨，对王阳明教育思想、文学思想、军事思想、社会治理等的探讨，以及对王阳明后学流派，王阳明与贵州社会，与近代中国社会及东亚社会的探讨，对阳明学遗迹相关事项的考据，等等。其中，通过学者的考证，全省已发现阳明文化遗迹30多处，涉及8个市州，19个县市，全省各地建有书院30余所，还新发现了《阳明先生集要》等仅存于贵州的刻本，取得的成绩可观。

2. 在阳明文化的基础设施建设方面

贵阳市紧扣科学发展的主题，把与阳明文化有关的物质基础建设、政治基础建设作为传承、创新阳明文化的重要内容，切实推进阳明文化有关的基础建设。尤其是在孔学堂建设中将阳明文化作为重中之重的内容。孔学堂一期“公众教化区”已于2013年1月1日正式对外开放，二期“中华文化国际研修园”也于2015年4月8日建成投入使

用，目前，正在抓紧建设三期“文化创意产业园”。孔学堂以阳明心学与当代社会心态研究院为依托，重点开展“阳明心学与当代社会心态研究”，与贵州省哲学社会科学规划办公室共同建立“国学单列”项目，重点资助国内外阳明学研究并形成贵州特色；以孔学堂阳明馆为载体，与贵州省文物局密切合作，精心打造展现王阳明先生思想、业绩、修为，集道德教化、学术交流、文化旅游为一体的新景观，提升历史感，增强互动性，与目前已经有的“阳明洞”“阳明祠”形成三位一体的格局。目前，阳明文化基础设施建设另一个大手笔，是在修文县着力打造中国阳明文化产业园。规划占地约3500亩，投资70多亿元的中国阳明文化产业园已列入贵州全省十大文化产业园之首，列入全省100个城市综合体进行建设。中国阳明文化园是以“阳明洞”为核心景区的文化旅游园区，包括阳明文化核心保护区、心学圣地牌坊、河滨景观带、天圆地方纪念馆、明代主题小镇、龙场驿站综合区等。阳明文化园集旅游、文化、休闲养心、度假及商业开发为一体，以国家形象创新传播共建基地，中华国学文化名片，中国阳明心学文化地标，全国低碳国土实验区，世界心灵旅游目的地等五个高端定位为核心。阳明文化园的打造将会极大地拓展阳明心学的文化影响力，与阳明祠、孔学堂一起成为阳明文化发祥地研讨、古迹寻访、文化交流文化旅游的核心基地。同时，修文县作为阳明文化的圣地，在传承和弘扬阳明文化工作中，进行了先行先试的探索，一方面，已将阳明文化有关内容融入教育当中，编制了乡土教材，向广大师生渗透阳明文化。另一方面，设立了“重德修文”大讲堂，全县各乡镇、部门、村居共设立了讲堂229个，从不同层面宣传渗透阳明文化思想，在全县营造“学阳明、知阳明、用阳明”的浓厚文化氛围，要求推动阳明文

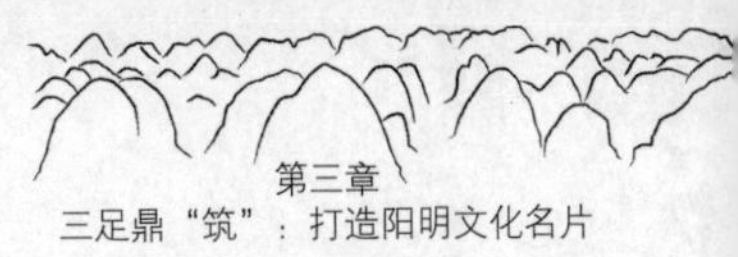

化进机关、社区、企业、校园，让优秀的阳明文化根植于百姓心中，以便更好地启迪民智、培育民风。

3. 在阳明文化的品牌建设方面

除了贵州学界、阳明文化爱好者对阳明学的学术研究外，贵州、贵阳、修文各级党委和政府非常重视阳明文化的品牌建设。一是强化宣传推介。贵阳市为打造阳明文化品牌，促进经济社会发展，树立对外开放形象，1999年、2002年、2005年、2009年、2016年在修文县举办五届“国际阳明文化节”，包括杜维明、汤恩佳、成中英、矢崎胜彦、张立文、陈来、杨国荣、郭齐勇等中外知名王学专家在内，每届都汇聚20多个国家和地区的专家学者200多人，并以阳明文化节的举办为载体，举办了“良知与和谐社会”“王学千古光”“良知与知行合一”等学术研讨会，对提升阳明文化影响力和打造阳明文化品牌起到很好的宣传和推广作用。阳明文化节不仅给国内外专家学者研究王阳明和阳明文化搭建了一个重要的高端平台，还成为群众文化活动最大的载体。它集学术研讨交流、文艺演出、经贸洽谈、旅游休闲等为一体，为阳明文化的发展注入了新的内涵。通过阳明文化节的举办，不仅使贵阳市知名度大大提高，也使阳明文化传播更甚，影响益深，成为一门国际性的知名显学。如今，贵阳阳明文化节已逐渐成为海内外具有较大知名度、影响力和号召力的节事活动品牌。二是打造文艺精品。借鉴全国各地文艺精品打造的成功经验，贵阳市各级党委和政府、省内高校等机构组织人员加强文艺精品创作。比如，拍摄、编排了《王阳明》电视剧和京剧《龙场悟道》，出版长篇小说《王阳明》《盛世阳明》《古驿龙场》等。编写了《王阳明与阳明文化》等普及

教材，推出《阳明先生》《王阳明在贵州》等连环画文化普及书物，还先后与凤凰卫视、广东卫视等电视媒体协作，摄制了《圣地之光》《王学圣地》等电视专题片。创作了话剧剧本《王阳明》，拍摄了反映王阳明“龙场悟道”的微电影《龙场遗梦》，等等，通过多种方式和途径，深入挖掘、广泛传播了贵州的阳明文化。三是整合本地多种文化资源。贵阳市充分利用区位优势明显、旅游资源富庶的有利条件，强力推进以阳明文化为核心，生态、人文文化共同发展的文化品牌建设，较好地实现了文化、旅游资源互补互利。一方面是大力挖掘历史人文文化。整合了水西文化、红色文化、知青文化等当前文化旅游发展新热点，先后开展了阳明古迹寻访、重走古驿道、叶辛回家等旅游推介活动，实现了文化旅游资源的有效整合。另一方面是充分利用“爽爽的贵阳”“多彩贵州”品牌，开发新兴生态旅游，为贵州阳明文化的发展壮大注入了新的因素和活力。

第三节　提升创新型中心城市的人文厚度

文化是一个城市的精髓和灵魂，是城市活力的源泉，也是城市核心竞争力的重要因素。一个城市的发展没有深厚的文化底蕴和科学定位是经不起考验的，如何涵养文化自信，增强文化自觉，从而实现文化自强，成为当下十分紧迫的一个问题。文化自觉有两层意味：一是生活在一定文化中的人，对其文化的一种自知之明，明白它的来历、形成过程、所具有的特色和发展趋向；二是通过这种自知之明加强其对文化转型的自主能力，在新环境、新时代的文化选择中取得自主地

位。也就是说，在纵向维度，我们需要强化文化责任意识，具备文化担当精神，继续挖掘和守护扎根于贵阳的阳明文化，提升深厚的文化自信；在横向维度，我们需要坚持开放视野，积极融入世界，尤其要聚焦经济结构的优化和社会的转型发展，给阳明文化注入创新、绿色、包容与和谐的因子，为贵阳市加快打造创新型中心城市的根本实现提供充沛的智力支持和深厚的精神依托。概而言之，传承和弘扬阳明文化既是贯彻落实中央、省、市关于推动文化发展要求的体现，也是贵阳提升城市文化内涵、增强城市人文厚度的现实需要。

一、推动“文化自觉”演进为“文化自信”“文化自强”

回顾历史长河不难发现，大凡充满活力的城市，都具有经济基础坚实、人文氛围浓厚这样的特征。对于一个城市、一个地域来说，文化软实力至关重要，这事关精气神的凝聚。作为西部欠发达、欠开发的省会城市，贵阳正处于全面实施大扶贫、大数据、大生态三大战略的上升时期，而要实现经济社会又好又快发展，既需要高楼大厦，也需要精神文化殿堂，历史文化底子薄、基础弱的现状必须改变。贵阳市之所以提出要大力建设孔学堂、阳明洞、阳明祠，就是针对贵阳文化特色还不够突出、文化脉络还不够清楚的问题。现在依托三足鼎“筑”，将贵阳文脉与时代需求结合起来、将优秀传统文化与社会主义核心价值观结合起来的奋发向上之路终于有了良好载体，全面打造人文贵阳发展升级版有了新的平台。当然，我们建设孔学堂、阳明洞、阳明祠，也要注意反思，明确定位，找准发展方向。孔学堂不仅仅是一座仿古建筑，更是一座城市的文化地标、一个提升城市文化品

位的巨大符号、一座城市的精神殿堂。作为传承与弘扬中华传统文化的殿堂，教化与开启新风的基地，孔学堂不只是“庙堂”，更是讲学、研究、培训的“学堂”；不是复古，而是复兴，承担传承中华优秀传统文化基因的重任，为实现“中国梦”而服务。换句话说，作为“学堂”，让广大市民群众在其中接受中华优秀传统文化的熏陶，提升道德文明素质；为了“复兴”，广大市民群众在孔学堂吸取中华优秀传统文化的丰厚滋养，更自觉地践行社会主义核心价值观，助推中华民族的伟大复兴。同样的道理，阳明洞不应该只是王阳明先生悟道的遗迹，它更应该是一种精神符号，一座矗立在人们心中的丰碑，我们应该在这一王学圣地体悟到心学的魅力，在阳明心学等传统文化的熏陶中加深对社会主义核心价值观的认识。阳明祠也不仅仅是一处纪念前贤供人们拜祭的场所，而是要不断从中发掘其时代价值，感受和践行阳明精神，养成良好的行为习惯，提升人们的道德水平和思想境界。

党的十八大以来，习近平总书记对弘扬中华优秀传统文化强调次数之多、要求之高可以说是空前的，他深刻指出，“我们要坚定道路自信、理论自信、制度自信，最根本的还要加一个文化自信”。贵阳市建设孔学堂、阳明洞、阳明祠，更多体现的是一种责任担当和文化自觉，是培育文化自信的积极探索和实践。自信的前提是自觉，而自觉来自起码的了解。很长时间以来，中国人习惯妄自菲薄，好像中华民族只有劣根性，没有“优根性”。而贵州人常常以偏远落后地区自居，不仅经济发展落后，文化发展同样落后。假若果真如此，贵州文明何以如此延续？何以如此璀璨？只有真正了解，才会真正自信，也才能实现自强。孔学堂建起来了，阳明洞、阳明祠加快发展了，贵阳

市为文化自觉举牌子，为文化自信搭台子，为文化自强开路子，为文化强市甚至文化强国想点子。

确实，当前的贵阳已处在文化自觉的历史阶段。当前和今后一个时期的重要职责，就是巩固和发展文化自觉良好态势，进而推动“文化自觉”演进成为“文化自信”与“文化自强”。我们必须把传统文化的弘扬和创新熔铸到城市文化发展之中，而传统文化的弘扬，很重要的一点就是要找到城市的根脉，不然就是无源之水、无本之木。在此基础上，再结合地方实际，不断赋予城市文化的新内涵，形成独特的文化个性、文化风格、文化品位。我们知道，贵阳在实践中，深入挖掘城市历史，梳理文化脉络，找到了与王阳明的交集，发现了王阳明所倡导“知行合一”精神和贵阳时代精神的共同点，提炼出“知行合一、协力争先”的贵阳精神。这就意味着，要真正把贵阳建成一座人文关怀浓厚、文化生活丰富、文化底蕴深厚的城市，必须进一步创新载体、创新形式，形成大众化、制度化、本土化的特点。我们增强本土文化自信的新方向、战略重点，即以构建三足鼎“筑”为抓手，强力提升城市文化形象和自信。我们要深入研究、扎实推进构建以孔学堂、阳明洞、阳明祠三足鼎“筑”的贵阳精神大厦，丰富“知行合一、协力争先”贵阳精神的内涵。

从另外一个角度看，国学本质上是民族之本，国家精神之源。我们需要的是建立在民族文化基础上的适应时代、促进时代发展的思想与信仰。现在中国发展到了一个重要的阶段，贵州、贵阳的发展也到了一个关键的时期，需要一种强大的文化软实力来提升我们的硬实力，这个坎子要是迈上去了，中华民族会实现伟大的复兴，贵州、贵阳的发展也必将实现“弯道超车”。这些年，国家和地方经济的发展

成就有目共睹，但在经济中会出现各种各样的问题，要解决这些问题，需要文化软实力来支撑。中国不仅要成为一个经济大国，最根本的必须是一个文化大国，甚至是文化强国。根深才能叶茂，对于本民族文化的珍视是一个国家屹立世界民族之林的基石，而对于本土文化的传承也是一个城市具有独特魅力的源泉。当前和今后一段时期，我们要大力践行“天人合一、知行合一”的贵州人文精神和“知行合一、协力争先”的贵阳城市精神。在新的历史条件下，我们倡导的“天人合一”既是世界观又是辩证法，“知行合一”既是道德观又是方法论，“协力争先”既是途径又是目的。要把弘扬贵州人文精神、贵阳城市精神与践行社会主义核心价值观结合起来，与加强社会公德、职业道德、家庭美德、个人品德教育结合起来，与加强党风、政风、民风建设结合起来，与推动家庭、家教、家风建设结合起来。用好孔学堂、阳明洞、阳明祠等文化平台，拓展群众性精神文明创建，采取多种活动，加强诚信贵阳、文明贵阳的建设，让全社会向上向善的正能量更加充沛。贵州省第十二次党代会提出的主题是开创百姓富生态美多彩贵州新未来，百姓富则贵州富，生态美则贵州美。百姓富，核心指向是追求物质富、精神富，让老百姓享有更好的教育、更稳定的工作、更满意的收入、更舒适的居住条件、更可靠的社会保障、更高水平的卫生与健康服务、更丰富的文化生活，让全省全市人民拥有更多参与感、获得感和幸福感。而致良知、知行合一也恰恰是这种精神的内涵体现，人人都体味良知，人人都践行良知，那么整个社会就会从善如流，实现“精神美”。由此，我们应该全面提升文化自信，着力建设多彩贵州民族特色文化强省，增强文化自觉，强化文化担当，迈向文化自强，大力发掘利用民族文化、山地文化、阳明文

化、“三线”文化、知青文化等优势资源，推进文化与科技、旅游等融合发展，让阳明文化活在当下、服务当代，让群众有更多文化获得感。

二、进一步弘扬阳明文化，丰富贵阳城市精神内涵

阳明文化是贵阳最宝贵的文化资源、精神坐标和城市名片，中央、省和贵阳市各级党委和政府高度重视阳明文化的学术研究并致力打造成为品牌。2014年全国“两会”期间，习近平总书记在参加贵州代表团审议时指出：“王阳明曾在贵州参学悟道，贵州在弘扬传统文化方面有独特优势，希望继续深入探索、深入挖掘，创造出新的经验。”习近平总书记多次强调阳明文化的重要性，在各种不同的场合都把知行合一作为全党、全社会的重要要求，寄语贵州的干部群众要深入地挖掘，深入地探索，创造新的经验，充分说明贵阳大力传承和弘扬阳明文化意义重大。

对于贵阳市自身而言，要加速冲出“经济洼地”，构筑“精神高地”，总体上看，必须在两个方面着力：一是要大力挖掘本土文化资源，树立对自身文化价值的充分肯定和对自身文化生命力的坚定信念。阳明文化是贵阳本土文化的优秀代表，也是贵阳地方文化品牌，大力弘扬阳明文化是贵阳文化自信的表现和深刻表达。只有对本土文化有坚定的信心，不断丰富其文化内涵，打造独树一帜的本土文化品牌，才能获得坚持坚守的从容，鼓起奋发进取的勇气，激发创新创造的活力。二是丰富贵阳城市精神的内涵。城市精神必须是城市历史文化及其在城市发展过程中各种功能的积淀。贵阳在推进人文贵阳升级

版的战略重点中，对以阳明心学为代表的中国传统文化进行深入研究，提出依托贵阳孔学堂、阳明洞、阳明祠这三个顶级文化资源，将其打造成为贵州对外的靓丽名片、培育社会主义核心价值观的重要平台和贵阳“精神大厦”的核心支柱，丰富“知行合一、协力争先”贵阳精神的内涵，充分反映了贵阳市打造发展文化升级版创新实践的必然要求，充分反映了阳明文化在贵阳现代城市建设过程中的重要性。可见，贵阳在新起点上全面打造发展升级版的过程中，重视阳明文化的历史作用，是富有历史文化眼光的重要举措，是将贵阳文脉与时代需求结合起来发扬光大。

（一）重新认识阳明文化的时代价值

贵州省委提出“天人合一、知行合一”的贵州人文精神，贵阳市委提出“知行合一、协力争先”的贵阳城市精神，都要求深入挖掘阳明文化精髓，使之成为贵阳鲜明的文化符号。在中国哲学史和文化史上，阳明文化具有重要地位，王阳明龙场悟道悟出的“心即理”，主讲贵阳文明书院提出的“知行合一”作为其心学思想的起点、基石，独树一帜，打破了当时程朱理学长期以来对人们观念的束缚，是一次历史性的思想大解放。众所周知，人与世界万物的主客二分关系是哲学的基本问题。王阳明“心学”的提出，弥补了中国传统哲学重视研究客观世界而忽视人的主观能动作用这一短板，对后世中国人文思想的发展产生了深远影响。心性决定命运，阳明心学不是简单地强调人的意识的作用，不是单就精神的方面强调人与外界事物的关系，而是强调人与客观事物、精神与物质的内在联系及相互作用，是从精神到物质、主观到客观、知行合一的完整体系。因此，曾国藩曾评价说：

“王阳明矫正旧风气，开出新风气，功不在禹下。”而美国哈佛大学教授杜维明甚至断言，21世纪是王阳明的世纪。确实，阳明心学打通了从“心”到“物”，从“无”到“有”，从“知”到“行”，从主观到客观，再到“知行合一”的哲学大通道，进入到物我同体、天人合一的新境界。

天人合一是理想，是目标，知行合一是为了达到天人合一的最高境界，是方法，是路径。“涵养须用敬，为学则在致”，中华文明延续着我们国家和民族的精神血脉，既需要薪火相传、代代守护，也需要与时俱进、推陈出新。贵阳市对阳明心学的研究，对阳明文化的弘扬，就是要在继续召唤主体性思想的同时，进一步把主客二分和主体性同天人合一结合起来，由此提升整个社会的科学精神和创新精神，这是实现“四个全面”必然要求，也是落实“守底线、走新路、奔小康”的路径抉择。毫无疑问，最能在历史上留下印迹的，一定是思想和文化的力量，阳明先生临终有一句名言：“此心光明，亦复何言！”贵阳要做好对以阳明文化为代表的传统文化的挖掘和阐发，使阳明文化的基因与协力争先的时代精神相适应、与以大数据为引领加快打造创新型中心城市的战略部署相协调，推动传统文化精华创造性转化、创新性发展，不断焕发新的生命活力。

（二）以阳明文化为制高点走出一条新路

习近平总书记指出，体现一个国家综合实力最核心的、最高层的，还是文化软实力，这事关一个民族精气神的凝聚。复兴优秀传统文化是增强民族文化自信的重要路径，是实现中华民族伟大复兴的坚强基石。阳明文化是中国传统文化发展中十分宝贵、不可多得的资

源，其所蕴含的思想精华和道德精髓，为解决当前社会环境污染、生态失调、精神虚无、道德失范等危机提供了理念支撑和实践指导。王阳明悟道在龙场，贵阳人生活在这里，工作在这里，创业在这里，既为这一文化成果感到自豪，更要当好阳明文化的传承人，在阳明文化的研究、践行中占领制高点、构建新高地，创新机制、搭建平台，积极探索运用大数据的方法、大数据的技术和大数据的模式，让传统文化与现代信息技术相结合，打造阳明心学的贵阳特色、贵阳风格、贵阳气派，发阳明文化现代化之新声，开阳明文化时代化之新派。

对于贵阳市来说，在传统文化精华的继承与发展上走出一条新路，当前和今后一段时期，重要内容就是要在探索阳明文化传播走廊方面先行先试。一是打造阳明行迹走廊。整合省内阳明文化资源，以贵阳、修文为主体，按照王阳明黔中行迹，形成连接贵阳、修文、施秉、镇远、黔西等市（县），辐射省内外的阳明行迹传播走廊。二是打通高端传播路径。将阳明文化纳入孔子学院网站等，在国外传播阳明文化，增强国际影响力；在生态文明贵阳国际论坛常设“国际阳明文化研究分论坛”，提高国际知名度；争取民政部和文化部的支持，成立中国阳明学会，邀请国家高层领导出任名誉会长，打造成国内王学研究的权威机构。三是疏通中端传播路径。组织省市研究部门、高等院校、教科所等部门编写阳明文化大、中、小学生教材，提高阳明文化的知晓率；以阳明祠为中心打造“黔中王门”文化圈，提高省际影响力。四是畅通大众传播路径。将阳明心学、励志故事等，利用各种新媒体平台进行传播；多角度、全方位制作阳明文化的宣传片、电视片、舞台剧等，并进入“道德讲堂”“社科讲堂”“重德修文”等平台，进行大众化宣传；建立阳明文化传播网站等进行多角度传播；

在阳明祠、阳明洞、孔学堂分别建立阳明文化数字体验区，在主区域树立阳明塑像，在市区大型电子屏上播出阳明文化公益广告，在重点旅游景点树立阳明文化公益广告牌。

（三）在阳明文化同构基础上与时俱进、相融共生

坚持以马克思主义为指导，是当代中国人文科学区别于其他人文科学的根本标志，必须旗帜鲜明加以坚持。可以讲，继承和弘扬传统文化具有鲜明的意识形态属性，坚持以马克思主义为指导，是其得以发展的根本，决定其性质和方向。同样的道理，我们传承、创新、弘扬阳明文化，也必须坚持以马克思主义为指导，站在马克思主义立场，用马克思主义哲学方法看待、分析阳明心学思想。比如，贵阳市举行阳明文化节，意味着贵州省、贵阳市、修文县各级党委政府，实实在在地贯彻习近平总书记系列重要讲话精神，尤其是总书记关于弘扬中华优秀传统文化的重要讲话精神。表明了贵阳市坚持中央提出的文化自信要求，标志着贵阳的文化自觉、文化自豪；标志着贵阳市在积极主动地运用阳明文化这样一份中华优秀传统文化之大作，造福于全体市民，用这样一种文化大作，来推动着本区域的改革开放和现代化建设。

我们正处在一个社会大变革的时代，同时也是一个传统优秀文化大有作为的时代。弘扬阳明文化和阳明心学就是为增强中国共产党人内心强大精神力量注入优秀传统文化的“养料”。十八届中央纪委六次全会指出：“党性教育是共产党人的‘心学’，是党员正心修身的必修课。”在纪念建党95周年大会上，习近平总书记多次强调不忘初心，要求“不忘初心，继续前进”。心即理，初心即真理。对党员

来说，党性和党心是立身、立业、立言、立德的基石。大家都应该永远保持“初心”，永葆奋斗精神，永怀赤子之心，满怀激情，光明磊落，坦诚纯粹，永远长新。“种树者必培其根，种德者必养其心。”马克思主义就是我们的“初心”，这个“初心”要与中国的实践相结合，与中国的优秀传统文化相结合。我们可以清醒地看到，在革命、建设、改革各个历史时期，我们党坚持马克思主义基本原理同中国具体实际相结合，运用马克思主义立场、观点、方法研究解决各种重大理论和实践问题，不断推进马克思主义中国化，产生了毛泽东思想、邓小平理论、“三个代表”重要思想、科学发展观等重大成果，指导党和人民取得了新民主主义革命、社会主义革命和社会主义建设、改革、开放的伟大成就。接下来，马克思主义还要与中国文化相结合，通过文化同构基础上的相融共生，实现马克思主义中国化、时代化、大众化，在传承和守护民族精神血脉的伟大实践中形成以马克思主义为指导的学科体系、学术体系、话语体系。在这个过程中，贵阳市更应主动作为，从历史、现实、未来的总结展望中探寻“不忘初心、继续前进”的根本动力，发现“不忘初心、继续前进”的理论真谛，不断打造马克思主义与阳明文化结合的典范，不断抒写马克思主义中国化的贵阳篇章。总之，在中央、省的关心支持及大批专家学者鼎力相助之下，建设文化名城，整体提升贵阳市的城市品位、增强贵阳市的人文厚度必将实现。

三、推动贵州阳明文化走向世界

随着孔学堂、阳明洞、阳明祠加快建设，以及生态文明贵阳国际论坛、贵阳数博会的升级升格，贵阳对外交往越来越多，层面越来越广，关系也越来越深。特别是孔学堂经过几年的探索实践，在学术界在全国乃至全世界的知名度影响力正在快速提升，已成为引领文化新风尚的精神殿堂，传统文化研究的“高地”，取得了巨大的成绩。但目前孔学堂、阳明洞、阳明祠也存在传播面不宽、影响力有限、承载力不足等许多不足与问题。孔学堂、阳明洞、阳明祠发展到了重要节点，为我们带来了值得深思的问题：孔学堂、阳明洞、阳明祠应当怎么样进一步发展，怎么样才能迈入全国走向世界？建立之初，孔学堂主要是贵阳市民休闲、感悟传统文化的场所，但是，建设发展到现在，孔学堂已不仅属于贵州，也属于全国，甚至属于世界。阳明洞、阳明祠原本主要是供市民参观、学者游学的古迹殿堂，但绝不能局限于此，否则将失去其深一层、高一格的价值和意义。对于孔学堂、阳明洞、阳明祠发展的战略定位，我们必须要大气不要狭隘，要开放不要封闭，要长远不要短视，要与时俱进不要停滞不前。我们一定要站在历史的高度、全局的高度，以长远的眼光、战略的眼光、发展的眼光看待孔学堂、阳明洞、阳明祠，根据时代发展和现实需要不断提升它们的战略定位，完善孔学堂、阳明洞、阳明祠的发展思路，构建三足鼎“筑”为提升城市文化形象和自信的抓手，以创造性转化和创新性发展推进中华传统文化特别是贵州阳明文化面向生活，面向大众，面向现代，面向世界。

社会主义核心价值观像空气一样无时不在、无处不有，需要有具体有形的平台和载体来落实。我们要立足本土性和历史性，从贵阳人文实际出发，以社会主义核心价值观为引导，把王阳明的思想精华、道德精髓，融入社会主义核心价值观来整合全社会精神力量、弥合社

会心态，让社会主义核心价值观的精神要义入脑入心。也就是说，贵阳既要建设好孔学堂，又要立足本土的阳明文化，利用好阳明洞、阳明祠，深入挖掘与利用中华传统文化、阳明文化，激发市民的乡土情怀，增强民众对本土文化的认同感和文化向心力，将阳明文化真正做到家喻户晓、人人皆知，使社会主义核心价值观成为群众的精神追求和自觉行动。具体而言，一是制定国际文化品牌战略的方向性、前瞻性、长期性、规划设计和实施过程，形成国际战略的理念和整体性。二是做好规划布局，把以阳明文化为代表的本土优秀传统文化作为贵阳未来经济社会发展的又一增长极，摆在更加突出的位置进行规划布局，推动优秀传统文化与经济、社会良性互动，提升阳明文化发展的优势和竞争力。三是在以大数据为引领加快打造创新型中心城市的今天，贵阳市要进一步依托阳明文化的号召力，占领文化高地，吸引一批文化精英来讲学传道，以优秀的传统文化聚集商界精英、企业人才和高端科技人才来到贵阳，从而推动项目引进、资本聚集，促进优秀文化与尖端科技深度融合，占领创新研发的高地。四是把构建贵阳精神大厦融入全市经济社会的各个领域和全过程，以社会主义核心价值体系教育引导，使之内化为全体贵阳人的共同价值认同和精神追求。五是广泛开展道德文化教育，推动以礼节、良知、道德、官德、诚信、敬业、孝道等为重点的实践活动，组织实施诚信贵阳建设工程，塑造一批社会公德、职业道德、家庭美德、个人品德建设的先进典型，树立一批引领社会风尚的道德模范，形成良好风尚，夯实共同思想道德基础，形成特色鲜明的阳明文化和现代开放型文化体系，让阳明文化在综合实力竞争中的地位和作用更加突出。这样，三足鼎“筑”特色更加彰显，就非常有可能使贵阳成为全国主要的阳明文化基地和面向世界的对外文化交流的重要基地。

确实，三足鼎“筑”构建了一个面向全国乃至面向世界的文化发展平台。借助这个平台，可以为打造精神高地和国际儒学向往之地提供保障，同时也为贵阳市可持续发展提供精神支撑和智力保障。在这个文化平台上，不仅可以传播、研究中华优秀传统文化，还可通过文化产业的创意形成第三产业发展的新增长点。三足鼎“筑”是优势互补、资源共享、人才共享、经验共享的，它们共同提升贵阳的文化品位，打造对外开放新形象。当然，将以阳明思想、阳明文化为重要内容的中华优秀传统文化主体精神继承下来，同时植入当代价值和现实意义，并实现旧形式与新内容的成功嫁接，这不仅是技术的考量，更要有创新的胆识。

在贵阳，将孔学堂、阳明洞、阳明祠建设与传承阳明文化结合起来，围绕三足鼎“筑”建设成为以弘扬中华优秀传统文化、培育和践行社会主义核心价值观为使命的全球品牌、有国际影响力的大型文化综合战略定位，孔学堂、阳明洞、阳明祠完全有基础、有条件有所作为。孔学堂创办在贵阳，阳明洞天然属于贵阳，阳明祠建立于贵阳，开展活动、发展事业当然要发挥本地学者、专家以及宣传文化系统和社会各界的作用，但是，孔学堂、阳明洞、阳明祠要提升功能、扩大影响，必须面向全国、面向全世界，让海内外学者、热心支持者都积极参与进来。创建孔学堂、加快建设阳明洞和阳明祠的初衷，就是要弘扬中华优秀传统文化，为创造中华文化的新辉煌添砖加瓦。从这一定位出发，要坚持“创造性转化、创新性发展”的基本方针，坚持文化传承和文化发展相结合、文化事业和文化产业相结合、社会效益和经济效益相结合、社会效益优先的原则，坚守中华文化立场，秉持科

学客观礼敬态度，对传统文化做到古为今用、扬弃继承、转化创新，努力成为贵阳对外文化交流的重要平台。同时，贵州是王阳明参学悟道之地，充分挖掘阳明文化，只要精心准备、合理谋划、方法得当，即使是在贵阳做，也能做出贵阳特色、贵阳气派，做出中国意义、国际影响。

第四章

“一河百山千园”：亮丽生态文化名片

文化的一个基本特性是其具有强大的包容性和与时俱进的生命力，既能促进不同文化的深度融合、引领经济社会全面发展，又能沿着社会发展的脉络深入演进，塑造一座城市的人文气质和精神记忆。贵阳，是一座自古流淌着交流、融合、创新血液的移民城市，进入新的历史时期，这一特色通过文化引领城市导向、提升价值深度体现在诸多方面。贵阳市成为多彩贵州民族特色文化强省的创新创意传播中心、西部领先的国家级公共文化服务体系示范区、国家级文化科技融合发展示范基地、世界知名的文化旅游发展创新区，基本建成具有文化厚度、人文温度的现代文化强市。其中，以构建“一河百山千园”自然生态体系为主抓手，建成全国生态文明示范城市重要目标所铸就的生态文化——无疑是贵阳一张重要的城市特色文化名片。

第一节　以生态文化培育润泽美好家园

生态文化——既是贵阳打造城市文化名片的重要内容，又是引领生态文明建设绿色发展的具体实践的重要保障。贵阳在多年倾力建设生态文明城市实践的坚实基础上，坚守发展和生态两条底线，以加快推进“一河、百山、千园”行动为抓手，把打造生态文化名片作为新时期城市文化建设一个不可或缺的重要方面。

一、生态文化

（一）生态文化与生态文明的关系

在中华民族的历史上，文明始终是一个永恒不变的追寻目标。我国古老而又博大精深的文化瑰宝《周易》中即有“见龙在田，天下文明”之说。唐人孔颖达注疏的《尚书》亦将“文明”解释为：“经天纬地曰文，照临四方曰明。”其中的“经天纬地”意即改造自然，乃是物质文明；“照临四方”意为驱走愚昧，属于精神文明。我们先辈创造的古代文明，无疑是中华民族子子孙孙都应引以为豪的。

任何一种建立在特定文化上的文明，都必然受到历史环境、自然环境、社会环境的制约。关于生态文明，迄今主要的阐释可以归纳为三种。第一种看法是把生态文明看作是工业信息文明之后的文明形态，建设生态文明，就是在工业信息文明的基础上建设一种产业生态化的、经济循环式的、人与自然和谐的、资源节约与环境友好的、可持续发展的新文明形式。第二种看法认为，生态文明建设应是全面建设小康社会所包含的社会主义市场经济建设、民主政治建设、和谐社会建设和先进文化建设之后的第五大建设任务，并与物质文明、政治文明和精神文明并列。第三种看法将生态文明建设视为人类发展的大势所趋，在对前两者解释分析后，用类似人们对文化的阐释方式，提出生态文明亦有广义狭义之分，即前者为广义，后者为狭义。

其实，上述三种看法并无本质区别。我们所要建设的生态文明，本质上正是通过对人类工业文明时代的审视与反思，以科学发展观为指导，运用21世纪的时代眼光，通过大胆创新，对社会发展轨迹的一种科学引导。它所反映的，正是人类社会发展的必然趋势。生态文明建设是全党的共识，是全民族的共同期盼，但生态文明并非空中楼阁，它必须有坚实的思想基础与强大的智力支撑。这个思想基础便是当前我们正竭尽全力打造的生态文化。

生态文化相对于生态文明的概念而言，是一个内容更为复杂和广泛的概念。如果说，生态文明是由生态化的生产方式所决定的全新的文明类型，它所强调的是所有生态社会中人与自然相互作用所具有的共同特征和达到的起码标准的话，那么生态文化则是不同民族在特殊的生态环境中多样化的生存方式，它更强调由具体生态环境形成的民族文化的个性特征。生态文化是自人类诞生以来，不同人类种族、民族、族群为了适应和利用地球上多样性的生态环境之生存模式的总和。由此，我们可以清晰地认识到，要打造一个社会的生态文明，首先必须致力于一个社会的生态文化建设。如果没有相应的生态文化作为生态文明的精神基础，我们建设生态文明只能是无源之水无本之木。

（二）生态文化内涵

生态文化是社会发展到一定时期人类才对之有所认识的文化。明晰生态和文化的概念是正确认识生态文化的前提。

广义而言，生态是指影响人类生存和发展的各种天然和经人工改造的自然因素，包括地理位置、地势、气候、土壤、江河、矿藏以及

动植物资源等，“生态就是自然或自然环境，也可以叫作生态环境或自然生态环境”。文化是指精神文化，即人类的精神生产过程及与精神生产有关的现象和成果，包括制度文化、科学教育、思想道德、精神文化等社会生活精神方面的一切内容和方式。其特性表现在：“文化是一种内在于人的一切活动之中，影响人、制约人、左右人的行为方式的深层的、机理性的东西。”

本书所指称的生态文化，是作为人类文化发展的新阶段，是对当代人类面临的生态危机反思的产物，是文化的重要组成部分，是物质文明、精神文明和政治文明在自然与社会生态关系上的具体表现，是一种追求与自然生态系统和谐相处、协同进化的文化。生态文化强调人是自然界的一员，人类应发展、弘扬与自然和谐共处的思维方式、决策方式、生产方式、生活方式。它包括价值观念、心理意识和情感态度等，是对以往文化形态的超越。

生态文化是人类从古到今认识和探索自然界的高级形式体现。今天，已有越来越多的人认识到，人类如果不彻底改变征服自然的态度，不改变以牺牲生态环境来开发自然的生产方式，不改变奢侈浪费的生活方式，不改变损害生态环境的社会制度和不公正的国际关系体制，便不可能长期有效地阻止地球生物由旧的文化向生态文化的转变。这不是一蹴而就的任务，它需要我们无论是生产方式，还是消费模式；无论是价值观念，还是政策制度；无论是思维模式，还是行为模式都要进行根本性的改变。

生态文化是一种从人统治自然过渡到人与自然和谐相处的文化，生态文化作为社会主义先进文化的重要组成部分，对构筑人们的文明理念，增强人们重视生态环境意识、确立人与自然和谐的观念发挥着

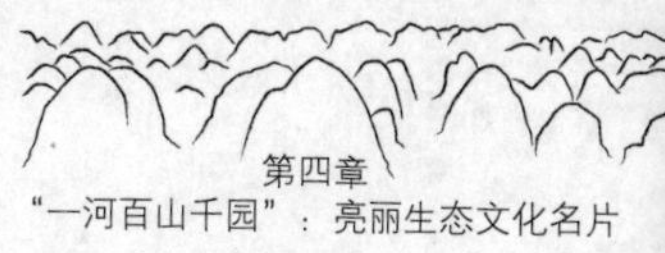

重要作用，为构建社会主义和谐社会提供良好的文化条件和精神支撑。建设这种文化，需要我们深刻领会科学发展观、掌握和运用好科学发展观。只有这样，才能从旧有的价值取向中摆脱出来，树立新的价值观。

二、贵阳打造生态文化名片主抓手——“一河、百山、千园”

（一）一河百山千园，筑梦绿色贵阳

“一河”是指推进南明河及其支流的水质达标治理，推进沿河两岸重点区域景观提升；“百山”指以主城区108个山头的管护为重点，定点定位开展林业生态红线落界，实施临空区、中心区、进出口通道山体迹地修复、植被改造和景观提升；“千园”则是按计划推进各类公园237个建设，打造7个市级示范公园，加大植树造林力度，完成人工造林12万亩以上，完成森林抚育1.5万亩。概而言之，就是以打造“公园城市”为重要抓手，综合整治城市母亲河南明河及其支流，做好中心城区山体保护和治理，建设“五位一体”公园体系，打造“青山环碧水、绿树绕林城”的自然生态景观，提升城市品质，形成南明河人文新景观、百山城乡新形态、千园城市新品质，营造浓厚的生态文化氛围，进一步提升生态文明城市水平，建成生态优良、环境优美、人与自然和谐的全国生态文明示范城市。其主要内容：

“一河”，突出全流域，河道和沿岸一体统筹，大力实施主河道、支流治理工程，加快南明河全流域大数据应用，落实政府、民间“双河长”制，提升沿岸文化景观，把南明河穿成美丽项链。

"百山"，突出快见效，在点上和面上一起推进，紧盯中心城区、机场、车站、进出口通道等重点区域，加大裸露山体、毁损山体治理，修复城市"伤疤"，形成点、线、面、环相结合的城市绿地系统。

"千园"，坚持以需求和民生为导向，因地制宜，突出特色，高标准规划、高水平建设，构建"布局均衡、结构合理、功能完善、环境优美、贴近生活、服务群众"的"千园之城"城市公园体系，突出高标准，建设和管理一并提升，高质量、高品质建设，全方位、智慧化管理，打造更多的城市亮点，让市民群众有更多的好去处。建设和提升一批森林公园、湿地公园、城市公园、山体公园、社区公园等，形成约1000个不同规模、不同层次、不同类型的大小公园、绿地等，为群众提供更多休闲文化健身活动空间。根据《贵阳市推进"千园之城"建设行动计划（2015—2020）》，到2018年，贵阳公园总数将达1000个以上，到2020年，全市新增公园面积1.7万公顷，人均公园绿地面积提升到17平方米，实现中心城区市民出行"300米见绿、500米见园"。

（二）一河百山千园，精彩人文贵阳

"每个人都有安全的家，过上有尊严、健康而体面的生活。"（联合国《人居工程》）丰富的生态资源是贵阳最大的比较优势，这不仅仅是大自然赐予贵阳的财富，更是全国乃至世界的人们共同分享的财富。

建设"一河百山千园"是贵阳构建山水林田湖良好生态系统的主要抓手，是打造全国生态文明示范城市的重要载体，对改善贵阳人居

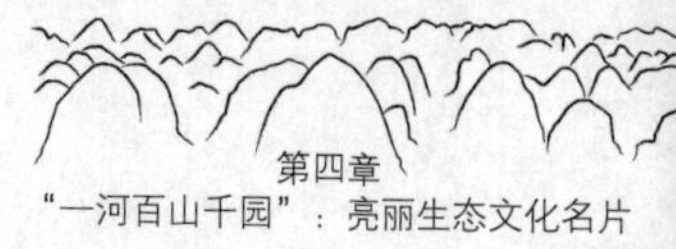

环境、提升城市品位、提高人民群众幸福指数具有十分重要的意义。“一河百山千园”行动正是贵阳坚持生态优先，全力以赴厚植创新型中心城市生态文明优势，从而进一步牢固树立绿水青山就是金山银山的理念，坚决守住生态底线，形成南明河人文新景观、百山城乡新形态、千园城市新品质，打造天更蓝、山更绿、水更清、城更靓的美丽家园的生态实践。

做足做好“一河”文章，可以把沿线山水、人文景观串联起来，强化全流域管理、全社会监督，进而以流域治理带动全域生态文明建设，让老百姓更加亲水，让母亲河更加亲民；做足做好“百山”文章，以主城区108个山头绿化、环境提升、景观美化为重点，逐步向黔灵、百花、南岳、大将等山脉进而向全市范围拓展，既守好了生态底线，又赋予人文精神，让贵阳的山头支撑起绿色发展的高峰；做足做好“千园”文章，更有助于结合市情实际和特色优势，围绕山水城市、绿色小镇、美丽乡村、和谐社区等打造绿色家园，筑牢绿色屏障。生态环境已是贵阳最响亮的品牌、最突出的优势、最核心的竞争力之一，生态文明，生态环保，已经深入每一个贵阳人的内心。

在“一河百山千园”行动的助推下，栖居在这块绿色诗意的环境空间里，贵阳市民会更加珍视大自然的馈赠，倍加珍惜贵阳的生态优势，自觉践行生态文明理念，“我参与、我受益、我快乐”，传播生态文化，提升市民文明素质、转变党员干部作风，以更多的付出创造良好的居住环境、人文环境、生产环境和生态环境，以良好的生态环境弘扬贵州、贵阳人文精神和倡导绿色生活培育绿色文化，加快建成全国生态文明示范城市，在贵州建设国家生态文明试验区的历史进程中做出更多更大的贡献，让生态与产业、人与自然、人与社会更加和

谐，让贵阳更加适宜居住、适宜创业、适宜旅游，使“中国数谷·爽爽贵阳”城市名片更加亮丽、更有内涵、更富前景。

第二节　生态文化贵阳行

一、贵阳建设生态文明的探索与实践

贵阳是中国西南云贵高原上一座美丽的生态之城。延绵起伏的群山，清澈潺流的河水，荫翳蔽日的树木，凉爽宜人的天气，这就是中国西南高原明珠贵阳的自然生态。长期以来，贵阳虽然属于西部欠发达、欠开发地区，但生活在这里的400多万各族人民却不甘居人后，承受着破茧成蝶的挣扎与阵痛，以自己辛勤的汗水，奋斗求索，追寻、构建着一个现代生态文明城市的美好梦想。

党的十七大将建设生态文明作为实现全面建设小康社会奋斗目标的新要求；党的十八大强调：“建设生态文明，是关系人民福祉、关乎民族未来的发展大计。”这体现了尊重自然、顺应自然、保护自然的理念和与之相应的战略发展布局。

“十一五”期间，中共贵阳市委、市政府明确提出要以科学发展观为统领，充分发挥比较优势，走科学发展路，建生态文明市，做出了建设生态文明城市的战略决策，掀开了绿色崛起攻坚战，从“洼地”上奋力崛起。在生态文明理念的指引下，贵阳市的经济社会发展取得了不俗的成绩，日益优美的生态环境，茁壮成长的生态产业，氛围渐浓的生态文化，勾画出生态文明贵阳一幅引人入胜的画面。

“十二五”规划期间，是贵阳市生态文明大发展的五年。这些年来，贵阳被列为全国生态文明建设试点城市、首批低碳试点城市、首批节能减排财政政策综合示范城市；连续八年举办“生态文明贵阳国际论坛”；成立全国第一家环保法庭；出台全国第一部生态文明建设地区性法规；花溪摆贡寨成为联合国“千村计划”全球第一村……

这些年，生态文明理念深入贵阳人心，贵阳在建设生态文明城市方面担起了更大的责任，做出了更大的成绩，多年的生态实践尤其引人关注，一个充满魅力的生态城市正在逐渐呈现。这座城市的人民大力弘扬“知行合一、协力争先”城市精神，坚定不移走科学发展路、建生态文明市，从编制城市规划、完善基础设施、发展生态产业、保护生态环境、保障和改善民生、弘扬生态文化、创新体制机制等方面推进生态文明城市建设，取得积极成效。贵阳在生态文明建设上领先全国，措施有力，步履坚实，硕果累累。

这些年，贵阳坚守发展和生态底线，积极探寻生态发展之路，持续推进生态文明建设，强化生态保护与环境治理能力，成功获批建设全国首个生态文明示范城市，获批全国水生态文明建设试点城市，“蓝天”“碧水”“绿地”“清洁”“田园”五项保护计划有力推进，全国首批节能减排财政政策综合示范工作顺利通过验收。

这些年，贵阳市首创生态文明建设委员会，组建生态保护“两庭三局”，在健全统一管理体制的基础上，生态文明建设有了完整的立法、司法、行政体系。

这些年，贵阳市实施生态文明创建“一把手”工程，形成了《贵阳市建设生态文明城市指标体系及监测方法》，生态经济、生态环境、生态文化等六大方面33项指标丰富了考核评价机制。

这些年，贵阳市率先出台《贵阳市建设生态文明城市条例》，制定了《贵阳市禁止生产销售使用含磷洗涤剂规定》《贵阳市生态公益林补助办法》等一系列“绿色”法规，为生态文明建设提供强有力的法制保障。

这些年，贵阳市荣获国家电子商务示范城市，贵阳市抢抓创建国家电子商务示范城市机遇，树立“电子商务与生态文明融合发展”的创新理念，完善政策法规、基础设施，打造良好的电子商务环境，建设服务全省、辐射西南、面向东南亚的西南电子商务中心城市。

一路走来，作为全国首个生态文明示范城市，贵阳取得了阶段性成效，生态文明建设成果斐然。环境空气质量优良率90%以上，集中式水源地水质达标率100%，森林覆盖率达45.5%，建成区人均公共绿地达10.95平方米。新建花溪十里河滩、阿哈湖等国家级城市湿地公园，完成南明河水环境综合整治一期工程，获批全国水生态文明建设试点城市，全国首批节能减排财政政策综合示范工作顺利通过验收。以大数据为引领的现代产业体系升级，大数据发展走在全国前列，“块数据”城市加快建设，建成全国首个大数据交易所等引领性平台，获批创建国家级大数据产业发展集聚区、大数据产业技术创新试验区。“爽爽的贵阳”享誉国内外……

地处西南腹地的贵阳，正以踏石留印的扎实行动和坚强领先的体制机制保障，逐渐将独特生态优势打造成闪闪发光的“金字招牌”，472万贵阳市民将共同见证贵阳作为以大数据为引领的创新型中心城市、生态文明示范城市砥砺前行的足迹。

二、创新发展构筑生态文明城市之梦

（一）生态优先——绿色发展

建设生态文明，是关系人民福祉、关乎民族未来的长远大计。党的十七大报告明确提出建设生态文明，将其作为全面建设小康社会奋斗目标的新要求之一。党的十八大进而把生态文明建设同经济建设、政治建设、文化建设、社会建设一道纳入中国特色社会主义事业“五位一体”总体布局，使生态文明建设的战略地位更加凸显。为了深入贯彻落实科学发展观、推动经济社会科学发展，贵州省贵阳市于2007年提出建设生态文明城市，结合实际，在总结成绩的基础上，扎实推进生态文明城市建设。

1. 理顺全市生态文明建设行政体制

在原市环境保护局、市林业绿化局（市园林管理局）、市两湖一库管理局基础上，整合组建“贵阳市生态文明建设委员会”，并将市文明办、发改委、工信委、住建局、城管局、水利局等部门涉及生态文明建设的相关职责划转并入。该机构作为市政府的工作部门，负责全市生态文明建设的统筹规划、组织协调和督促检查等工作。目前，全市十个区（县、市）均成立“生态文明建设局”，理顺了行政管理体制。

2. 完善生态文明建设工作机制

一是健全司法机制，在全国首家“环保法庭”和“环保审判庭”的基础上，将环保法庭更名为生态保护庭，成立生态保护检察局、公

安生态保护分局。二是完善立法机制，出台了《贵阳市建设生态文明城市条例》，着手开展《贵阳市湿地公园管理办法》《市机动车排气污染防治管理办法》《贵阳市排污权交易管理办法》《贵阳市山体公园建设管理规定》等法规的立法工作。三是完善督查机制，制定综合目标绩效考核办法，建立1000分制进行考核体系，市督办督察局既作为市委工作部门又是市政府工作部门全程参与，实施目标绩效考核。

3. 明确生态文明建设工作思路

围绕“3个关系”（即：保护与开发的关系、继承与创新的关系、推进工业化与推进城镇化的关系），落实“21字工作方针”（即：作规划、治环境、调结构、保投入、惠民生、建机制、强队伍），实施“6大生态体系创建工程”（即：生态“产业”体系创建工程、生态“城镇”体系创建工程、生态“自然”体系创建工程、生态“文化”体系创建工程、生态“社会”体系创建工程、生态“政治”体系创建工程）的工作思路。

4. 细化生态文明建设指标体系

以《贵阳建设全国生态文明示范城市规划》为指导，以《贵阳市建设生态文明城市条例》为依据，构建生态文明城市的指标体系，完善国家环保模范城市指标体系，有针对性地分解目标任务，明确工作责任。

5. 实施生态文明建设重点工作

启动实施贵阳市集中式饮用水源地综合治理、节能减排、环城绿化、花溪国家城市湿地公园景观提升、黔灵公园改造提升、南明河水

环境综合治理、小车河城市湿地公园二期、林业信息化建设、环境保护信息化建设、森林重点火险区综合治理等一批重点项目，启动“数据库”“项目库”和“专家库”建设，开展生态环境违法行为专项整治行动，打响“控违、治水、护林、净气、保土”五大战役。

6. 紧抓生态文明建设重要载体

将创建“国家环境保护模范城市”作为贵阳市建设“全国生态文明示范城市”的重要载体。自2007年报经原国家环境保护总局同意，正式开展创建国家环境保护模范城市以来，市委、市政府将“创模”工作与生态文明城市建设工作有机结合，形成“创环保模范城、建文明市”工作机制。此后数年，全市全面部署创建国家环境保护模范城市、协办中国国内旅游交易会、第十五届科协年会、连续几届举办生态文明贵阳国际论坛、第九届泛珠三角区域合作发展会议和第三届中国（贵州）国际酒类博览会、大数据博览会等各项工作。

十余年来，贵阳市把生态文明建设放在突出位置，与经济、政治、文化、社会等各项建设一同部署、一同推进，有序推进，取得了显著成效。贵阳，大胆创一路先行先试，在传播生态文明理念、推动生态文明建设的实践中，探索出了一条在喀斯特地貌上建设生态文明城市的途径——坚持生态优先、绿色发展，以南明河全流域治理为“牛鼻子”，以“一河、百山、千园”为主抓手，加快打造生态文化名片；依托生态文明贵阳国际论坛等重大平台，创新生态文化产品、传播生态文明理念。不断深化对生态文明建设的规律性认识，创新生态文化理论。努力打造一批极具山地特色、生态文化的公园和乡村，着力提升黔灵公园、花溪十里河滩湿地公园等城市公园文化内涵。同时，持续举办"避暑季""贵阳音乐季"、文化惠民"演出季"等文化活动，创作一批关于生态文化的文艺精品。不断深化、深入践行"天人合一、知行合一"的贵州人文精神，推动生产生活方式绿色化。

纵观贵阳市的生态文明城市建设，主要有几个特点：一是党委、政府高度重视。从2008年到2016年，党委每年的1号文件都是围绕促进生态文明建设出台的，把生态文明城市建设提到战略高度。二是找准工作载体。"三创"工作取得明显成效，2009年到2017年连续8年成功举办了"生态文明贵阳国际论坛"，使贵阳市的生态文明品牌进一步提升，影响力进一步扩大。三是措施稳健有力。专门成立"两湖一库"管理局打响"两湖一库"综合治理战役，开展了石漠化综合治理、集中式饮用水地综合治理、南明河全流域综合治理、城市绿化专项治理等工作，狠抓生态环境综合整治，严格执法，狠下决心关停、搬迁了贵州水泥厂、贵阳发电厂、贵阳卷烟厂等一大批对环境造成恶劣影响的企业，实施污染企业"退二进三"。四是全市齐心合力。全市领导干部和人民群众围绕"知行合一、协力争先"的贵阳城市精神，勤劳务实、真抓实干。

（二）共谋生态文明建设之策——生态文明贵阳国际论坛

党的十七大提出建设生态文明后，贵州省为普及生态文明理念、探索生态文明建设规律、借鉴国内外成果推动生态文明实践、打造对外交流合作平台，2008年开始谋划举办生态文明贵阳会议。在国家有关部委的大力支持下，2009年至2012年，连续四年举办了生态文明贵阳会议，每年一届。贵州省委、省政府抢抓机遇，于2012年12月30日

正式向国务院报送《关于举办生态文明贵阳国际论坛的请示》。经党中央、国务院主要领导批准，2013年1月21日，外交部正式批复同意举办生态文明贵阳国际论坛。此后又连续举办4届。四年会议均发表重要成果文件——《贵阳共识》。

随着贵阳经济实力不断提升，会场硬件条件大为改善，会议规模迅速扩大、参会人员层次明显提升、影响力日渐拓展。经过8年的持续打造，生态文明贵阳国际论坛主题逐步深化，内容日益广泛，影响力日渐提升，已经成为共建共享生态文明的长期性、制度性的平台，对探索生态文明建设规律、展示生态文明建设成果、推广生态文明建设经验起到了积极作用，有力促进了地方经济快速、协调、可持续发展。从国际上看，会议向国际社会发出了推进生态文明建设的“中国声音”，展示了加快绿色发展的“中国行动”，向世界表明了自觉应对气候变化的“中国责任”，使“生态文明”这一具有中国特色的提法得到更多外国友人的认同。

生态文明贵阳国际论坛从一开始就明确不是纯粹坐而论道，而是会与展相结合、论坛与招商相结合、理论探讨与项目推进相结合。

会议提出不少富有建设性的倡议。比如2009年会议提出企业要积极转变发展方式、教育和传媒要发挥基础性综合性先导性作用、探索建立生态城市的评估和评价体系；2010年会议提出建立资源有偿使用制度、推动绿色消费、发展绿色科技；2011年会议提出加快节能环保标准体系建设、加快低碳技术开发和推广应用；2012年会议提出把绿色转型作为促进增长的首要选择、运用新的模式提升生态系统服务能力；2013年生态文明贵阳会议提出绿色变革与转型——绿色产业、绿色城镇和绿色消费引领可持续发展；2014年会议提出改革驱动、全球

携手、走向生态文明新时代；2015年会议提出走向生态文明新时代，新议程、新常态、新行动；2016年生态文明贵阳国际论坛提出“绿色发展·知行合一”；2017年延续生态文明贵阳国际论坛办会宗旨、理念、模式举行生态文明试验区贵阳国际研讨会，以“走向生态文明新时代：共享绿色红利”为主题，举办研讨大会、生态文明贵阳国际论坛国际咨询会会议、专题研讨会等系列活动，围绕生态文明的前瞻性理论和实践问题开展深入交流合作。

另外，还围绕生态会议开展了很多实践活动。自2009年在花溪摆贡寨启动“千村计划”以来，目前已在全市农村安装LED太阳能路灯280套。2010年，贵阳市与联合国开发计划署、中国节能环保集团公司分别签订项目合作协议，开展低碳经济、绿色产业发展以及绿色照明方面的合作。之后每届都举办了生态文明建设成果展、节能环保产品与技术展，签订的投资项目均为再生低碳、固体废弃物无害化处理与综合利用等绿色、环保项目、贵阳市十大工业园区展示暨项目推介会议等等活动……

（三）生态引领——创新发展

贵阳欠发达、欠开发，经济社会发展既需赶超，又需转型；既要百姓富，又要生态美，不允许再走先发展后治污的老路。但新路又在何方？实践表明，经济发展与环境保护的矛盾并非不可调和，关键是要有科学发展、绿色发展的思路，实现在发展中保护，在保护中发展。在现代科技、信息条件下，高起点进行产业和工艺选择，完全可以在经济较快增长的同时，保持生态系统良好的自我净化能力。贵阳空气清新、海拔适中、地质稳定、灾害罕见、气候舒适宜人，能源资

源“水火互济”，良好的生态环境与自然资源禀赋，让发展高新技术产业成为不二选择。对于贵阳而言，选择发展高新技术产业，既是令人振奋的宏伟目标，又是一种压力，一种责任。

在自找差距、自加压力的过程中，地处西南腹地的贵阳乘势而起，将既要发展经济又要保护环境的双重挑战变为自身发展的双重机遇，充分发挥先天禀赋与后天优势，以可持续发展的生态文化理念为引领，全面抢抓大数据产业尚未形成垄断、整个行业处于竞相布局的历史机遇期，以发展大数据为突破口，依托中关村贵阳科技园、贵阳综合保税区、贵州双龙航空港经济区等平台，让创新驱动落地生根，走上“双赢”发展之路。自此，贵阳以中关村贵阳科技园为主要抓手，紧紧依靠改革、开放、创新“三大动力”，围绕大数据、云计算等生态友好型产业，从以物质生产服务为主的增长模式向以信息生产服务为主的增长模式转变，着力发展大数据、新医药等高新技术产业、现代制造业、以金融为龙头的现代服务业、都市现代农业等产业，推进产业发展升级；优化城市开发模式，大力推进以交通为主的基础设施建设，提高城市管理精细化水平，推进城市建设管理升级；推进生态文明体制机制改革、实施生态建设工程、抓好节能减排，推进生态保护升级；以富民为目标努力提高市民收入水平，以安民为目标构筑健全的公共安全体系，以便民为目标提供更多更好的公共服务，推进民生改善升级；构建“生产集约高效、生活宜居适度、生态山清水秀”的产城互动、城乡一体新形态，以广阔的空间、便捷的交通、完善的配套，为城市发展提供纵深空间，为核心城区功能疏解提供承载空间；以定位鲜明的产业特质、开放包容的城市形象、高度集聚的创新要素，努力实现区域空间结构更加优化、综合承载能力显著

提升、城乡形态特色鲜明、健康生活品质大幅提升、创业创新氛围更加浓厚、黔中腹地功能彰显，带来了贵阳一系列的创新实践：中国首个大数据战略重点实验室、首个全域公共免费Wi-Fi城市、首个“块”上集聚的大数据公共平台……贵阳赢得全国乃至全球广泛关注。如今，“爽爽贵阳”已成为大数据产业发展领头雁。

贵阳不仅创新发展模式，还紧紧抓住生态文化这个关键点，编制生态文明建设学生读本、市民读本、干部读本，以先进的生态文化理念先行，引导社会、企业、市民践行绿色、低碳、简约的生活方式、消费模式，使生态文化渗透城市建设、市民行为、城市精神等方方面面。同时，贵阳生态保护不歇，建设驰而不息。在深化改革方面，贵阳选择市交管局和市住建局两个单位开展试点，探索运用大数据编织制约权力的“数据铁笼”，以推进管理型政府向透明、高效、廉洁的服务型、责任型政府转变，进一步提高行政效能；在《中共贵阳市委关于制定贵阳市国民经济和社会发展第十三个五年规划的建议》中明确提出，“以建设‘千园之城’为重点，在生态环境建设保护上‘守底线、奔高标’，在公园城市体系构建上‘蹄疾步稳’，全力增创生态文明新优势……”治防结合，坚决向环境污染说不。国家卫生城市、国家环境保护模范城市的荣誉和良好的生态环境为贵阳市民带来了幸福和骄傲。2007年，全国首个环保法庭、环保审判庭在贵阳诞生，受理国家机关、环保组织乃至志愿者个人的环境公益诉讼案件；2008年，国内首部促进生态文明建设的地方性法规《贵阳市促进生态文明建设条例》在贵阳出台；2013年，贵阳市人民政府正式下发了《贵阳市生态环境保护联动工作方案》，整合了司法、行政等多个部门执法资源，完善生态保护执法体系，充分发挥“司法机关之间、司

法机关与行政部门之间、行政部门与社会公众之间"联动作用；2016年，贵阳市通过专项执法行动，不间断开展环境保护大检查，共查处生态环境违法案件4000余件。

点滴付出，必有收获。贵阳天更蓝了，草更绿了，水更清了，越来越多的人感受到生态文明建设带来的福祉，逐渐树立了生态文明意识，为生态文化城市名片的彰显奠定了坚实基础。"中国数谷·爽爽贵阳"正昂首阔步，把生态文明建设纳入创新型中心城市建设发展全局之中。在跨越赶超的征途上，贵阳正踏出一串坚实有力的绿色足迹。

第三节　提升创新型中心城市生态文化名片的境界高度

生态文化作为社会主义先进文化的重要组成部分，对构筑人们的生态文明理念，增强人们重视生态环境意识、确立人与自然和谐的观念发挥着重要作用，为构建文明、绿色、创新、共享的社会提供良好的文化条件和支撑。"生态文化的自觉"要求我们对时代必须具有特殊的敏感，应持有一个新的观察角度，一种处世心态，一个精神境界。概而言之，应当是对生态文明的终极思考与关怀。

一、生态文化在城市生态文明建设中的作用

以人与自然和谐发展为取向的生态文化，是对人支配、统治、控制自然的陈腐观念的扬弃，它是一种新的先进文化形态。生态文化的

一个重要方面——生态道德文化，具有广泛的社会影响力，为全社会生态文明的转向提供前提条件和精神支撑，在加快推进生态文明建设中，建设生态道德的重要性不可或缺。

“文化或文明是一个复杂的整体，狭义地讲，它包括知识、信仰、艺术、道德、法律、风俗以及作为社会成员的人所具有的其他一切能力和习惯。”道德显然是文化中的一部分，以文明为方向，以善恶为标准，通过社会舆论、内心信念和习惯规范来评价人的行为，调整人与人之间以及个人与社会之间相互关系的行为规范的总和，它是社会主流价值观下的非强制性约束法则，往往代表着社会的正面价值取向，起判断行为正当与否的作用。生态道德建设旨在反思人与自然的道德关系以及人类所肩负的责任和义务，实现人与人、人与自然的和谐共存。

随着全球生态环境问题的严峻，迫使人们对工业文明时代的生产方式、生活方式及价值观等重新审视，重新思考人与自然的道德关系。20世纪六七十年代，针对工业化过程中生态环境恶化加剧，保护生态环境成为社会主流价值观，客观形势要求人们善待自然，保护环境；近三十多年来，中国社会从传统农业社会迅速向工业社会转型，生产方式、生活方式、价值观念都发生了深刻变化，单纯追求GDP，造成人与社会、人与自然的矛盾日益尖锐，带来人自身内心的挣扎与迷失，引发了普遍的道德失序。一个重要根源在于，对经济利益的过度追求导致价值观出现偏离，将经济价值唯一化、自身利益超自然化，却逃避了对生产活动负效应的自我约束和所应承担的责任。当我们身处重重雾霾，大地满目疮痍，反观自身，内心荒芜，疾病缠身时，每个人都应该自省我们对自己赖以生存的这个世界——大自然做了什

么？谁之过？毫无疑问，生态道德在道德范畴中更具有特殊含义。生态道德核心在于：要求人们将大自然的各个部分，生态系统各个环节以及地球生态系统的整体给予道德的尊重和珍视。它包括应当尊重生命和自然界，应当保护和促进生命和自然界的发展；不随意损害生命和自然界，反对掠夺性开发。如果我们具备基本的生态道德修养，那么，生态文明建设就超越了追求政绩的功利性，而实现“仁民爱物”（王阳明）的道德实践，达到“以天地万物为一体，天人合一”的境界。因此建设生态文明必须从价值观上有所改变，生态道德建设乃是必然。

生态道德建设既需要对传统文化实现现代转化，也需要在绿色发展的实践中有所创新。针对工业文明以征服自然为主流价值观的文化特征，需要对其导致的深重环境危机具有问题意识、忧患意识和家园情怀，赋予生态道德以新的内容。“人所不欲，勿施于物”，承担起对自然的道德责任，我们只有主动承担起对自然的责任，才会拥有适合人类持续生存和发展的良好生态环境。一方面，我们迫切需要对中国传统生态道德有所传承。“天人合一”的传统思想文化是中国古代解决人与自然关系问题的基本思路，它把人与天地万物看成是一个相互联系的有机整体，无论儒家还是道家都不把人与自然的关系看作是绝对对立的，而是看作相辅相成的关系，以人地、天人的完全和谐为最高理想。儒家从孟子的“知性则知天”到宋代张载的“民胞物与”，以及明代大儒王阳明的“仁民爱物”，都体现了尊重和关心所有生命的生态道德。道家以老子的“道法自然”，庄子的“天地与我并生，万物与我为一”为代表，向往的人类生活是顺应自然，摒弃人为干预。另一方面，我们也要吸收西方生态道德文化的精髓，对于西

方生态道德文化应该抱着尊重和包容态度，取其精华去其糟粕，使我们的生态道德文化更丰富、更发展、更繁荣。1915年法国思想家施韦泽提出“敬畏生命”的伦理观，在他看来，不懂得敬畏生命，人类就会陷入盲目的利己主义之中，正是通过对其他生命的关爱、体验和感悟，使人的存在获得了一种比其他生命存在更宽广的纬度，使人感受到了整个世界的存在，并把人与自然的关系提升为一种有教养的精神关系，从而赋予人的生命本质以更高意义。

道德文化的影响是一种非常强大的精神力量，但它不是停留在头脑中的活动，而是一种现实的教化活动。教化是一种行动，如何有效实施生态道德教化，达到化人、化己的目的，需要在内容和方式上下功夫。

生态道德文化是建设生态文明重要的软实力，应加强生态道德文化在文化教育中的比重，提高公民的素质，要以润物无声的方式弘扬生态道德文化，起到宣传教化的作用。如转变发展观念，生产方式绿色化。习近平同志曾指出，绿水青山就是金山银山，要牢固树立保护环境就是保护生产力、改善生态环境就是发展生产力的理念，自觉地推动绿色发展、循环发展、低碳发展。企业要树立生态环境也是一种生产力的思想，努力打造绿色竞争力，改变传统的单纯追求经济增长的战略和政策，树立并推行绿色生产、循环生产、低碳生产的理念。在今天自然资源和生态环境的巨大压力下，最具竞争力的企业将是以努力提高资源环境生产效率的生产方式，注重产品的质而不仅是以产品的量取胜。

强化企业生态道德责任意识。树立以“保护生态环境为荣、破坏生态环境为耻”的道德责任感和荣誉感，自觉保护自然环境，维护生态平衡。按照谁产生谁负担的原则，促进企业在生产活动中，保护生态环境，可持续使用自然资源，防止和减少污染，节约能源，重视环境修复和产品安全。构建科技含量高、资源消耗低、环境污染少的产业结构和生产方式。

倡导绿色健康的环保生活方式。公民是否具有良好的生态道德意识是衡量一个社会文明程度的重要标志，人们生活方式中的浪费、破坏环境等行为无不折射出人们生态道德意识的缺乏。人与自然共处于一体中，保护环境是人类应尽的道德义务，人类应自觉承担起对生态环境的道德责任，树立保护环境人人有责的道德风尚，树立尊重自然、爱护自然和保护自然的生态道德意识，把人与自然、人与人的和谐发展理念贯穿于人们的生活方式中。大力倡导合理消费、适度消费的消费观念和行为，养成绿色生活的日常行为和习惯。如生活中节约每一滴水、每一度电，做好生活垃圾分类、绿色健康出行等，减少炫耀性消费、奢侈性消费等过度消费。

倡导人与自然“和谐”发展的生态价值观。“和谐”不仅是人与人的和谐，同时也是人与自然的和谐，理应是建设社会主义生态文明的目标和现实要求。树立人与自然和谐共生的生态价值观，消除人与人、人与自然之间的矛盾，努力推进人与人、人与自然、人与社会的协调发展。倡导人与自然“平等”发展的生态价值观。“平等”生态价值观就是倡导人与自然之间的平等，以尊重自然取代征服自然、战胜自然。人并不是自然的主宰或征服者，也并不高于自然或优越于其他物种，人是自然的一部分。自然与人共处于一个大家庭中。把这种平等生态价值观渗透到我们日常行为中，不随便乱扔垃圾，不破坏生态环境，确立适度和文明的生产观和消费观。倡导人与自然之间

“友善”的生态价值观。“友善”作为“出于善意的友好”不仅是公民道德规范，同时也是人与自然之间的道德规范。1992年联合国环境与发展大会通过的《21世纪议程》，第一次正式提出“环境友好”的概念。党的十八大报告把生态文明建设放在突出地位，提出“我们一定要更加自觉地珍爱自然，更加积极地保护生态”。自然是人类的朋友，人应与自然和谐相处，尊重自然、顺应自然、保护自然，树立人与自然友善的生态价值观，呵护花草树木，爱护我们不可须臾分离的生态环境，懂得对自然的关爱也是对自身的关爱，善待环境就是善待人类自己。

同时，还须进一步强化法律、法规的执行力助推生态道德建设。在执行环境保护法规的过程中既是普法，也是在教化人们守法，法规执行过程中的震慑作用也可以内化为教育作用，但前提是需要提高环境执法人员的文化素质和品德修养，只有依法行政才能使制度、规定对道德教化起到推动作用。

二、着力打造贵阳生态文化城市名片

（一）生态文化构建的重要性及其路径

生态兴则文明兴，生态衰则文明衰。贵阳打造创新型中心城市必须有强力的文化支撑和精神动力，这是建设全国生态文明示范城市重要保障。正如贵阳市委、市政府印发的《关于推动文化创新发展的意见》所强调的，要引领好生态文化理念，充分发挥贵阳特有的生态优势，依托生态文明贵阳国际论坛等重大平台，传播生态理念，弘扬生

态文化；把生态文明纳入国民教育体系，作为干部教育的基本内容，不断提高市民生态文明意识，推动生产生活方式绿色化。要丰富好生态文化内涵，引导市民群众深入践行“天人合一、知行合一”的贵州人文精神，实施“文化+大生态”策略，要表达好自然文化景观，依托阳明祠、阳明洞、十里河滩等标志性景区，把生态文化传承好、提炼好。要发掘好生态文化资源，创新文化传播载体，深入开展“贵阳避暑季”等各类节庆活动，提升“爽爽的贵阳”生态文化品牌；创作一批反映生态文化、助推生态文明的文学、摄影、音乐等文艺精品。

1. 进一步提升生态文化水平

充分发挥“爽爽贵阳”生态优势，依托生态文明贵阳国际论坛等重大平台，创新生态文化产品，广泛传播生态文明理念，推动贵阳成为国际知名的创新型生态文明城市。纵深推进全国生态文明示范城市创建工作，发挥北京大学（贵州）生态文明研究院、大数据研究院等智库作用，深化生态文明建设的战略规划、体制机制、实践案例等规律性认识，创新生态文化理论，形成生态文化研究的“贵阳样本”。结合“千园之城”“生态扶贫”“四在农家·美丽乡村”建设，打造一批极具山地特色、生态文化的公园和乡村。提升青岩古镇、黔灵公园、花溪十里河滩湿地公园、阿哈湖国家湿地公园、观山湖湿地公园等城市公园的文化内涵，使其成为承载生态文化的重要平台、休闲旅游的生态文化场所和生态教育基地。持续举办“贵阳避暑季”“温泉季”“贵阳音乐季”、文化惠民“演出季”等系列文化活动，不断丰富生态文化的内涵和外延。引导市民群众深入践行“天人合一、知行合一”的贵州人文精神，推动生产生活方式绿色化，让更多的人爱上贵阳、留在贵阳、融入贵阳，为贵阳生态文化的构建灌注新的活力。

2. 进一步健全产业融合促进机制

在生态文化创新方面，开展四大创建，即全力创新打造生态文明贵阳国际论坛参观示范点、创新建设市级示范公园、开展生态文明系列试点创建、创新抓好生态环境管理的大数据运用，坚持“文化+”发展思路，以文化旅游等为重点，大力推动文化与大数据、大生态、大旅游等的融合发展，制定完善相关政策，强化优化相应措施，抓好抓实文化园区等发展平台建设，同时广泛吸引社会力量、社会资本积极参与，形成“政府主导、社会参与”的发展格局。

在生态机制创新方面，强化三个联动，创新建立行政与司法联动机制；创新建立从市到乡（镇）的联动机制，做好生态保护的机构延伸；创新建立部门管理与公众参与的联动机制，积极推动第三方监督的共同参与，做好生态产业的惠民成效、环境准入倒逼产业转型升级的源头防控，筑牢生态环境保护的网络体系。

在生态制度创新方面，建立五项制度，即创新建立生态建设和环境保护“党政同责、一岗双责”制度，推进实施生态环境损害党政领导干部问责暂行办法；创新建立林业生态红线制度，明确林业生态红线底线指标；创新建立环境准入把关政策制度，推动《强化审批把关严格环境准入工作的指导意见》的实施；创新建立生态环境绩效考核制度，制定年度生态文明建设目标责任书，贵阳市环境空气质量考核暨奖惩办法等考核办法；创新建立执法监管制度。

在生态治理创新方面，实施八大治理，即创新实施黄标车区域限行、燃煤锅炉刚性淘汰、餐饮油烟规范管理、工地扬尘视频监管、焚

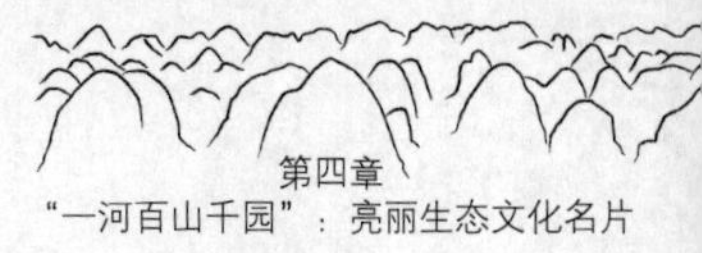

烧秸秆严厉处罚、河流治理“河长”责任、工业固废综合利用、营造林高标管理。

（二）构建发展生态文化的实施策略

1. 树立生态文明理念，大力弘扬“知行合一、协力争先”的贵阳精神，提升全市人民的自信心和自豪感

要以社会主义核心价值观为引领，践行可持续发展理念，把握好生态文化的发展方向。生态文化为科学发展观的确立奠定了思想基础，科学发展观为生态文化提供了理论指导。科学发展观不仅是统领经济社会发展的指导思想，也是生态文化建设的灵魂。只有树立践行生态文明理念，才能把生态文化建设不断引向深入，才能使生态文化转化为推动先进生产力发展的精神力量，才能形成具有生态道德、和谐理念、崇尚自然的民族精神，使生态文化建设始终符合先进生产力的要求，符合人民群众的利益需求和价值取向。

2. 以生态文明理念引领生态文化事业发展，形成完整的生态文化服务体系

加强公共文化服务体系建设，继续建设文化信息资源共享工程、数字图书馆推广工程、公共电子阅览室建设计划，推进国家公共文化服务体系示范区创建，构建市、区（市、县）、乡镇（社区）三级公共文化服务网络。保护非物质文化遗产，申报一批国家级非物质文化遗产。

3. 构建生态文化推广体系，把生态文明纳入国民教育体系，把生态文明知识作为干部教育的基本内容

以弘扬生态文化为主题，普及公众生态文明知识，统筹各类社会资源，充分发挥国家生态文明教育基地、传统道德教育基地、湿地公园、森林公园、科普教育基地等公共设施在传播生态文化方面的作用，开展多形式生态文化活动。构建生态文化的舆论、教育和组织导向机制，运用各种新闻媒体和宣传工具，通过大众和社会喜闻乐见的专栏、专题报道以及文学、戏剧、电影等形式，大力弘扬生态文化；强化家庭、学校、社会全方位的生态教育体系；发展环保民间组织，创建生态文化促进会等类似组织。

4. 加强对市民的生态道德的教育和培养

生态道德是人们同自然界交往中应遵守的行为规范，这种行为规范实质上是调整人与人的关系，人与集体、人与社会整体的行为规范在自然会面的延伸。加强生态道德教育是弘扬中华民族优秀文化的内在要求，是生态文化建设题中应有之义，目的是要使人们都要承担起生态道德与修养的责任，使之成为全社会共同遵守的道德准则和自觉的行为规范。

5. 加强生态文化基础设施建设，保护发掘生态文化资源

要重视加强生态文化基础设施建设，并充分利用好这些硬件设施大力开展生态环境宣传教育活动。要利用好已有的规划，建设好各类图书馆、科技馆、人文基地文化中心、艺术广场、生态公园、标志性建筑和城市雕塑，使之体现着传统文化与现代文化的交融，成为贵阳市一道道亮丽的生态景观。要积极采取措施，加强对各类生态文化资

源的保护，要注重保护民居以及历史文化遗迹，促进少数民族建筑艺术、民族风情、传统文化的开发。继承和发扬传统民族文化的同时，根据时代发展需要不断赋予生态文化新的形式和内容。

6. 加强法制、法规建设，树立生态文化法制意识

在生态文化建设中，与时俱进，有必要对现有地方性法律、法规进行修改、创新和完善，加快在生态保护和生态产业发展方面滞后的立法，对现行的不利于生态保护、生态产业发展的有关内容和不够完善的法律、法规进行修改，制定相应的实施细则和生态保护标准，以弥补各部自然资源法中生态保护的不足。在完善法制、法规基础上，严格环境保护执法，强化环境监督管理。

7. 培育良好的生态文化社会风气

2017年5月26日，习近平在中共中央政治局第四十一次集体学习时强调，推动形成绿色发展方式和生活方式是贯彻新发展理念的必然要求，必须把生态文明建设摆在全局工作的突出地位，坚持节约资源和保护环境的基本国策，坚持节约优先、保护优先、自然恢复为主的方针，形成节约资源和保护环境的空间格局、产业结构、生产方式、生活方式，努力实现经济社会发展和生态环境保护协同共进。这是构建生态文化的重要任务，在全社会倡导生态理念，从我做起，从身边事做起，从现在做起，培育生态和谐精神，引导人们用生态的理念协调人与自然、环境与发展的关系。自觉转变生产和生活方式，养成科学、健康、文明的生活方式和行为习惯，如组织资源回收利用活动、义务植树造林活动、环保义务劳动和志愿者行动，倡导绿色消费，杜绝“炫耀性消费”，形成节约光荣、挥霍浪费可耻的良好社会风尚，

真正形成良好的生态社会风气。

8. 创新思维观念，不断丰富和发展生态文化内涵

贵阳市建设生态文化，绝不能照搬西方发达国家的做法，也不能照搬中国其他城市的做法，而要注重以生态文明理念为指导，注重对贵阳、贵州传统文化精华的辨证吸收，在借鉴西方、中国其他城市生态文化优秀成果的过程中找到创新的结合点，因地制宜，张扬个性，贵阳的生态优势才会充分显现，生态文化建设才会收到实效。

9. 发挥省会城市文化教育科研资源富集的优势作用

在深入调查研究的基础上，制定重点生态文化品牌建设，长远规划、发展、创新贵阳城市生态文化品牌，把生态文化理念渗透于城市文化建设的整体规划，调动社会各方面的积极性，把各种文化资源整合起来，形成产业开发优势，合力打造城市生态文化品牌；充分发挥“爽爽的贵阳”特有的生态品牌优势，传播生态理念，弘扬生态文化，让贵阳成为名副其实的生态文明理念、生态文化产品策源地、集散地和传输地。推动生产生活方式绿色化，引导市民群众深入践行“天人合一、知行合一”的人文精神；大力发展具有贵阳特色的公共文化和时尚文化，让广大市民增强城市自信心、自豪感和归属感，让更多年轻人爱上贵阳、留在贵阳、融入贵阳；充分发挥省会城市高等院校和科研单位密集等优势，针对贵阳市存在的主要环境问题积极进行大量研究和探索工作，科学规划，加快贵阳市生态文明城市建设；以科教为媒介，利用省会城市的信息、人才、技术等优势，辐射全省，加强对国内外的合作与交流，扩大影响。

10. 大力弘扬社会主义核心价值观

创新载体、创新形式，推动社会主义核心价值观，教育大众化、制度化、本土化；坚持寓教于乐，注重落细、落小、落实，深入开展“五进五促”宣传教育活动，办好市、区（市、县）、乡（镇、社区）、村（居）四级道德讲堂；把开展“绿丝带”志愿服务与弘扬社会主义核心价值观紧密结合，探索志愿服务活动制度化、常态化，推进志愿服务进社区、进家庭、进基层；借助大数据手段，建立并完善诚信建设动态管理标准，加快建设诚信政府，以政府诚信带动商务诚信和社会诚信，逐步建立以信用信息资源共享为基础的覆盖全社会的征信系统。大力宣传诚信文化，广泛开展“五个100”诚信创建活动，将各项诚信建设工作融入社会主义核心价值观的培育和践行中。

没有历史积累的文化是“化而不文”，没有现实活力的文化是“文而不化”。我们既要发扬优良传统，又需不断开拓创新，使贵阳的生态文化创造充满生机。贵阳，这座冬暖夏凉的宜居城市、大数据引领创新发展的现代城市、贵州实现历史性跨越的“火车头”，正以“知行合一、协力争先”的城市精神、文化自觉、文化自信，抢抓机遇铸造自己的文化自强，打造特色独具的生态文化品牌，书写更加灿烂的先进文化，实现可持续发展，崛起于西部，炫目于中华。

第五章

“多元一体”：打造民族文化名片

多姿多彩的民族文化是贵州最为珍视的宝贝，也是贵州充满神奇魅力的原因所在。千百年来，贵州各族人民与山相安生、与水共流长，共同创造了丰富多彩的民族民间文化，成就了贵州“歌舞天堂、节日海洋、文化千岛”的美誉。这些宝贵的文化遗产，成为今天涵养多彩贵州的重要资源。建设多彩贵州民族特色文化强省，打造“多元一体”的民族文化名片，就是要充分利用大数据平台，推进民族民间文化内容创新、传播方式创新，让传统文化活在当下、服务当代。

贵阳是贵州的省会，是政治、经济、文化中心，也是丰富多元的贵州民族文化的主要集聚地和呈现地，打造“多元一体”的多彩贵州民族文化名片可谓当仁不让，重任在肩。没有文化的民族是一个无生命的民族。作为贵州的省会，贵阳应当传续民族文化，探寻民族文化在新的历史阶段的有机融合，做到经济、政治、文化有机统一，打造挖掘历史、把握现实、谋划未来的“多彩贵州”的文化核心。推进民族文化开放合作，积极鼓励和支持优秀艺术产品，参与对外文化交流，充分用好大数据手段拓展民族文化产品营销渠道，使其生成为饱含民族优秀基因的高质量的文化精品，在后发赶超决胜全面小康的重

要使命中谱写多彩贵州民族特色文化的辉煌篇章，贵阳，时不我待。

第一节　以民族多彩文化传续文化灵魂

多彩和谐的民族民间文化，是最鲜明的贵州印记、贵州特色、贵州标识。千年的历史沉淀，神秘的信仰崇拜、淳厚的谚语诗歌、欢乐的音乐舞蹈、风格不一的民族服饰和建筑、众多弥足珍贵的物质和非物质文化遗产，形成“十里不同风、五里不同俗、一山不同族”的独特景象，彰显着古朴浓郁的民族风情和多姿多彩的文化艺术。

一、民族文化资源类型和分布

（一）贵州少数民族资源概况

贵州省常住人口中，少数民族人口为1200多万人，占全省总人口36.11%，其中人口最多的少数民族依次为苗族、布依族、土家族、侗族、彝族。全省有3个民族自治州、11个民族自治县，地级行政区划单位占全省的30%，县级行政区划单位46个，占全省的52.3%。

贵州是中国多民族聚居的省份，居住着49个少数民族，占全国56个民族的87.5%。各民族在省内88个县（市、区、特区）均有分布，其中世居民族有汉族、苗族、布依族、侗族、土家族、彝族、仡佬族、水族、回族、白族、瑶族、壮族、畲族、毛南族、满族、蒙古族、仫佬族、羌族等18个民族。

少数民族自治地区国土面积9.78万平方公里，占全省面积的

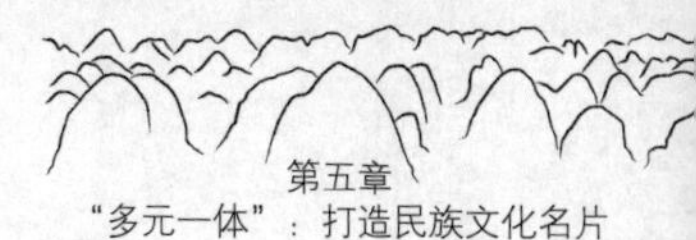

55.5%。还有253个民族乡。全省少数民族依次分布在黔东南、铜仁、黔南、毕节、黔西南、安顺、六盘水、贵阳和遵义。苗族主要分布在黔东南、黔南、黔西南、黔西北和黔东北。布依族主要分布在黔南、黔西南、黔中；侗族主要分布在黔东南、黔东。土家族主要分布在黔东北和黔北；彝族主要分布在黔西北和黔西南；仡佬族主要分布在黔北、黔西北和黔中；水族主要分布在黔南；回族主要分布在黔西北、黔西南和黔中；白族主要分布在黔西北；瑶族和壮族主要分布在黔东南、黔南；畲族分布在黔东南和黔南部分县市；毛南族分布在黔南部分县内；满族、蒙古族分布在黔西北部分县内；羌族分布在黔东北的石阡、江口两县境内。

千百年来，各民族和睦相处，共同创造了多姿多彩的贵州文化。千年的历史沉淀，世居少数民族在这片土地上代代相续、薪火相传，用他们的智慧创造了厚重多姿的文化，留下众多弥足珍贵的物质和非物质文化遗产：神秘的信仰崇拜、富有内涵的谚语诗歌、欢乐的音乐舞蹈、风格不一的民族服饰和建筑，构成了贵州历史悠久、灿烂丰富的民族民间文化资源，被称为“文化千岛”，使贵州成为自然遗产的富集之地，民族文化的富贵之地。

（二）贵阳市少数民族资源概况

贵阳位于云贵高原东部，地处黔中腹地，为贵州省省会，是全省政治、经济和文化中心。由于古代贵阳盛产竹子，并以制作乐器“筑”而闻名，所以简称筑；又因为它地处山地丘陵之间，所以还享有“山国之都”的美誉。

1. 各民族概况

贵阳市世居的民族有汉族、苗族、布依族、土家族、彝族、侗族、仡佬族、白族、回族、满族、壮族、水族共12个，其中少数民族11个。苗族、布依族是市内少数民族中人口最多、分布最广的两个民族，占少数民族人口的比重分别为34.25%和28.11%。其余各少数民族中，人口超过万人的有土家族、彝族、侗族、仡佬族、白族、回族；其他少数民族有满族、壮族、水族、蒙古族、黎族、藏族、维吾尔族、朝鲜族、瑶族、哈尼族、哈萨克族、傣族、傈僳族、佤族、畲族、高山族、拉祜族、东乡族、纳西族、景颇族、柯尔克孜族、土族、达斡尔族、仫佬族、羌族、布朗族、撒拉族、毛南族、仡佬族、锡伯族、阿昌族、普米族、怒族、俄罗斯族、保安族、裕固族、京族、独龙族、鄂伦春族、赫哲族、珞巴族，占4.41%。其他未识别的民族如穿青人、南京人、蔡家人等，占8.13%。

2. 民族乡建立情况

根据少数民族人口分布情况和特点，贵阳市按照《宪法》《民族区域自治法》和《民族乡行政工作条例》的规定，建有17个民族乡，即南明区小碧布依族苗族乡；花溪区孟关苗族布依族乡、高坡苗族乡、黔陶布依族苗族乡、马铃布依族苗族乡；乌当区新堡布依族乡、偏坡布依族乡；白云区都拉布依族乡、牛场布依族乡；清镇市麦格苗族布依族乡、王庄布依族苗族乡、流长苗族乡；修文县大石布依族乡；息烽县青山苗族乡；开阳县禾丰布依族苗族乡、南江布依族苗族乡、高寨苗族布依族乡。

3. 民族人口结构和分布

目前贵阳全市超过1万人口的少数民族有6个。从分布上看，全市10个县（市、区）和118个乡（镇）、街道办事处都有少数民族居住，形成了“小聚居、大散居”的民族分布特点。其中，18个民族乡共有少数民族人口14.37万人，占少数民族人口的25%。从少数民族人口的年龄构成看，18个民族乡0～14岁人口2000年占民族乡总人口的33%，65岁以上人口占4.96%。

二、贵阳民族文化渊源

（一）少数民族文化

千百年来，贵阳地区各民族用自己的聪明才智，创造传承了璀璨的民族文化，如百濮文化、百越文化、苗瑶文化与氐羌文化，并与中原传播而来的汉文化交流融合，形成了五彩缤纷的贵阳历史文化格，主要表现在礼俗、节日、婚恋、社交方式、歌舞、工艺、饮食、服饰、乐器、建筑等方面。

（二）夜郎文化

夜郎文化是贵阳最古老、也是最有影响的地域文化。2000多年前，大史学家司马迁在《史记》里就做过记述：“西南夷君长以什数，夜郎最大。”可以说，那时候的夜郎国就是中国南方至少可与南越媲美的大国。夜郎人在以现今贵州疆域为主的喀斯特山地上开辟蒿莱，休养生息，艰苦创业、繁衍子孙。上承文化，至少从周朝时起，

便与中原文化有了往来（进贡丹砂、葵丘会盟），至西汉武帝年间，随着中原王朝实行的拓边开疆，大一统政策，此种交往更为频繁，形成了具有特色的夜郎文化。这正是文化产生发展的动态过程。贵阳市内的金竹、花溪、党武、燕楼、马铃等地，延至广顺一带，散布许多与夜郎、金竹安抚司有关的古村寨、古屯堡、古城堡、古洞堡、古寺庙、古墓葬、古战场等遗址，留下了神秘、奇特的古夜郎民风、民俗、民习。

夜郎国地处大西南一隅，相对于中原文化来说，其地理位置及文化环境都处于边缘的边缘。历史上中央政治权力常鞭长莫及，控制较小，长期实行羁縻政策或以夷制夷的土司制度，使夜郎人及其后裔创造的文化有了保存下来并得到发展的可能，因之具有自由的色彩及自在的原始形态。夜郎文化是在喀斯特山地上生长、发育起来的文化，因为生存环境及其生活条件的艰难，养成了夜郎人吃苦耐劳、坚韧，诚朴、热情好客的性格特点。又因为地处偏远，环境闭塞，致使夜郎人渴望了解外面情形，但作为弱势文化群体，对外来文化又不免高度警惕，有排斥心理。这就造成了夜郎文化既开放又封闭的矛盾心理，夜郎文化因为夜郎国灭，不少显性文化现象中断，或者流失，因此寻找、发现并诠释夜郎文化，成为众多学者与一般人都非常关心的问题。红岩碑、岩画、悬棺葬、套头葬、竹王传说、竹王城、各种奇风异俗等等，都带有神秘性。夜郎文化的神秘性十分引人入胜，颇能激起外面世界的好奇心。又因为它的唯一性，所以是贵阳文化资源中最引人注目，也最有卖点的旅游文化资源。近年来，随着考古发现，夜郎文化的余韵得以从尘封两千多年的谜团中渐渐显现，夜郎文化的品牌效应身价大涨，必将促进地方旅游、文化、经济的发展。

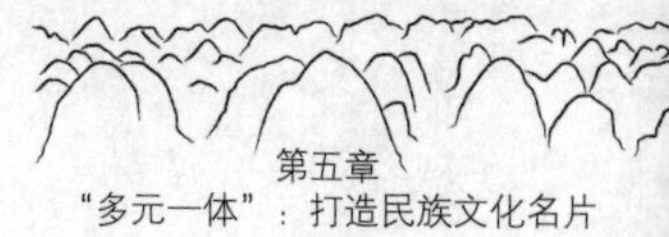

（三）传统历史文化

贵阳在长期的历史进程中，逐步形成了自己以儒学为主的“合而不乱，川流不息”主体文化。其特点是以文化输入为主，在不断吸引中原文化的碰撞中发展。始建于元代的文明书院，是贵阳最早的书院。自明朝贵州建省，贵阳成为省会城市起，文教渐开，政教设施逐渐完备。中原文化和文人源源进入。本地文士也逐渐成长，明朝宣德年间，有了举人、秀才，也有中进士者。明初一百多年即有一批文士崛起，其代表为王训、詹英、易贵等。明正德至万历期间，王阳明创办龙岗书院，并来贵阳文明书院讲学，他的再传弟子马廷锡建栖云亭，招徒讲学。贵州巡按御史王杏筹集资金，创建阳明书院。1539年，蒋倍建正学学院。1956年，王绍文建渔矶书院。清代这里又掀起了办书院的热潮，贵阳府共建书院13座，其中贵山、正习、正本三书院享誉全省，合称“贵州三书院”。

儒家思想是中国传统文化主干，而作为儒学发展高峰的王阳明心学，则创立于王阳明贬谪于贵州龙场的三年之中，龙场悟道，成为王阳明一生重要的转折点。阳明先生在龙场驿期间，留有玩易窝、阳明洞、三潮水、三人坟等遗迹，为弘扬历史文化，传承中华文明做出了贡献。贵阳市和修文县于1998年、1999年又先后新建王阳明纪念馆和阳明精舍，阳明先生诗文牌林的建设也已经启动。近些年来，修文县致力于把阳明文化从较高学术层面的研究引导为普通大众易于理解的文化旅游，围绕阳明文化和自然旅游资源，把打造“王学圣地、世外桃源”作为旅游开发的核心。1999年编制了《修文县阳明风景名胜区总体规划》，阳明文化开发建设被纳入贵阳市十五计划的重点项目，

2004年，编制完成了《贵阳市修文县旅游发展总体规划》，对阳明旅游的开发进行了规划。

（四）移民文化

贵阳的多数居民都是外地来的移民，数量最多的是汉族，包括苗、布依、侗等少数民族都是秦汉以后从中原及周边省区迁移而来的。

汉族迁徙至贵阳的历史久远，战国时期，楚将庄蹻的军队路过贵阳，湖北、湖南人进入贵阳地区，随后秦相张仪计取黔中地，掀开了贵阳崭新的一页。两汉时期，唐蒙开通南夷地，四川人陆续到来。元朝时期蒙古人、河北人、江西人也次第到来，并在土城内兴建儒学，寺庙，中原文化开始进入。

历史上有四次大规模移民贵阳，为贵阳的发展和历史文化带来根本性的转变。

第一次大规模移民始于明朝。明初为了平定云南，在贵州及贵阳的驿道附近遍设卫所、屯堡、铺哨。随后军屯、民屯、商屯汉人源源不断进入。

清朝是汉族移民贵阳的第二次浪潮，清初，“改土归流”进一步扩大，汉族移民继续大规模增加。移民中多为手艺人和商人。外省人的行帮会馆应运而生。典当行为晋陕两省人控制，杂货业在1875年已形成京、苏、川、广四帮。清末贵阳已有湖南、四川等11所外省会馆。

抗日战争时期，汉族移民贵阳成为第三次高潮，流亡而来的平民、商人、老师、学生、文学艺术工作者及随工厂随迁而来的工人，

各种移民迅猛增加。1937年，贵阳人口12.1万多人，1945年增加到28.5万多人。

1949年，人民解放军南下、西进，大批原籍晋、冀、鲁、豫、赣的官兵留在了贵阳。新中国成立后，数十万支援贵阳建设，三线建设、支边、支黔等等，一大批干部、军人、知识分子、工人、青年学生等建设的主力军进入贵阳，人口激增。并相继建设了配套的电子、机械、冶金、化工、建材、煤炭、电力、轻纺等管理部门、科研院所和大批大中型企业，这成为移民贵阳的第四次高潮，这次移民也为今天贵州倡导弘扬的“三线文化”积淀了坚实的文化基石。

作为贵阳历史文化重要部分的移民文化，是贵阳宝贵的文化资源，对贵阳的开发，社会经济、文化教育等方面的发展，起到了极其重要的作用。贵阳历史上的四次大移民，不仅迁移人数众多，还带来了当地的文化。其中影响较大的有江浙文化、中原文化、楚湘文化、巴蜀文化等。

（五）文物、名胜古迹及宗教文化

贵阳历史悠久，文物古迹遍布各处，太慈桥、猫坝、乌当、观山湖、开阳等处新石器时期文化遗址，就是先民们在此生活的足迹。建于明万历二十六年（1598年）的甲秀楼，是贵阳的象征，与旁边的翠微园古建筑交相辉映，构成贵阳城南一大人文山水景观；建于明万历三十八年（1610年）的文昌阁，是中国迄今发现的唯一一幢拥有三层三檐不等边的“九角攒尖顶”的木结构古建筑，结构独特，具有较高的工艺水平和研究价值。

自唐宋以来，贵阳民众信奉的宗教主要为佛教、道教、伊斯兰

教、天主教、基督教等。五大宗教传入贵阳的时间依次为：佛教约唐宋时期，道教为元朝，伊斯兰教为元明时期，天主教为明末清初，基督教为清末时期。几大宗教聚集贵阳，和平共处，并有较好的发展，显示了贵阳民众宽容心态，不排斥外来文化。宗教场所的建筑也融会各方特色，如建于清康熙十一年（1672年）的黔灵山弘福寺，被称为贵州佛教第一大丛林；建于清嘉庆三年（1798年）的贵阳北天主教堂，是全国少见的融汇中西建筑特点又更富于中国古建筑特色的教堂，以其建筑、绘画等文化内涵及形式别致、雄伟壮观而驰名中外。据历史文献记载，贵阳市文物古迹有33处，都各具观赏和研究价值。

（六）地域景观文化

贵阳位于贵州中部乌江支江南明河上游，境内地势起伏，南北多高山台地，中部为丘陵河谷，平均海拔1250米。喀斯特地貌千姿百态，是其复杂多样的地形特征。这里山青水碧，洞奇石秀，林木葱郁，飞瀑流泻，构成了雄奇秀丽的自然景观。经过几十年的开发建设，贵阳市已形成以城区各园林景观为主体，连接郊区各具特色的地域景观，“贵在城边，美在自然，重在特色，优在综合。”市内，有群峰挺秀，泉清树古的黔灵山；有林木繁茂、曲径幽深的森林公园；有怪石嶙峋、奇异多姿的南郊公园；有小巧别致、精心雕琢的河滨公园。近郊，有山环水绕、风景如画的花溪山水；有风格典雅、景色秀丽的白云公园；有波光粼粼、群岛流翠的百花湖以及息烽温泉、乌当温泉；天河潭景区更是洞奇水秀，田园风光，景色迷人，汇集了古今水车文化之精粹，修文六广河风景区、开阳紫江峡谷独具一格，蔚为壮观。被誉为“高原明珠”的红枫湖国家级风景名胜流光溢彩，

美不胜收。贵阳还拥有国内少见的百里环城林带和水质优良的高原湖泊群。

美丽的自然风光、真山真水与自然植被融为一体，形成了独具特色的贵阳地域景观文化。贵阳地域景观的特点是景点多、分布广、品类全。在全市8万平方公里的土地上，数百个景点荟萃，遍布市内五区及一市三县，有生态景观、自然风光景观、文物古迹景观、民族村寨景观等，可谓处处是景。贵阳市现拥有红枫湖国家级风景名胜区；花溪公园、百花湖、修文阳明洞、息烽温泉为省级风景名胜区。贵阳四大最负盛名的文物景区——甲秀景区、达德景区、文昌阁景区、扶风景区，均为省级文物保护单位，景区内广植名贵树木，修缮亭台小桥，收藏和收集贵阳历代图片、文物、碑刻、文史资料等。特别是阳明祠、文昌阁、达德书院、甲秀楼翠微园还成为收集历代木雕、当代奇石和蜡染的博物馆。这些凝结着古代和当代文化的资料、作品及文物，与精美的建筑造型成为文物景区的镇阁之宝。

目前，贵阳还凭借山环水绕、跌宕多姿、风姿绰约的地域景观，多渠道、多方面广纳资金，开发新的风景区。主要为：南江峡谷、紫江地缝等一批景点，其中预计投资10亿元以上的息烽西望山、乌江峡两个景区有望打造为世界一流景区。西望山以神奇秀美的自然风光和博大精深的佛教文化著称，自明末清初由语嵩和尚开山以来，香火日盛，迄今已逾350多年的历史。乌江峡景区是以自然景观为依托，以红军突破乌江的传统革命教育题材为主线，让游客在观赏景区的同时触摸历史，重温艰苦卓绝的革命历程，探索自然界的神秘。同时将开阳南江大峡谷建成高品位的喀斯特生态旅游区，将花溪建成以休闲、度假、自然风光和民族风情观赏为主的国家级旅游度假区。

（七）革命文化

鸦片战争之后，随着“中学为体，西学为用”的兴起和洋务运动的发展，西方文化传入我国，同时也传入贵阳。同东部沿海地区相比，西方文化在贵阳的传播是缓慢的，但在资产阶级民主主义和科学救国思想等方面，也唤起了贵阳人对几千年封建统治的反抗。贵阳还是一座具有光荣革命传统的城市，19世纪末，在北京600多士子举人“公车上书”要求变法，其中40多人是贵阳人。20世纪初，贵阳领风气之光，举世瞩目。达德学校开办时间早于天津南开学堂。贵州一次性派送151人留学日本。辛亥革命时通电全国反袁复辟的六省市之一。1911年10月10日武昌起义后，11月4日贵阳宣布独立。这段时期的代表人物有维新变法的积极支持者李端棻，为中国近代教育制度的创始者；有经世学堂的创办者严修，贵州辛亥革命的领导者平刚；有艺术大师姚华；还有社会教育家黄齐生。华之鸿的“文通书局”成为全国七大书局之一。他们代表着贵阳的文人学者在历史变革的大潮中贵阳当时的先进文化。贵阳的一些青年学子在他们的影响、教育下，走出大山，远涉重洋，学成归国成为某些学科的创始人和带头人。1935年至1936年，中国工农红军长征途中，在贵阳城郊许多地方留下了足迹，至今在花溪、乌当、息烽、修文、开阳、清镇等区县（市），还保留有红军写下的标语、文物、红军作战遗址及红军烈士墓。传奇英雄钱壮飞就牺牲在息烽县流长乡的乌江边上。为摆脱国民党军队的前后夹攻，红军还一度兵临贵阳城下，出奇制胜地取得了战略主动权。

由国民党军统局在抗战时期所设的息烽集中营，先后关押中共党员、爱国民主人士、爱国将领及其他“政治犯”共1200多人，是军统特务最大、等级最高的一所秘密监狱。1988年1月13日息烽集中营旧址被国务院批准为全国重点文物保护单位，1997年列为全省爱国主义教育基地，成为革命历史纪念馆。自1997年以来，已接待全国各地游客100多万人次，体现了文物一保二用的方针。目前，为把息烽集中营旧址保护建设好，更好地发挥爱国主义示范基地的作用，市委、市政府已投入上千万元资金启动纪念馆二期扩建工程，再建了一批纪念活动场地、纪念馆和停车场等有关设施。届时，息烽集中营旧址必将成为贵阳红色旅游的一个更加引人注目的亮点。

三、贵州民族文化的保护与传承

（一）民族民间工艺品及其手工技术的保护与传承

贵州有许多少数民族传统工艺，如苗族的银饰、蜡染、播娜摩簸箕画、苗族刺绣挑花、水族的马尾绣等，这些少数民族工艺品设计感强，时而瑰丽、时而清秀，惊艳世人，丰富的民族文化资源在助推贵州文化繁荣发展过程中发挥了独特优势和积极作用。为大力传承和弘扬我省民族民间优秀文化，政府提出了在开发中保护，在保护中开发的倡议，同时鼓励支持贵州参与国际民族民间艺术的交流，开展项目推介、产品展销和投资合作，提升民间工艺品开发设计水平和市场化进程，提升民族民间文化的影响力和竞争力。

自2006年以来，贵州省连续举办9届旅游商品“两赛一会”，成功探索“一项赛事带动一个产业”的发展模式。2015年，政府将“两赛一会”升级为“中国（贵州）国际民族民间工艺品文化产品博览

会”。中国（贵州）第一届国际民族民间工艺品文化产品博览会——贵阳市民族民间工艺品设计大赛、能工巧匠选拔大赛和民族民间工艺品旅游商品汇展在贵阳拉开帷幕。以博览会为平台，举办“民族民间工艺品设计大赛”“能工巧匠选拔大赛”“妇女特色手工技能大赛”“国际工艺品比赛”“书法绘画大赛”等系列赛事，充分展示多彩贵州千姿百态、历史悠久、独具特色的民族民间文化，推进民族民间工艺品的保护、传承及科学合理的产业转化，以此带动大众创业、万众创新。同时，搭建国际性交流合作平台，积极融入国家“一带一路”战略，广泛吸引世界各国优秀民族民间工艺品文化产品参与“民博会”，共同推动世界民族民间工艺品文化产品发展。

（二）民族地区的语言文字的保护与传承

从民族语言来看，贵州省是多民族多语言的省份，是全国民族语文工作面较广、任务较重的省份之一，民族语言多属于汉藏语系，主要有藏缅语族、苗瑶语族和壮侗语族，其中：属汉藏语系苗瑶语族的语言有苗语、瑶语；属于壮侗语族的语言有壮语、布依语、毛南语、仫佬语；属藏缅语族的语言有彝语、白语和土家语等；属汉藏语系而语族未定的有畲语和仡佬语；属阿尔泰语系的语言有蒙古语和满语。总的来看，贵州少数民族语言种类繁多，保留较为完整，因而被语言学界称为民族语言的“富矿”省，语言使用情况较为复杂，大部分民族使用两种以上语言。少数民族不通汉语的情况较为普遍，在17个世居少数民族中，除土家族、回族已转用汉语外，其余仍保留和使用本民族语言。苗、布依、侗、彝、水等民族还有本民族文字。在全省1600多万少数民族人口中，有900多万人以本民族的语言为第一交际

语；有500多万人不通汉语（主要是妇女和儿童）；半通汉语的有200多万人；民汉语兼通的有200余万人。

在贵州省世居的少数民族中，由于历史等方面的原因，除彝文曾作为本民族的传统文字而通行于"古西南夷"地区并传承下了浩如烟海的彝文古籍文献及其近年发现并正在组织抢救的水族的"水书"外，其他民族有自己的语言而没有本民族的文字，使少数民族的发展受到极大的限制，民族地区生产力水平低下，少数民族的重大历史事件、优秀传统文化等只能靠口耳相传，因而导致失传、讹传的现象比较严重。严重制约和影响了本民族优秀文化的传承和发展。

新中国成立后，中国共产党和中央人民政府高度重视少数民族的语言文字问题，在新中国成立伊始，百废待兴的情况下，不惜花费大量的人力、物力组织专家学者为包括我省苗、布依、侗等三个民族在内的十多个少数民族创制了以拉丁字母为基础的拼音文字并批准试验推行，从而使这些民族结束了结绳刻木记事和没有文字的痛苦历史。贵州省人民政府于1996年同意苗、布依、侗这三种文字作为正式文字推行。有了本民族文字的少数民族无不为之欣喜，都用本民族最隆重的礼仪来庆祝民族文字的诞生。

贵州省民族语言保留得较为完整，各民族人民之间，你中有我，我中有你的既相互交流，又相互影响的多元文化，不愧为我省，乃至我国和世界的文化瑰宝，在绚丽多彩的中华民族文化和世界文化遗产的传承和保护等方面做出了应有的贡献。如《苗族古歌》的搜集和被称为"东方迪斯科"的"苗族反排木鼓舞"及其芦笙舞；布依族的《布依族古歌》、"八音盒""好花红"；侗族的《侗族大歌》及其用多声部演唱而享誉世界乐坛的"侗族大歌"；数以千万字的彝文古

籍文献《西南彝志》《彝族源流》的翻译整理出版和被誉为水族的“易经”“圣经”“百科全书”的水书的抢救；等等，都是民族语文所发挥的不可替代的积极作用之结果。为中华民族和世界民族文化史写下了光辉的一页。

（三）民族音乐的保护与传承

贵州民族地区各民族在不同的生存背景下孕育了风格各异的民族传统音乐文化。贵州少数民族地区可以说是“歌的故乡、舞蹈的海洋”，具有丰富的民族传统音乐形式，是我国音乐文化资源中相当丰富和宝贵的财富。

贵州少数民族地区传统音乐形式多种多样，各个民族也不尽相同。苗族的传统音乐形式众多，主要有苗族的贾（古歌）调、飞歌调、劳动号子、情歌调、酒歌调、丧歌调、叙事歌、儿歌、苦歌、时政歌等，还有苗族的芦笙舞、吹芦笙等众多的音乐艺术形式。侗族则以侗族大歌最为著名。大歌——侗语称“嘎老”，“嘎”就是歌，“老”具有宏大和古老的意思。它是一种参加演唱人数众多、来源十分久远的多声部、无指挥、无伴奏、自然和声的民间合唱音乐。侗族大歌是最具特色的中国民间音乐艺术，也是国际民间音乐艺苑中不可多得的璀璨明珠。

如今，生活水平的提高带动着当地人的生活方式逐步向城市化趋近，而其原有的生产、生活习俗也在悄然蜕变，一些传统的芦笙曲目和芦笙舞蹈也随着老辈人的逝去而失传。在贵州少数民族地区，这种现象的具体事例不胜枚举，许多少数民族的音乐文化已到了濒临消亡的局面，如何对其实施保护已是迫在眉睫的文化发展大事。

贵州少数民族在经济发展在外来音乐文化的冲击下虽然会受到很大的影响，但是决不会就此消亡。在快节奏的城市生活中少数民族音乐就像一眼清澈的泉水源源不断，沁人心脾。它们一旦融入了时代的元素便会成为歌曲经典并广为传唱，受到广大人民的喜爱。比如，苗族民歌《龙船调》《苗岭的早晨》等都是人们喜闻乐见的歌曲。少数民族音乐开始找到了民族传统音乐与时代的融合点，在现代乐坛中也占有了一席之地，为自身的发展迈开了新的步伐。当地民族同胞良好的继承、少数民族研究者不断对其开发和保护、国家制定相应的政策和措施对其进行保护和发展，多管齐下，少数民族传统音乐艺术必定能茁壮成长，枝开叶茂。

第二节　民族文化贵阳行

“天下山水之奇聚于黔中”，侗族、苗族、仡佬族、羌族、白族、水族等少数民族各自不同的民族传统节日、民族习俗、民族民间艺术、民族民间手工艺，使得贵州民族文化资源丰富，文化魅力无限，可称“十里不同风、五里不同俗、一山不同族”。作为贵州的文化中心，贵阳的民族文化丰富多彩，蔚为大观。本节以民族节日、民族歌舞、民族服饰、民族建筑、民族工艺、民族饮食、民族旅游点为基本分类，对贵阳民族文化的具体内容一探究竟。

一、民族节日

贵州民族传统节日的一个重要特点，是节日次数多，同是一个民

族，同样一个节日，由于地域不同，其时间、名称、内容也有差异。据不完全统计，一年之中，全省有各民族节日集会1046次。其中按民族可分为苗族651次、布依族171次、侗族84次、水族43次、仡佬族11次、回族13次、彝族23次、瑶族2次，其他民族48次。贵州民族节日可概括为季节性、纪念性、祭祀性3类，季节性节日多为庆祝丰收，祈求丰收等；纪念性节日为纪念历史事件或英雄人物的动人传说；祭祀性节日多为民俗信仰。贵州民族节日活动主要有对歌、跳芦笙、射箭、斗牛、斗鸡、摔跤、登山、划船、耍狮、舞龙灯数十种，贵州民族节日主要有以下几大类。

（一）三月三

“三月三”又叫“地蚕会”，是布依族传统节日，为祭祀地蚕，将炒熟的玉米抛撒在山坡上并唱山歌，以祈求庄稼丰收。现在，“地蚕会”已演变成“三月三”歌节。每年农历三月初三，贵阳及邻县的布依族群众便云集乌当区新堡乡，或登台亮相放喉赛歌，或步入密林以木叶传情对歌，或男女结伴沿河水欢歌。唱到情投意合处，双双消失密林深处。

新堡布依族乡在贵阳北郊，距城30多公里，山清水秀，风光旖境。乡民古朴的木房沿山势排列，临溪而居，几乎家朱门前有小水碓房碾纸浆，有小作坊造土纸，散发着浓郁的文化气息。

（二）四月八

“四月八”是贵州、湘西、桂北等地的苗、布依、侗、瑶、壮、彝、土家、仡佬等少数民族的传统节日。各地节日内容不尽相同，其

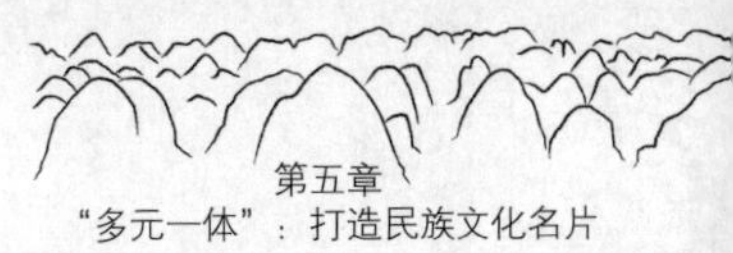

中，规模最为宏大、场面最为隆重、影响最为深远者，当首推贵阳市苗族的"四月八"庆祝活动。

关于贵阳苗族"四月八"由来传说甚多，其主要说法之一是贵阳原是苗族住地，苗语叫"格罗格桑"。五代时，有个叫杨立信的庐陵人，在争夺"格罗格桑"战争中，于四月初八日战死，葬于今贵阳喷水池附近。千百年来，每年这一天，贵阳市及邻县苗族群众，家家户户做乌米饭，男女青年，汇集喷水池进行纪念活动，凭吊苗族英雄。

如今，贵阳的"四月八"已成为贵阳及其附近苗、布依、侗、壮、水、仡佬、汉等民族共同狂欢的节日，成为展示民族传统文化的盛典。每年农历四月初八这天，贵阳市及邻县的苗族群众都要身着民族盛装，来到云集贵阳市中心喷水池一带。他们吹响芦笙、箫笛，唱着山歌，跳着苗家舞蹈，欢度自己的传统节日。少数民族男女青年还借此机会，通过自己饱含深情的舞姿与歌声寻找意中人。

"四月八"发展至今，不仅是贵州苗族的传统节日、政府有关部门扶持的、各民族大团结的狂欢盛会。贵州民族事务部门也将"四月八"前后的一周定为"民族团结周"，举行盛大的庆祝活动，使"四月八"成为民族服饰展示会和民族商贸交易会。

（三）六月六

"六月六"是贵阳布依族重要的传统节日。每年农历六月初六，贵阳市及邻县成千上万的布依族群众便邀约相会于风景秀丽的花溪河畔，穿密林，绕花间，乘游船，吹木叶，唱山歌，尽情欢度佳节。男女借机向意中人表达爱慕之情。

"六月六"的缘起，有这么一个传说：很久以前，一位美丽的

布依族姑娘绣了一幅花开锦绣、香飘长天的青山秀水图。魔王见此宝图，顿起贼心，前来抢夺。姑娘和众乡亲苦战七天七夜，终因力量悬殊，六月初六这天，眼看宝图就要落入魔王手中，姑娘急中生智，将图抛向空中，宝图即化为花溪的青山秀水，魔王被气死化为一堆乱石，沉入花溪河底。此后，为了纪念这位造就花溪秀美山川的布依姑娘，每年六月初六，人们汇集于花溪河畔，载歌载舞，以表敬意，久而久之，便形成了名扬省内外的“六月六”歌节。

（四）火把节

火把节是彝族的狂欢节，“火把节”一般在农历六月二十四至二十六晚上举行，是彝族盛大的节日。届时要杀牛、杀羊，祭献祖先，有的地区也祭土主，相互宴饮，吃坨坨肉，共祝五谷丰登。火把节一般欢度3天，头一天全家欢聚，后2天举办摔跤、赛马、斗牛、竞舟、拔河等丰富多彩的活动，然后举行盛大的篝火晚会，彻夜狂欢。

当夜幕降临后，人们挥动火把，成群结队绕村串寨，翻山过田，互相往对方的火把上撒松香粉，打火把仗，满山遍野照耀得如同白昼。照彝族的习俗，在火把上撒松香粉，使火把“嘭”地腾起一团绚丽的火花，并扬起一股香气，是表示一种美好心愿：后辈对老辈撒，是尊敬，祝福长寿；长辈对晚辈撒，是爱抚，祝愿吉利；同辈互撒，是亲密友爱；青年男女互撒，则是恋爱的开始。

第一天祭火：这一天，人人穿着自己心爱的礼服，高高兴兴。村村寨寨都会宰牛杀羊，摆好宴席，五花八门的肉，又香又甜的酒，这些香味芬芳四溢，把它敬神，神也会赞不绝口。夜幕降临时，临近村寨的人们会在老人们选定的地点搭建祭台，以传统方式击石取火点燃

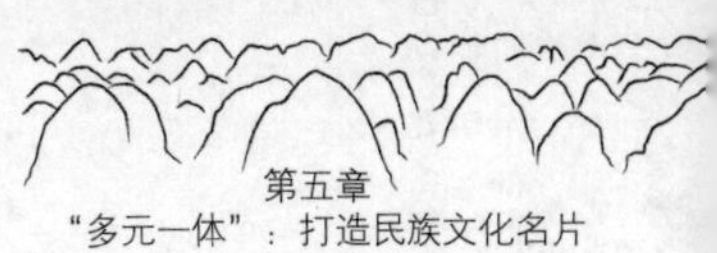

圣火，由毕摩（彝族民间祭司）诵经祭火。然后，家家户户，大人小孩都会从毕摩手里接过用蒿草扎成的火把，游走于田边地角，效仿阿什嫫以火驱虫的传说。

第二天传火：这一天，家家户户都聚集在祭台圣火下，举行各式各样的传统节日活动。小伙们要效仿传说中的阿体拉巴，赛马、摔跤、唱歌、斗牛、斗羊、斗鸡。姑娘们则效仿传说中的阿诗玛，身着美丽的衣裳，撑起黄油伞，唱起“朵洛荷”、跳起达体舞。在这一天，最重要的活动莫过于彝家的选美了。年长的老人们要按照传说中阿体拉巴勤劳勇敢、英武神俊和阿诗玛善良聪慧、美丽大方的标准从小伙姑娘中选出一年一度的美男和美女。夜幕降临，一对对有情男女，在山间，在溪畔，在黄色的油伞下，拨动月琴，弹响口弦，互诉相思。故也有人将凉山彝族国际火把节称作是“东方的情人节”。

第三天送火：这是整个彝族火把节的高潮。这一天夜幕降临时，人人都会手持火把，竞相奔走。最后人们将手中的火把聚在一起，形成一堆堆巨大的篝火，欢乐的人们会聚在篝火四周尽情地歌唱、舞蹈，场面极其壮观。故也有“东方狂欢夜”之称。

（五）吃新节

每年农历七、八月间，贵阳市红枫湖畔的仡佬族村寨都要举行活动，庆祝丰收的传统节日——吃新节。

吃新节是仡佬族在稻谷黄熟之际，选择吉日“吃新”“尝新”，他们摘取新熟的稻谷，瓜果等祭祀祖先，以庆祝五谷丰登。

在活动中，仡佬族村寨的人们要摘取田里最大、最长的三穗稻谷，两穗玉米，拿回家挂在灶上，同时还要进行丰富的歌舞表演和敬

酒、祭祖等活动。

（六）斗牛节

贵阳市郊农村的斗牛，不像西班牙是人与牛斗，而是牛与牛斗的一项农闲娱乐活动。斗牛的时间是在插秧之后，收获之前的农历六月至八月之间，地点主要是高坡、孟关两个乡。

平常每个苗寨都养一头膘肥体壮的大水牯牛，这头牛不从事生产劳动，专门养作比赛用，到比赛的前几天，要吃嫩草和糯米饭，比赛时还要装扮起来。当地称即将上场参赛的大公牛为“巴郎”，为预祝巴郎胜利，本寨及外寨的亲朋好友均要请巴郎的主人喝酒，叫“喝巴郎酒”，意在壮行。

斗牛场一般选在四周为缓坡中间是平地的地方，便于人海观望。比赛这天，“踩场”是群牛激战的精彩序幕。铁炮声响过，巴郎牛头系红布，被牵到斗牛场上，背披亲友赠送给主人的一床床被单，在众人的簇拥下绕场一周，唢呐昂扬，爆竹震天，气氛极为热烈，场面极为壮观。由有声望的寨老致辞，把酒洒在斗牛场上，再取下牛背上的礼品，踩场结束。

斗牛开始，铁炮冲天，喊声震地，锣鼓齐鸣，鞭炮声、吆喝声响成一片。两头水牯牛头顶头相斗，蹄飞角撞，各使绝招，打得难解难分，声浪滚滚，群情激昂，节日气氛达到高潮。斗牛酣战以后，或成平局，或一胜一败，宣告结束。获胜的牛属于苗寨，要给牛披红戴花，还要“封王”，敲锣鼓，吹芦笙，跳起欢乐的舞蹈，为“牛王”凯旋庆贺。

（七）杀鱼节

杀鱼节是开阳高寨苗族布依族乡苗族同胞一个隆重而盛大的活动，带有浓厚的原始群居狩猎的生活遗风，在每年清明前后进行，苗语叫“停米”，原意是用石块、木棒打鱼的活动。

杀鱼节活动首先要推举“约头”。约头是苗寨中有一定威望的人，责任是确定活动日辰，制定并执行活动纪律，号令沿河两岸（南明河下游开阳段称清水江）的苗族同胞参加活动，并主持仪式等。杀鱼节没有固定的日子，而是在每年清明前后，“约头”按十二生肖属相来推算决定日辰，一般是逢“鸡”和逢“虎”的日子举行，习惯称为杀甲子。规定日子后，风雨无阻，到期必来参加，不得失约。每人一杆鱼叉，一包由化香树叶捣成的药泥。活动中如有遇险者要众人抢救，如果两人同时叉着一条鱼，不论大小，从中两段，各得一半。

杀鱼节前一天，沿河两岸的开阳、龙里、贵定、福泉四县苗寨，家家户户上山采摘化香树叶，将其用碓捣成闹鱼的药泥，男子汉们修整五齿倒钩鱼叉，老人们烧香燃烛祭祖，妇女们则忙着磨豆腐，做面肉，准备好第二天的“亚米”（鱼饭）。

节日当天，四县苗乡倾巢出动，男人们肩扛鱼叉和药包，妇女们身穿盛装，挑着米酒和鱼饭，男女不能同路，男走上水，女走下游，从条条山路汇集到江边，沿河两岸人头攒动，叉杆如林。在“约头”的指挥下，将成千上万包药泥分别堆码在河中的礁石上，下午三点左右，“约头”手抓药泥，口中念念有词，念一段咒语，将一把药泥抛向江中，如是这般，仪式完毕，“约头”高呼一声“放”，几万斤药泥同时推入江中，清水江瞬间变成一长“黑龙”奔腾而下。江水中的

鱼被轻度麻醉的药水闹昏，失去自控能力，漂浮水面，此时早已守候在江岸上手持钢叉的男子汉们飞叉而去，一条条大鱼被杀中，此时，群情激昂，欢呼四起。杀鱼者追逐着“黑龙”逢岩爬岩，逢坎跳坎，如履平地。十里河滩，如十里古战场，杀声震天，壮观异常。黄昏时分，杀鱼的人们肩挑大鱼，带着胜利的喜悦陆续来到传说优美的姊妹岩下。这里，媳妇和姑娘们早已摆好了鱼饭和米酒，一个盛大的野餐场面展现在眼前。一圈一圈，一堆一堆的人群，如一朵朵盛开的刺藜花，人们相互敬酒祝福，热闹非凡。年轻小伙子和姑娘们则尽情山歌，叙衷肠，巩固他们的爱情。夜幕降临，满河的火把，原来是余兴未尽的人们还在杀“火把鱼”。

（八）拦门酒

布依寨子里的年轻布依姑娘们穿戴华丽的服饰，在寨子门口等待着远道而来的客人，这里正举行布依寨独特而盛大的欢迎仪式——拦门酒。拦门酒是布依族人自己酿造的米酒，度数不高但后劲很大，用牛角盛满，客人走上前就要一气喝完，喝的时候不允许客人有任何的推辞表现，客人喝酒时千万不要用手扶牛角，那样布依族同胞会认为你还想喝，于是就会给你灌上第二杯拦门酒。许多号称海量的朋友就是因为不明其中原因，而还未进寨门便一觉睡过时间，错过了布依寨做客的好机会，拦门酒之名也因此而来。

（九）跳场

源远流长的贵阳跳场文化就是贵阳市苗族的庆典活动，内容丰富多彩，其讲究很多，体现了特有的民族风情和人文精神。

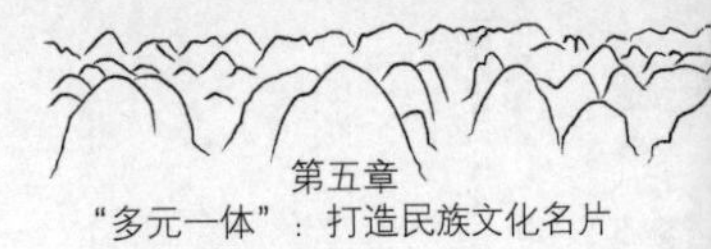

跳场，作为贵州省贵阳市周边苗族的庆典活动，有效地把苗族中各个不同的分支联系起来，不仅作为单纯的娱乐庆典，更重要的是成为苗族之间维持感情关系的纽带。每年农历2月14—16日就是苗族自发的跳场活动的时间，举办地一般是转转场，如乌当区东风镇的石头寨，就连续举办三年。

也就是说，每隔三年的举办地都在不同的苗族聚居地举行，相关的费用由举办地负责。每年这个时候，苗族同胞就会自发的来到举办地，带着芦笙唱着歌跳着舞与族人一同欢庆节日。因为这样的节日会有许多的苗族同胞参加，跳场活动也是年轻的苗族小伙子向苗族姑娘求爱的好机会，所以，跳场也可以说是苗族的“情人节”。

跳场有各种不同叫法，如跳厂、跳布、跳月、跳花场、芦笙会等等。苗族在春节中，跳场又是一个不同于汉民族和其他民族过春节的特殊形式。跳场，虽然大多数集中在农历正月上半个月，但也有延续至二月上旬举办的。贵阳地区的苗族跳场场址，主要分布在三个郊区，其中花溪区的有桐木岭、石板镇山、磊庄；乌当区的有东风石头寨、罗吏、高寨，以及白云区的都溪等。

跳场的地点（场址）称作花场——一个很大的草坪或土坝子。各地场址也有大小之分，有的场址一个苗族支系要接连跳上三天，有的只跳一至两天。人们把前者叫大场，后者叫小场。上述桐木岭、石头寨、都溪等场为最大，每年来跳场的人数都在三万以上，除本市各区乡的人之外，还有邻近的开阳、龙里、惠水、清镇等县的苗族同胞来跳场。

按传统习惯，跳场第一天是踩场，第二天是正场，第三天是扫场。踩场要举行隆重的踩场仪式。首先在寨中安放一张八仙桌，上面

供奉丰盛的祭品，主事者燃烛点香、烧钱化纸，一是祭奠列祖列宗，二是敬奉天地神明。意在祈求神明护佑，祈愿风调雨顺、国泰民安、五谷丰登、六畜兴旺等。

在跳场活动中，服饰穿着是其中一个十分重要的内容。女青年与其父母亲尤其重视这种机会。他们通过本民族这种最富丽堂皇的民族装扮来“亮家底”，既具有告慰祖宗的含义，更重要的是通过这种方式择偶。男女青年服装都讲求“新”，尤其是女性，绣花衣服是崭新的，在上面用反针挑绣花纹细微精美的种种花样图案。

每一天的芦笙舞都要跳到日落西山、晚霞满天，夜幕降临时，在花场近旁的田边地头、岩畔溪旁，男女青年三五成群，或双双对对正在欢声笑语中吐露心曲，这正是男女双方约定百年之好的重要时刻。

二、民族歌舞

（一）花灯

花灯是贵州民间举办的一种载歌载舞的文娱活动。正月十五晚上，悬挂彩灯进行这种活动。民间称为“玩花灯”“唱花灯”“跳花灯”或“花灯”。民间过年风习的民谚称为“三十夜的火，十五夜的灯”。

花灯大约是在明朝初年，由来自江南及中原、留在贵州驻守和屯耕的军士们传入贵州。到清朝时期，花灯在贵州已经十分流行。

贵州花灯包含花灯歌舞和花灯剧（戏）两种艺术形式。花灯歌舞（俗称“地灯”“锣鼓灯”或“锣鼓转”等）较简单、短小，无完整

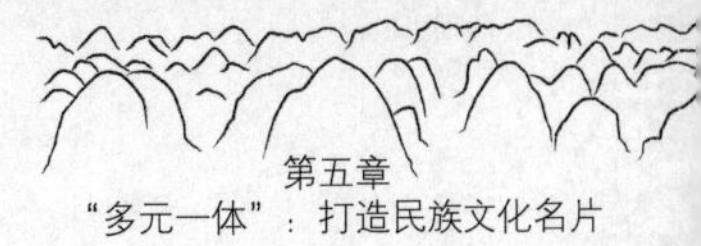

戏剧情节，主要是抒发某种感情或说明某件事理。表演时，演员一定要手执扇和手帕，载歌载舞、歌舞结合。有时，还要插进韵白（俗称“拉白”）、对唱、轮唱、齐唱、合唱等。

贵州省花灯剧团1957年设立，1961年增设艺术委员会，2003年经文化厅、贵州省编委批准贵州省花灯剧团·贵州省民族乐团成立。代表剧目有《月照枫林渡》《喜事成双》《哑姑泉》《乌江云巴山雨》《枫染秋渡》等。《月照枫林渡》获第二届全国戏剧文化奖最佳制作单位奖，《喜事成双》获第四届中国戏剧奖·小戏小品奖优秀剧目奖。

（二）芦笙舞

芦笙，是一种古老的竹木制簧管乐器，大的有一丈多，小的不及一尺，管的数目多的有10管，少则单管、双管，最常用的是6管，其音调可雄浑低沉，亦可清脆高亢。在苗族文化发展的历史长河中，苗族人民不仅把芦笙作为本民族的代表物，还把它融于舞蹈、音乐中。水、布依、瑶、彝等民族舞中，芦笙舞也甚为流行。周围皆是面对天然林木的村寨人们，将纹理顺直、质地松软、少疤节，外观呈纺槌形的杉木打磨，制成“芦笙”。用天然树木制作的芦笙，再由最淳朴的少数民族吹奏。山水天地间，仿佛人和自然已融为一体，难舍难分。

芦笙，是贵州少数民族特别喜爱的一种古老乐器之一，逢年过节，他们都要举行各式各样、丰富多彩的芦笙会，吹起芦笙跳起舞，庆祝自己的民族节日。芦笙迄今已有一千多年的历史。远在唐代时期，贵州少数民族人民就开始制作芦笙，并涌现了不少的优秀芦笙吹奏家。古代进京朝贡者，就曾带着芦笙到宫廷演奏过，得到朝廷官员

的高度赞赏。

芦笙舞现有曲百首，舞步百余种，其中最常用的有10多种。这些舞步节奏明快、粗犷热烈。芦笙舞男吹女跳，或男女自吹自舞，有的舞步吸收了苗族武术动作及高难度杂技动作，为人所喜闻乐见。芦笙舞成了贵州喜庆佳节必不可少的活动。

（三）猴鼓舞

猴鼓舞是贵阳市少数民族喜爱的传统体育活动项目之一，如今已成为每年桐木岭跳场时的开场节目。在山村，每年的“四月八”跳猴鼓舞已形成传统。跳舞时，要在场地中央摆上一个大上下小、长圆锥形的特制用大鼓，名曰“猴鼓”。根据场地的大小确定跳舞人数，一般是9至13人。身着民族服装的苗家后生吹响芦笙，围鼓边奏边舞。在芦笙舞曲声中，一名身着虎皮衣服的中年鼓师手持两支鼓槌，模仿猴子的动作，围着“猴鼓”欢跳击鼓。滑稽的动作、强烈的节奏与多变的舞步，使得观众欢笑不已，舞场气氛热烈非凡。

三、民族服饰

贵阳少数民族的服饰，不仅款式丰富多彩，制作技艺精巧，而且内涵深邃广博，堪称“无字史书”，它们是各个民族审美观念的体现，凝结着广大少数民族群众的聪明才智。

（一）汉族

中国唯一一个还在穿明朝衣服的汉族是贵州安顺的屯堡人。贵州

安顺地区屯堡村落的汉族服饰，有着独特鲜明的地域风格，它既不同于汉族的一般现代服饰，又有别于周边少数民族的服饰，保留着年代久远的汉族服饰遗迹。这些服饰昭示了汉族传统文化顽强的生命力，展现了汉族服饰丰富多彩的面貌。

（二）布依族

布依族服饰，男性式样简单，与汉族大致相同；布依女装青色调贯穿全身，大襟半长衣，衣身长近膝盖，穿长裤，衣绦和裤脚镶绣阑干，腰系绣花鸟围腰，头包青色巾如帽妆。青年姑娘则把头发编成发辫盘在头上，生育后改包青布包头，或“粑粑转”卷曲固定于后脑上，朴实、典雅，美观大方，显示了这个民族务实重农的心态。

（三）苗族

苗族的服饰以各种银饰为主要佩饰，苗家少女全身的银饰，重的可达8～10公斤，在她们眼里，银饰不仅是可避邪的神物，更可给人带来吉祥幸福，同时也是财富的象征。苗族女装各“支系”穿着不一。

绉绣、散绣、堆绣是苗族服饰特有的绣法。绉绣上衣花纹呈浮雕状，装饰效果强烈；散绣花纹十分精致漂亮；堆绣则指由各色三角绫子堆绣而成。用这三种绣饰方法制作的上衣均为盛装礼服，称作“花衣”，盛装花衣的前襟、后背、衣袖、下摆等位置钉缀各种形状的银片和银泡等装饰，因此人们称之为“银衣”。这种绣饰精美的银衣在我国民族服饰中是最为精美的。

苗族姑娘大都佩戴着錾有龙、双狮、鱼、蝴蝶、绣球、花草等纹样的银锁，这些银锁有“长命锁”“银压领”等名称，意在祈求平安

吉祥。

贵阳中西部一带的苗族女装，一部分衣为青色或藏青插银色的“贯首衣”，穿着裤，百褶裙、系围腰、围花腰带，头插银簪，颈戴银项圈、银锁；另一部分衣为青色流襟衽，衣袖平绣三道绚丽的花环，青白两色为基调的百褶裙，腰系镶花边围腰，头顶圆锥形头罩，插系红缨须木簪，展现了苗族姑娘的羞涩和文静。

贵阳西部一带的苗族女装由上衣、背牌、长裙、围腰组成，其中背牌是服饰中最重要的装饰品，颈戴银项圈，耳戴大钩银耳环，手戴银手镯，盘发饰以银簪、银梳等。装束花枝招展，犹如一簇鲜花令人赏心悦目。

贵阳东北部苗族女装衣饰为银泡，银须的黑色无领文襟衣，肩扯平绣背褡（传说是“苗王”的印），下穿百褶短裙，系围腰，用假发按真发盘头，外包蜡染青布帕，大如斗，饰项圈，长命锁，活泼、热情，使着装人的丽质展现得淋漓尽致。

苗族男青年亦有佩戴银饰的习俗，盛装时穿青色大襟衣、腰系花带，头缠包头帕，颈戴银项圈，胸佩银链饰或银牌。他们常年腰刀不离身，腰带上系着火药葫芦和牛角筒及银钩、荷包等物。

四、民族建筑

（一）甲秀楼

甲秀楼矗立在贵阳南明河中的万鳌矶石上，这块石头酷似传说中的巨鳌。甲秀楼始建于明万历二十六年（1598年），至今已有400多年

历史，它是贵阳历史的见证，是贵阳文化发展史上的标志。

明清以来，甲秀楼便是文人骚客聚集之处，高人雅士题咏甚多。现楼内古代真迹石刻、木皿、名家书画作品收藏中，清代贵阳翰林刘玉山所撰206字长联为一绝，比号称天下第一长联的昆明孙髯翁大观楼长联还多26个字。

甲秀楼是三层三檐四角攒尖顶阁楼，这种构造在中国古建筑史上都是独一无二的。楼高22.9米，飞甍翘角，12根石柱托檐，护以白色雕塑花石栏杆，翘然挺立，烟窗水屿，如在画中。登楼远眺，四周景致，历历在目。浮玉桥如白龙卧波，全长90余米，穿过楼下，贯通两岸。桥上有涵碧亭，桥下有涵碧潭、水月台，桥南有翠微阁，遥相呼应。甲秀楼分为三大部分：第一部分浮玉桥；第二部分甲秀楼主体建筑；第三部分翠微园，翠微园内新建的贵州少数民族传统服饰陈列院，收集收藏了贵州省苗族、侗族、彝族、水族、革家、土家族、布依族等民族传统服饰、手工刺绣品、民间蜡染数百余件，令人叹为观止。该馆所陈列展示的民族传统服饰和民族工艺品，是贵州少数民族文化艺术的体现，也是贵州各少数民族的骄傲。

甲秀楼是闹市中一处不可多得的清幽之地，景区内古色古香，景区外高楼林立，入夜后灯火辉煌，人影晃动，成为历史文化与现代文明的聚焦点，在现代文明中闪烁着历史的光芒。

（二）苗族木板房

贵阳的民族建筑就地取材，形式多样，苗族的木板房建造，大致有两种形式。一是全木质结构，用优质木材建造装修，五柱排立三间，一楼一底二层平房，建筑面积一般八十余平方米，青瓦盖顶，中

为正堂，用作迎客间，左为火堂，右为卧室，楼上主要堆放食物兼作卧室。房前右侧建厢房，一作关养牲畜用，一为炊厨间。房前庭院筑围墙，建造朝门，此种住房，在苗族村寨中仅是少数。另一种是木框架房，五柱排立三间，一楼一底，中堂四周用木板装成墙壁，其余房屋四周，用竹片编成墙壁，涂糊泥浆或牛粪，干后以石灰糊抹，茅草盖顶，少数也有用瓦盖的，这种住房构造，在苗族村寨中较为普遍。

（三）布依族石头房

布依族的民居建筑，形式多样，最具特色的就是它的石板房，其主要特点是，除了横檩是用木头外，其余全都是用方块石或者条石垒砌而成，房顶上面全盖的是石板，连房屋的窗棂也是用石头雕花装饰起来的，就地取材，不着任何雕饰，充分体现了人与自然的和谐。

五、民族工艺

（一）蜡染制品

蜡染是贵州著名的民间手工艺品，也是我国古老的传统印染方法之一。它是用蜡刀蘸上熔蜡描绘花鸟鱼虫、日月山川等图案于白土布上，经过染色后加温煮化蜡块而成，其图案多变、粗犷明快，古朴典雅。贵州蜡染的图案造型以行云、流水、花草、鱼、虫、禽、鸟、几何图纹为主，取材十分广泛，加之造型不拘一格，极富浪漫主义色彩。贵州是个多民族的省份，蜡染艺术风格亦多姿多彩，并因当地民族、地域的不同而各具特色。比如有的工整严谨，突出对称；有的以几何图形为主题结构，显得清新秀丽；也有的蜡染加红黄两色，使其色调深厚，层次更加丰富；还有的大蓝底白花上再用彩色丝线刺绣，就更加五彩斑斓，别具韵味。

棉、麻、丝、毛织物以及动植物蜡都是大自然中常见的材料。贵州少数民族将这些看似毫无关联的材料，巧妙结合在一起。“行云流水”是蜡染图案的创作源泉，少数民族们用“来自山水之物”记载“山水间美丽的瞬间”，这就是贵州蜡染的魅力之一。它具有贵州本土化意义，又通过人类的智慧，使它成了享誉国际的工艺品。蜡染完美地体现了贵州“以生态来制物”的精神。

（二）刺绣与挑花

刺绣与挑花，是贵阳传统民族工艺，具有各少数民族的风格特色：布依族的清秀、苗族的绚丽、水族的素雅、侗族的明快……以苗族的刺绣最为典型，图案多取材于自然景物，色彩丰富，针法精巧，美观大方，充满民族气息。

挑花是根据底纹布上的经纬线设计图案的装饰艺术，多为几何图案，构图严谨，富于节奏。花溪的苗族挑花以工艺精致著称，且在传统技法的基础上有所创新，在色彩、构图上更符合现代审美情趣的要求。

贵阳市花溪苗族挑花技艺在贵州苗族刺绣技艺中具有一定的代表性。据史书记载：苗族先祖九黎部落原居黄河流域，由于在与外族争战中多次败北，逐渐西迁，部分支系进入今贵州境内，其中一个自称为“谋”（他族称之为“花苗”）的支系定居在格洛格桑（今贵阳）。这个苗族支系原先主要用蜡染来装扮自身，后发现挑花色彩更

丰富，表现力也更强，便开始在蜡染图案底纹上进行挑花，挑花渐从蜡染脱胎，形成独特的表现手法和艺术语言。

（三）播娜摩簸箕画

播娜摩簸箕画是贵阳市的少数民族农民画，播娜摩，布依族语，指雄踞市郊的云雾山。一个个寻常的农家常用簸箕，经生花妙笔将花草虫鱼、飞禽走兽、日月山川、神州传说、人间趣事等绘制上去，便成为一件件古朴典雅的艺术品。播娜摩簸箕画洋溢着浓郁的乡情，极富民族特色。

“簸箕”是很多贵州人家中“必备之物”。少数民族将日日相对的日月山川、飞禽走兽，这些大自然最常见的画面，一笔一笔画在簸箕上。在“寻常物”上画“寻常景”，却造就了不寻常的簸箕画。簸箕本是生活中常用的物品，如今竟承载起“艺术”来。它自然凹陷的形状，构成绝妙的“立体画布”，少数民族将日夜生活画在上面。小小的簸箕，不仅承载着艺术，更承载着少数民族沉甸甸的智慧！

（四）原木艺术

原木艺术是以自然界中各种带表皮的木本、藤本及草本植物作为材料，因而作品既淳朴自然又具现代美感，表现出贵州地方原始文化远古、神秘、纯朴和粗犷的美学情趣。其作品有的气势磅礴，有的隽永深邃，有的活泼可爱。在贵阳市白云区设有原木艺术展馆。

六、民族饮食

（一）花溪牛肉粉

花溪牛肉粉发源于贵阳花溪地区，是贵州的一道特色名小吃，花溪牛肉粉其独特的汤料，由多种名贵中草药精心严格制作，做出的牛肉粉与众不同，汤鲜味美，肉香。吃过的人赞不绝口。

花溪牛肉粉选用上等黄牛，精制米粉，多髓牛骨，熬成鲜浓原汤，加上爽滑的蒸汽米粉，配以醇香的牛肉，添上开胃的泡酸菜，点缀以新鲜芫须，如果您能吃辣，加上贵州特有的香炒辣椒面，一碗热气腾腾、色香味俱全的牛肉粉跃然呈现。

花溪牛肉粉风味独特，受到人们的喜爱，除了品味以外，喝上一碗香气诱人、鲜味浓郁的牛肉原汤也是一种美味的享受，人们都把它当作早餐、午餐、晚餐、休闲食品，随时随地都在吃。花溪牛肉粉早在清代中叶就名扬遐迩。凡来花溪品尝过花溪牛肉粉的人，无不交口称赞。人们传说，冬至这天，全城老幼都要吃一碗牛肉粉，只要这天吃了牛肉粉，整个冬天都不冷。

（二）恋爱豆腐果

恋爱豆腐果是贵阳有名的汉族风味小吃。属于黔菜系。它由切成长方形小块的白豆腐，经适量碱水发酵后，放在有眼铁片上烤制并填料而成的。其中烤制方法有许多学问。制作时应将铁制烤床上抹油，且燃料是糠壳而忌用煤。煤火烤东西火力不均且带有煤焦味，用糠壳则避免了上述弊病又降低了成本。烤制时将铁制烤床上抹油，豆腐块

放在铁烤床上不停翻动，以免烤煳，而翻动中须加小心，以不损坏豆腐果外表为佳，烤至皮色黄亮即可。用小铲翻动豆腐果，并不时在铁制的烤床上抹一点油，既是为防止豆腐果粘连，又能使其表面光滑，色泽黄亮。

“恋爱豆腐果”是烤豆腐果的雅号，与抗日战争时期的一个浪漫故事有关。1939年，我国北部、东部、中部的大片国土已沦丧日本侵略军铁蹄之下，为进一步扩大侵略，日军还对西南大后方进行空袭。当时，贵阳也是他们袭击的重要目标。贵阳自被空袭后，警报频繁，有时一天几次。市郊东山、彭家桥一带是人们躲避空袭的藏身之地。彭家桥附近有一对年近半百的张华丰夫妇，在菜地里搭了数间茅屋，作为制造“烤豆腐果”场地，在这里做好的烤豆腐果拿到别处设摊和沿街叫卖。空袭开始后，这几间茅屋成了避空袭的场所，人来人往，十分热闹。张华丰夫妇因为空袭也不上街做买卖，他们发现躲警报的人往往腹中饥饿，又无法回家就餐，就将这几间作坊辟成店铺，向躲警报的人出售烤豆腐果。由于烤豆腐果速度快，吃起来简单，价格便宜，又能充饥，很快就打开了销路。

一般人吃豆腐果往往是解馋或充饥，吃完了便走。唯有一些热恋中的青年男女，却买一盘豆腐果，蘸着辣椒水，细嚼慢咽，谈天说地，一坐就是半天。还有一些青年，也经常在此相聚，逐渐谈起恋爱来。他们似乎忘记了空中的威胁，把张家店铺当成谈情说爱的场所，显得更加浪漫，一时成了街谈巷议的佳话。久而久之，人们常说吃烤豆腐果为吃恋爱豆腐果，张氏夫妇干脆就把烤豆腐果改名为“恋爱豆腐果”。这一浪漫很快影响到全贵阳的青年人，他们纷纷前来品尝。

抗战结束后，吃恋爱豆腐果的人仍有增无减，他们虽然没有过去

那样浪漫。但却饱尝了美味的小吃。以至于在今天的贵阳，恋爱豆腐果仍是当地名小吃，不仅深受当地人喜爱，而且还得到过往的外地人的青睐。

（三）肠旺面

肠旺面又称肠益面，是贵州极负盛名的一种汉族风味面食。在贵州众多的小吃中，以色、香、味“三绝”而著称，具有血嫩、面脆、辣香、汤鲜的风味和口感，以及红而不辣、油而不腻、脆而不生的特点。“肠”即猪大肠，“旺”则是猪血，加上面条，三者相加便相得益彰。“肠旺”是“常旺”的谐音，寓意吉祥。贵阳市区内各小吃街均有卖。

肠旺面始创于晚清。据说在一百多年前，贵阳北门桥一带肉案林立。桥头有傅、颜两家面馆，他们用肉案上的猪肥肠和猪血旺做成肠旺面，以招徕前来买肉买菜的顾客。两家面馆互相竞争，使肠旺面的质量不断提高，最后在贵阳卖出了名气。肠旺面之所以能独具一格，不仅因为它有滋味悠长的肥肠和血旺，还因为它有和肥肠、血旺一样重要的脆臊。说穿了，它用肥肠和血旺分别制成肠臊和旺臊，再用猪五花肉制成脆臊，然后用肠油、脆臊加辣椒油制成红油，由此而形成了肠旺面“三臊”加红油的基本特色。

（四）丝娃娃

丝娃娃别名素春卷，是一种贵阳街头最常见的小吃。乍听这名字，真吓人一跳，如同《西游记》中唐僧面对高徒拿来娃娃状的人参果大喊：“罪过，罪过！”丝娃娃因其形状上大下小犹如薄丝包的婴

儿，故而得名。

贵阳丝娃娃，其实用米面粉做成薄纸状小圆饼烙熟，将萝卜丝、折耳根、绿豆芽、海带丝、炸黄豆、糊辣椒等多种佐料，包在面皮裹成小卷食用，别名素春卷，它口感绵香四溢，极富特色。素菜脆嫩，酸辣爽口，开胃健脾等特色，让人回味无穷。

“襁褓”是用大米面粉烙成的薄饼，薄薄如纸却只有手掌那么大。再卷入萝卜丝、折耳根（鱼腥草）、海带丝、黄瓜丝、粉丝、腌萝卜、炸黄豆、糊辣椒等。在吃的时候，当然少不了注入酸酸辣辣的汁液。而这汁液是取决于味道优良的精髓，每家都有其自己的独门绝招。

贵阳市众多丝娃娃小食摊沿街而摆，颇具特色，每个摊拉得较长，一溜排的小凳子。摊位上摆满了各种各样的菜丝，有一二十个品种。菜丝切得极细，红、白、黄、绿等各种健康食材，色彩相间，十分漂亮。摊主会在食客面前摆一小碟薄饼和一碗当地口味的调料，让食客兑料，摊上的调料、白糖、酱油、醋、熟油等一应俱全。

丝娃娃为直径两寸大小的小圆片，裹着少许粉丝、绿豆芽、莴笋丝、海带丝、萝卜丝以及油酥黄豆等。吃时用小勺浇上由酱油、食醋、辣椒、香葱、味精等配制而成的调料，外软里脆，酸辣可口，别有一番风味。还有酸汤丝娃娃、热汤丝娃娃等。

吃贵州特色风味小吃丝娃娃，一是吃各种配菜的清香脆嫩，二是吃蘸水的香辣酸鲜。蘸水就用油炸脆花生、油炸酥黄豆、折耳根、葱花、蒜水、姜末、盐、味精、胡辣椒面、花椒油、麻油、酱油、醋配制而成。

（五）青岩豆腐

青岩豆腐是一种贵阳市古镇青岩的汉族传统名小吃，是把豆腐放在火上烤，在火上把豆腐烤成两面黄，再浇上些调料，吃了来特别爽口，与四川的味道不同，辣味少了点，但也别有一番风味。

摊桌上放个炭火盆，盆上的铁架上烤着满满的豆腐果，摊主一手执扇，扇旺炭火，另一只手则用筷子翻动铁架上的豆腐果。你只顾取下烤好的豆腐果，将其撕开，往蘸水中一放，待它浸透，上边沾满葱花辣椒，然后便是尽情的享受了。倘若君好杜康，边烤边吃边喝，这豆腐果下酒真可谓千杯犹嫌少了。

（六）青岩卤猪脚

青岩古镇上卖卤猪脚的店铺和卖鸡辣角的一样多，作为青岩的特色小吃，卤猪脚的历史要比鸡辣角早得多。据说，清末青岩人赵以炯赴京赶考，启程时，其母就为他卤制了一锅猪脚路上吃，结果赵以炯金榜题名，高中状元。因此，青岩人又称卤猪脚为“状元蹄”。

赵以炯在光绪十二年（1886年）中状元，是云贵两省自科举以来“以状元及第而夺魁天下”的第一人，青岩古镇还有状元府景点。青岩人怎能放着这个名人不用，于是卤猪脚和赵以炯联系上，无论真假也是可以理解的。卤猪脚成为古镇满街飘香的美食，也是十多年前古镇旅游开发开始大规模流行的。现在在贵州各地，都能发现青岩卤猪脚的身影。

和哈尔滨的猪手比，青岩的猪脚个头大，要长一截。颜色红褐色，由于泡在卤汁中，所以皮红润，味道是咸鲜，能吃出调料香味。当地都是用大闷罐小火煨着，捞出一些放在大盆里或者大铁盘里，卤

猪脚论斤卖，上桌前分成小块上来，当地人吃卤猪脚就像啃骨头，青岩卤猪脚要蘸调料吃，这种蘸料是用糊辣椒、双花醋、姜末、葱花等制成的辣椒水。在贵州很多地方都能见到这种蘸料。

（七）息烽阳朗辣子鸡

川菜重麻辣、湘菜重干辣、黔菜重香辣。贵州也是全中国最早吃辣椒的地区，数百年来对辣椒有独到的理解。贵州人吃辣椒不是单纯追求辣椒的数量，更追求辣椒与食物的完美结合。贵州省贵阳市息烽县阳郎辣子鸡使用两种辣椒混合：花溪辣椒，香而不辣，遵义辣椒，辣而不香，因此，阳郎辣子鸡具备了独特口感：香辣！

（八）豆腐圆子

豆腐圆子是很有特色的贵州特色小吃，其中以雷家豆腐圆子最为出名。雷家豆腐圆子以豆腐为主要材料，烹饪的做法软炸为主，口味属于家常味。圆子有近似黄金的松脆外皮，内里裹着的是柔软细滑的豆腐馅料，泾渭分明，它的做法让人惊异。和着用酸萝卜和折耳根等材料调好的微辣酱汁，味道爽口，多吃也不腻。

（九）糕粑稀饭

糕粑稀饭是一种贵阳市的汉族风味小吃。是由“糕粑”和“稀饭”组合而成的食品。其味芳香清淡，甜而不腻，健脾生津，老幼咸宜。先将研磨颗粒较粗的糯米粉、黏米粉，按3：7比例拌匀，加入白糖，放在小笼屉中蒸熟，成为糕粑。另盛一小碗用沸水将荸荠粉（或藕粉）冲成“稀饭”，将“糕粑”放进去捣碎。撒入玫瑰糖、白糖、

炒花生末、炒芝麻及各种果脯等，即可食用。

（十）酸辣烫

酸辣烫源自贵州黔东南的酸汤鱼火锅。酸辣烫的锅底主要是由野生小番茄根据苗家良方酿制成的酸汤再加上糟辣椒做成的酸辣酱，汤底呈橘红色，味道醇厚，酸辣开胃，食之提神爽口，具有开胃健脾，醒酒解腻的作用。

酸辣烫一年四季皆可烫食，尤其以夏季为佳，可按个人喜欢煮制不同的荤素菜品，一顿火锅吃到尾声，各种涮品味道涮进锅里，汤底渐渐融入了鲜美的鱼香和肉香，使整个火锅越发醇厚香浓，一定要喝一碗酸汤或是泡上米饭才会给酸辣烫画上一个完美的句号。

七、民族旅游点

（一）黔灵山弘福寺

弘福寺是全国重点开放寺院之一，是贵州省最大的佛教丛林。“弘福”就是弘福大愿，救人救世的意思。弘福寺是由赤松和尚创立的。

弘福寺位于贵州省贵阳市西北的黔灵山上，距市中心约1.5公里。为赤松和尚（1634—1706年）于清康熙十一年（1672年）所创建。占地约12000平方米，楼台亭阁，庄严肃穆，道场兴盛，禅风大振，常住僧众多达百余人。赤松亲订《丛林清规八条》定为十方丛林，为贵州首刹。

赤松初创寺院，土地由信士罗妙德等人“施舍”，他盖了一间茅棚住在里面，敬业精神感动了当地的地方官员，在他们的支持下，建成僧寮、大雄宝殿及山门。不久又购置数百块田产，年收租1200石，常住僧众三十人。

登临弘福寺之盘山古道“九曲径”为清康熙二十七年（1688年）赤松祖师开辟，清乾隆五十四年（1789年）、咸丰五年（1855年）两度整修；新中国成立后，拓宽加固。全径383级，沿途有“古佛洞”“洗钵池”“灵官亭”等古迹；有“多行好事广积阴功”“虎”“黔南第一山”“正法眼藏”等摩崖石刻。

（二）青岩古镇

青岩古镇，贵州四大古镇之一，中国历史文化古镇，位于贵阳市南郊，建于明洪武十年（1378年），已有600多年历史，原为军事要塞。古镇内设计精巧、工艺精湛的明清古建筑交错密布，寺庙、楼阁画栋雕梁、飞角重檐相间。古镇人文荟萃，有历史名人周渔璜、清末状元赵以炯（贵州历史上第一个文状元）。镇内有近代史上震惊中外的青岩教案遗址、赵状元府第、平刚先生故居、红军长征作战指挥部等历史文物。青岩古镇中除了众多的寺庙，竟然还保留着一座基督堂和一座天主堂，多种宗教和谐共处，形成其独特风格。城内3平方公里范围，文物景点近百处。周恩来的父亲、邓颖超的母亲、李克农等革命前辈及其家属均在青岩秘密居住过。

中央王朝为控制西南边陲，洪武六年（1373年）置贵州卫指挥使司，以控制川、滇、湘、桂驿道。青岩位于广西入贵阳门户的主驿道中段，在驿道上设置传递公文的“铺”和传递军情的“塘”，于双狮峰下驻军建屯，史称“青岩屯”。洪武十四年（1381年），朱元璋派30万大军远征滇黔，大批军队进入黔中腹地后驻下屯田，“青岩屯”逐渐发展成为军民同驻的“青岩堡”。

2005年9月，青岩古镇景区被建设部、国家文物局公布为第二批中国历史文化名镇。2010年青岩古镇荣获中华诗词学会授予的“中华诗词之乡”荣誉称号，率先成了全国的诗词之乡。2013年在顶峰国际非物质文化遗产保护与传承旅游规划项目中被誉为中国最具魅力小镇之一。

（三）天河潭

天河潭距离贵阳市中心24公里，山水相连，山中有水，水中有洞，洞中有潭，除了欣赏明媚多姿的湖光山色和神奇的溶洞景观，还可领略景色景物蕴藏的文化内涵，实为奇特的旅游胜地。至景区，一弯天生石桥雄跨壁立的两山之间，气势恢宏。过桥洞，河水似自天而降，涛声轰鸣，飞珠溅玉，形成一泓深潭，以此得名“天河潭”。

天河潭原名天生桥，以芦荻河经暗湖形成竖井深潭，穿天生石桥流出而得名，景区面积15平方公里，是典型的薄层碳酸岩裸露地块，褶皱频繁，断裂交错，节理发育和岩溶作用十分明显。因而形成了这一带河谷拐曲，沟壑纵横。整个景区分为钙化滩的瀑布观赏、香粑沟水文化、水洞游船和旱洞游览四大游览系统。

卧龙飞瀑宽二十余米，高十余米。卧龙飞瀑和上游的卧龙湖组合在一起像天上的水龙一般，每到丰水季节，水从滩头倾斜而下，气势汹涌，像这条水龙的头一样，被称为“卧龙飞瀑”。

梦草园是明末清初贵州著名诗人吴中蕃（1617—1695年）的故

居，吴中蕃诞生于贵阳城西梦草池，字滋大，一字大身，晚年别号今是山人。这里曾是吴氏故居，吴中蕃在天河潭长期隐居，面对这里的苍山秀水，奇洞碧潭，他写下了许多美丽诗篇，留下宝贵的文化遗产。

石板滩，沾洒的泉水由山洞流出，形成动静两景色，悬崖上生长着葱绿的植物，长廊与楼榭立于悬崖，宛若世外桃源。

崆灵洞即为龙潭洞水洞，可乘船游览，游洞内奇观，有如置身仙境，该洞全长约1200米，最宽处80余米，最窄处仅为，洞顶最高处50余米，洞内暗河水深处31米。洞内有石钟乳、石笋、石柱等喀斯特景观。其中一处为“鲤鱼跳龙门”。传说有一位学子从此处经过，突见一条一米余长的鲤鱼跃出水面，对他连点三下头，然后投入水中，当年此人便中举了。

银河宫即为龙潭洞旱洞，分为三层，全长近2000米，洞中有一天然石桥——奈何桥，它坐落在洞里两座悬崖之间，桥下是深不可测的阴潭，堪称鬼斧神工，令人叫绝。洞内满布玲珑剔透、形态各异的钟乳石，千姿百态，让人流连忘返。其中较著名的景点有：“猴子捞月”“藏经阁”“千年等一回”“春满人间”等。

（四）镇山村

镇山村是花溪石板镇一个少数民族聚居村，全村120余户人家、布依族90余户、苗族30余户。村寨三面环水。房屋依山而建，层层叠叠，错落别致。这里保留着少数民族的传统习俗，最为热闹要数每年农历正月十二、十三、十四，这三天是镇山村苗族和布依族共同主办的节日，附近区、县苗族、布依族小伙们身穿节日盛装，姑娘们身着

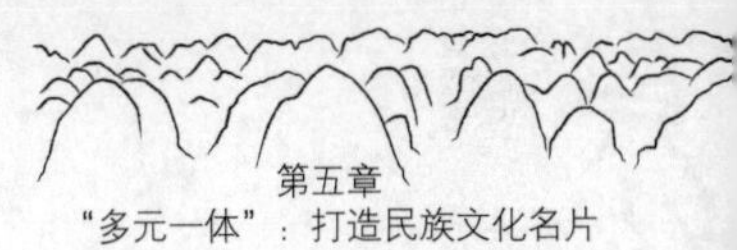

艳丽的绣花衣裙，佩戴帽子跟银质首饰涌向镇山村。这时村子场地中央树立一棵一丈多高的常青树，俗称花树，祠上挂着标语条幅。跳场开始前举行踩场仪式，由两名男孩骑马绕花树三圈，青年男女围绕花树吹芦笙，唱歌，跳芦笋舞，活动持续三天三夜。

镇山村民族饮食独特丰盛，每当客人光临，主人就会摆出猪的“全身”及干豆腐、血豆腐、腊肉、菩肠、糟米酒等，再献上曲敬酒歌，热情款待客人。

（五）下坝乡卡堡村

下坝乡卡堡村，距贵阳市36公里，是贵阳市最大的苗寨之一，寨子参天的古木之中有天赫的膏龙洞和白虎洞，厢内景色别致，洞外四季如春。村寨环境优美，气候宜人，民居古朴，交通便利，“三电”设施齐全。全寨87户，347人。这里的少数民族同胞们大都能歌善舞。素有“东方迪斯科”之称的花棍舞就是该村苗族同胞表演的一种独特的民间舞蹈。它的起源据传可以追溯到远古时代，苗族的一个较小分支为了反抗统治者的压迫和其他大部族的侵入，制作了许多防身自卫的武器，“金钱棍”就是其中一种。如今，它已演变为苗家人抒发情感的一种艺术形式，热烈欢快的苗族花棍舞，五彩斑斓的苗族服饰，甘甜的苗族牛角酒，组合成一幅迷人的民族风情画卷。

（六）下坝乡大山村

下坝乡大山村，距贵阳市中心18公里，是一个布依族聚居的村寨。全村66户，335人。寨子依山傍水，竹林成荫，桃林片片，寨中飞瀑顺峡谷飞流直下，山岔河横穿山岩，绿竹成荫。始建于明代的二印桥、山神庙、古驿道、古营盘等历史景观与优美动听的布依民歌、清新泼雅的布依服饰、醇香的米酒交相辉映，堪称旅游度假胜地。

（七）高坡乡

高坡乡距贵阳市区49公里，为喀斯特熔岩地形。旖旎的风光和古老的民族风情，共同组成高坡独特神奇的景观。迷人的高坡旅游景观，北线为徒步探险，峡谷寻幽，高山览胜。东线为竹园辟暑，高山斗牛，夜伴星辰。西线则是游洞堡，观瀑布，望悬棺，古堡寻幽，洞葬藏秘，曲径回旋，古树参天。神秘莫测的地下洞堡，远古的悬棺洞葬，密竹重围的苗家山寨，独特一帜的苗族服饰，笙鼓喧闹的七月斗牛节，构成了这里别具一格的旅游景观。

（八）虎山彝寨

清镇虎山彝寨位于烟波浩渺的红枫湖畔，距贵阳25公里。庄严肃穆，黑砖黑瓦的民居建筑，秀丽的自然风光，浓郁的民族风情，婀娜多姿的彝族服饰，优美、奔放的彝族舞蹈使虎山彝寨成为贵阳市为数不多的民间自办的彝族风情旅游点之一。

第三节　提升创新型中心城市的形象风度

独特的文化由不同的民族在历史长河中沉淀而来，历史传承的文化体现民族的精神气质，无疑也是一个民族的瑰宝。在新的历史时期，发扬民族文化，就要加强文化产业园区、创意基地和重大项目建设，大力依托高校、文化企业等推进民族文化产业化研究，让贵阳丰

富多彩的民族文化通过产业化运作走向市场，与世界对接，实现产业化；运用贵阳大数据之都的优势，通过数据分析和数据挖掘实现文化产品创新和用户体验提升、产品精准营销，同时集中开展民族文化研究，使贵阳这个创新型中心城市的民族文化走向高端化；以特色小镇为中心打造一批少数民族特色村镇，让民族村寨成为人们向往的居住家园和精神家园。同时加强民族文化创意产业建设，培养民族文化特色时尚品牌，使贵阳历史悠久、传承绵延的民族文化走向时尚化，提高知名度、加强竞争力，实现经济效益与社会效益的双赢。

一、民族文化产业化

（一）着力构建民族文化产业体系

民族文化产业的蓬勃发展，需要以丰富的民族节庆习俗、民族民间艺术、民族特色餐饮等资源为基础。根据贵阳民族文化资源鲜明的特点，重点发展的民族文化产业主要有：

1. 民族演出业

贵阳是贵州省的省会，苗族、彝族、水族、侗族、布依族等少数民族的民族音乐、民族舞蹈、民族戏剧种类繁多，特点鲜明，具有极高艺术价值和观赏性，为贵阳大力发展民族演出业打下了良好的基础。要将民族文化资源的内容题材和创意要素转化为民族产品，建设为民族民间演出示范点，帮助贵阳演艺集团等企业做大做强，打造具有专业水准和国际影响的品牌。同时把民族特色演出业推向海内外，向世界展示民族文化的独特性。

贵阳的民族歌舞特点鲜明，千姿百态的喀斯特自然山水风光、悠久厚重的历史文化、丰富多彩的民族民间文化、特色独具的红色旅游文化等组合在一起，加上冬无严寒、夏无酷暑的宜人气候，爽爽的贵阳，为发展民族文化演出提供了得天独厚的基础条件。

2. 民族文化旅游业

贵阳历史文化源远流长，中原文化、江南文化、巴蜀文化、荆黔文化、闽粤文化、湘文化、滇文化等，与当地民族文化互相融合渗透，形成了特色鲜明的民族历史文化旅游资源。在贵阳这个少数民族聚居区，各地民族节日内容丰富，各具特色。在民族节日、集会期间及农闲时节，农村要开展演地戏、跳芦笙舞、赛歌、赛马、斗牛等饶有情趣、极富特色的民族民间传统文化体育活动。而那乡间寨上民族情趣极浓的婚俗、酒规、葬礼，也会使游人大开眼界。

3. 民族餐饮业

贵阳民族餐饮习俗有着悠久的历史文化，千百年来贵阳少数民族与自然相依相存，因其交通不便、世居深山，餐饮食材多取自原生态的山珍野味；种植养殖的蔬果肉禽因远离重工业污染，都是最优质的绿色有机食品原料。贵阳的民族餐饮因民族习惯、地理位置气候等因素有着鲜明的特点而各具特色，如苗族典型食品猪血灌肠汤、虫茶、酸汤鱼；布依族米凉糕；彝族蜂蜜荞粑等代表着本土民族文化，极具吸引力。但与周边省区的云南、四川、重庆等地民族餐饮业相比，贵阳的民族餐饮业有着在良好的声誉和知名度等方面还处于落后地位。需要在继承和发扬黔菜、特色民族小吃的基础上进一步发掘地方民族名菜和民族特色菜，从民族餐饮业的经营特色、服务质量、卫生品质

等方面提高质量，发展民族餐饮业，弘扬民族美食文化。

（二）促进民族文化产业集群发展

贵阳的民族文化企业，90%以上都是中小型文化企业，虽然涌现了一些成长势头较好的民营文化企业，但由于经营规模小、粗放式管理处于小、散、弱状态，发展模式单一在全国的影响力甚微，新兴业态如数字内容产业、创意产业等处于萌芽状态，除了难以取得规模效益外，还严重影响了企业的核心竞争力。

培育文化企业集团对民族文化产业的发展至关重要。要通过集团化企业的重大资本运作和项目开发，有效地整合文化资源，提升文化产品的内容和质量。更为重要的是，借助其金融资本和现代企业的运营能力，增加文化产业在全国的核心竞争力。

应当优选对于文化产业整体发展有战略性和引导性意义的企业进行重点扶持，通过其示范、带动作用，推进整个产业的发展，提升贵阳文化企业在国内和国际的竞争力。

同时，还应继续推进文化体制改革，深化经营机制创新，加快市场主体建设，依托优质文化资源，充分利用资本市场，实施联合、重组，使贵阳文化企业做大做强。

（三）推出全国知名民族文化产品

由于受市场经济发育迟缓以及基础设施差等客观因素的制约，贵阳文化产业发展相对缓慢。民族文化产品多小而全、小而散，缺乏创新研发能力；技术水平也很低，几乎没有与高新技术结合的高附加值的品牌文化产品。

虽然目前整体民族文化产业呈现较快增长的趋势，但还存在着整体规模偏小，产品粗制滥造缺乏独特性等问题，资源闲置多保护性开发不够，高科技型民族产业比重小，核心竞争力差。

要下大力气推出一批全国知名民族文化产品，形成贵州独有的文化名片。

二、民族文化高端化

（一）用大数据推动民族文化创新

贵阳是大数据之都，运用数据分析和数据挖掘实现文化产品创新和用户体验提升、产品精准营销，将成为文化企业的必然趋势。用大数据打造民族文化精品，将使传统民族文化散发新活力。

2016年3月，“中国民族文化资源库”落户贵阳，大型民族文化百集专题纪录片《民族文化之旅》《天籁之声》等项目随即启动。百集专题纪录片以高清影像的形式，系统全面地展现56个民族的生活方式、饮食、服饰、婚丧礼仪、节庆习俗、文字、文学、艺术、建筑及雄伟景观，以此彰显中华各民族文化的多彩风貌。

目前，“中国民族文化资源库”已完成了一期开发工程的建设，其包含了搜集提交、数字化加工、信息采集、加工标引、数据中心管理、内容制作、发布七大子系统以及线上线下一体化平台。收集、传播的资源不但有图书、文字等传统纸介出版物，还有图片、美术、影视、音乐等作品。设计的栏目涵盖了民族概况、历史、语言文字、服饰、建筑、节日庆典等各个领域。

（二）集中开展民族文化产业研究

新的历史时间，贵阳民族文化产业的发展有哪些机遇？又面临着哪些挑战？我们的优势在哪里？我们的短板又是哪些？需要在哪些方面发力？这些都是民族文化产业研究所亟须破解的课题。

比如，贵阳的民族文化产业，与周边省市存在资源同质化的问题，资源的同质化使民族文化产业的发展遇到更大的挑战。如与广西、云南都同是少数民族地区，而且广西和云南歌舞的表现力和流传度都比贵州强。再比如我们的“多彩贵州”与云南省的“七彩云南”具有一定程度的相似，但从国际知名程度看，云南省略胜于贵州，一定程度限制了我们民族文化的特色发展。与周围的四川、重庆、云南比较，我们的民族餐饮业起步晚，在声誉和知名度上处于落后地位。

再比如，竞争的恶性化。由于拥有的资源的相似甚至相同性，使得文化产业发展在省市之间的竞争变得十分激烈，随着时间的推移，技术的不断更新，人们的消费要求越来越高，特色产品进入市场，在一段时间之后，市场上必将出现大量的模仿者，特色产品也将不再具备优势。而在这样的形势下，由于贵阳自身技术、资金、人才等方面的原因，很难随着市场的变化而更新自身的特色产品，这必然导致文化产业产品失去自己的优势地位。

（三）深化民族文化体制改革

培育民族文化发展，需要通过顶层设计，建构文化产业战略集群，建立和发展大型文化集团，走规模发展之路。解决民族文化人才老化人才匮乏，民族文化企业融资难等问题，建立健全文化产业版权评估体系，进一步完善保险市场。比如通过政策扶持，培育、引进一

批文化素养较高、懂产业运营、文化艺术现代创意设计、新媒体技术传播策划运作的专业人才。

国家在“十二五”规划中明确提出了“推动文化产业成为国民经济支柱性产业”，国务院也专门为贵州出台了《关于进一步促进贵州经济社会又好又快发展的若干意见》，即国发2号文件。贵州省也先后制定出台了《中共贵州省委贵州省人民政府关于推进文化体制改革和加快文化发展的若干意见》《中共贵州省委关于贯彻党的十七届六中全会精神推动多民族文化大发展大繁荣的意见》等文件，提出了推动文化体制改革、文化产业发展的政策措施，贵阳需要将这些政策措施进一步细化落实，推动民族文化体制改革和文化产业的发展。

民族文化体制机制改革是系统工程，难点是利益格局调整，目前贵阳市提出的改革措施偏重于发展层面，制度层面的设计较少，综合改革和专项改革还没有在重点地区和领域形成突破。再加上基础配套设施弱，文化的公共服务设施与新媒体时代不相称，文化服务要素不配套，文化“最后一公里”问题还没有很好解决，公共文化服务体系不完善已成为新的“短板”。加强民族文化发展顶层设计势在必行。

三、民族文化时尚化

（一）推进民族文化特色村镇发展

少数民族特色村镇是民族文化的重要载体，承载和传承着多姿多彩的民族优秀传统文化。贵州省共有5000多个民族特色村寨，这些村寨分布面广，地理环境不尽相同，形成了既有民族特色又有地域特色

的多样化格局，这是民族特色村寨的生命和魅力所在。避免“千镇一面”“千寨一面”。要以特色小镇为中心，以特色村寨为辐射点，打造一批少数民族特色村镇示范廊带，发挥地域优势、民族优势，让民族村寨成为人们向往的居住家园和精神家园，真正实现“特色村寨，让生活更美丽，让城里人更向往”。

近年来，贵州省积极推进少数民族特色村镇建设，取得了明显成效。一是培育了一批少数民族特色村镇品牌。雷山郎德苗寨等15个民族村寨被冠以“中国历史文化名村”“中国景观村落”等称号，全省有426个村寨被列入“中国传统村落名录”，其中民族村寨占90%。二是保护和传承了优秀民族文化。侗族大歌被联合国教科文组织列入“世界人类非物质文化遗产代表作名录”，苗族飞歌、彝族火把节、苗绣等12项民族文化项目被列入“第三批国家非物质文化遗产名录扩展项目名录”。三是有力带动了民族地区特色产业蓬勃发展。西江苗寨、肇兴侗寨、惠水好花红等正在成为我省旅游业的新名片，刺绣、蜡染、银饰等民族传统手工业正在成为促进群众增收致富的新渠道。民族特色村镇已成为我省后发赶超的优势资源。但我省民族特色村镇保护与发展也存在一些突出问题和困难，主要体现在四个方面。一是现代化进程的强力冲击。二是火灾的破坏十分巨大。三是文化传承出现“断裂”。四是保护与发展手段比较单一。

2014年，国家民委公布了首批340个中国少数民族特色村寨命名挂牌名录，贵阳市有6个村寨入选。这6个少数民族特色村寨分别是：乌当区偏坡乡偏坡村、乌当区新堡布依族乡王岗村、乌当区偏坡乡下院村、花溪区青岩镇龙井村、清镇市红枫湖镇大冲村虎山彝寨、开阳县南江布依族苗族乡龙广村。

2017年，国家民委下发了《关于命名第二批中国少数民族特色村寨通知》，贵阳市花溪区石板镇镇山村、董家堰村麦翁寨，乌当区羊昌镇黄连村、新堡布依族乡陇上村、新堡布依族乡马头村，开阳县禾丰乡穿洞村穿洞街上组、南江乡苗寨村，修文县小箐乡岩鹰山村入选。

（二）加强民族文化创意产业建设

文化就是生产力。20世纪末在发达国家萌发的文化创意产业，近年来在世界各地掀起了新的浪潮。尤其是2008年全球金融危机爆发后，文化创意产业一枝独秀，成为走出危机的先导产业，其战略地位进一步提升，受到政府、企业的重视和追捧。大力发展文化创意产业已经成为各国和地区在国际竞争中获得竞争优势的新举措。文化创意产业蕴含了文化、经济、社会等多层面的丰富内容，经过10多年的发展和实践，文化创意已经不局限于产业层面，而是与区域发展有机融合，向经济价值与社会价值并重的方向推进。

贵阳的文化创意产业起步较晚，但势头良好，目前“华夏民族之花——中国少数民族文化形象大使”评选活动、“民族瑰宝——100个人生必去的民族风情旅游景点”评选活动、“民族家园——中国少数民族摄影作品大赛”等一系列民族文化活动都在陆续进行中，贵阳标志性建筑“民族文化博物馆”项目也已启动。

（三）培养民族文化特色时尚品牌

文化品牌可以对文化产业的发展产生集聚资本、扩大规模、提升品质、引导消费、增加利润等多重效应。许多成功的文化产品都遵循

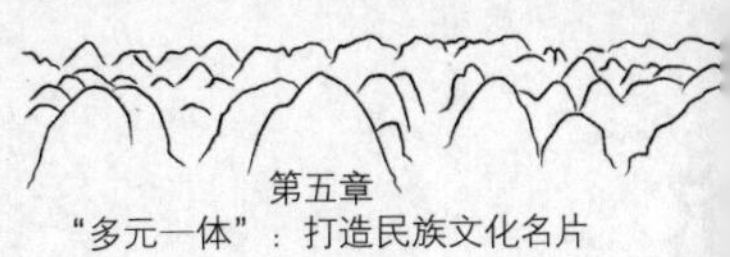

着“文化资源的产品化—文化产品的品牌化—文化品牌的资本化”的发展路径，而文化产品的品牌化是其中最为关键的环节。

贵阳拥有独特的民族资源文化、民族工艺产品等，但如何提升产品品质与增加文化附加值的问题日益凸显。究其原因，除缺乏高技术的加工外，另一个重要的因素就是缺乏文化品牌。文化产业要参与国际市场竞争，就必须拥有一定知名度和美誉度的文化品牌，从低附加值的文化产品走向自立品牌的发展道路。因此，对贵阳文化产品的品牌打造将是非常重要的任务。在产品文化内涵、形象设计、商标、广告、营销等方面，要注入贵阳特有又为全国乃至世界所认同的文化元素，充分提升传统产品的文化附加值和品牌影响力，将品牌所蕴含的民族文化特色有效传播出去。

第六章

“云时代”：打造公共文化名片

“十三五”时期，贵阳市将以弘扬社会主义核心价值观为立足点，积极实施阳明文化、生态文化、民族文化三大文化升级版建设工程，全面提升以打造文化精品为主要内容的文化引导力，以公共文化服务体系构建、文化遗产保护与合理利用、文化发展管理为基本体现的文化支撑力，以文化与相关领域、业态融合发展和文化交流为重要特征的文化融合力，为推动全市公共文化发展提供强大动能，着力将贵阳市打造成为多彩贵州民族特色文化强省的创新创意传播中心、西部领先的国家级公共文化服务体系示范区、国家级文化科技融合发展示范基地、世界知名的文化旅游发展创新区，基本建成具有文化厚度、人文温度的现代文化强市。

第一节　公共文化发展基础雄厚，人文贵阳雏形初现

“十二五”期间，贵阳市以创建国家公共文化服务体系示范区、国家级文化科技融合示范基地、文化旅游发展创新区为抓手，深入开展群众性文化活动，加强文化遗产保护利用，大力推动文化产业发展。特别是着力深化文化体制改革和对外开放，注重文化载体建设，

狠抓文化内容表达，积极营造文化发展氛围，深入打造文化品牌。公共文化发展思路进一步明确、路径进一步明晰，“三足鼎筑”的贵阳精神大厦初现雏形，为“十三五”时期打造人文贵阳升级版奠定了坚实基础。

一、贵阳公共文化发展具有深厚的基础

（一）公共文化服务体系不断完善

通过“十二五”后期国家公共文化服务体系示范区的创建，全市公共文化服务投入力度加大，覆盖城乡的公共文化服务体系基本建成，服务效能不断增强。全市国家一级图书馆、文化馆数量居全省首位，形成覆盖全面的四级公共文化服务网络。先后建成投用贵阳大剧院、贵阳奥体中心、国际会展中心、筑城广场、贵阳孔学堂等一批重大文化基础设施。“D-GuiYang”贵阳全域公共免费Wi-Fi，城市现代公共文化传播网络系统完成首期建设任务正式运行服务，农村广播电视提前实现全覆盖，入户率达98%以上。构建起传统与现代立体组合的公共文化传播体系。贵阳市已打造形成鼓励社会力量参与公共文化服务的创新机制模式，助推公共文化跨越式发展。全市各级各类文化展演每年千场以上，形成一系列有影响力、广受关注和欢迎的公共文化活动品牌。各类国家级文化惠民工程得到扎实推进，2000多支各类群众文体团队活跃在全市社区、乡村。百姓文化幸福指数和满意度不断提升。

目前，市级建有图书馆、群艺馆、美术馆以及贵阳大剧院等公共

文化设施。全市共建有公共图书馆8个，文化馆（群众艺术馆）10个，其中：市图书馆和市群众艺术馆为国家一级馆，具备较强的流动文化服务能力；县级图书馆中有一级馆3个，二级馆1个，三级馆1个；县级文化馆（2011年评估定级）中有一级馆1个、二级馆6个、三级馆2个。区（市、县）建有息烽集中营革命历史纪念馆、王阳明纪念馆等10余个公共文化设施。全市75个乡镇文化站92%达到独立综合文化站建设标准，94个社区服务中心均设立有向市民免费开放的文化中心（活动室），乡镇、社区已建成标准配置的公共电子阅览室144个；全市912个行政村实现了农家书屋全覆盖；全市公共空间Wi-Fi无线宽带免费服务系统建设纳入《贵阳大数据产业行动计划》，着力打造现代公共文化传播网络平台；全面启动实施体育设施建设路径工程，完成了广播电视村村通、户户通工程，初步构建起覆盖城乡的公共文化设施网络体系。在完善保障类设施的基础上，陆续启动了特色类、提升类公共文化设施建设。贵州博物馆新馆已建成开放，贵阳孔学堂二期建成投用，6个城市文化广场以及阳明文化园、贵阳市科技馆、贵阳城市记忆博物馆依规启动建设，观山湖大剧院、贵州文化广场、多彩贵州城文化展示中心等惠及贵阳市民的设施也将陆续启动建设。到"十三五"期末，我市将构筑起立体、多元、系统的公共文化设施网络体系。

（二）公共文化管理水平不断提高

文化体制改革稳步推进，文化市场综合执法体制逐步理顺，文化市场专项整治以及"扫黄打非"行动持续开展。软件正版化工作取得新成效，版权保护力度进一步加强。行政审批体制改革深入推进，依法行政工作走在全省前列。文化遗产管理工作成效显著。全市有中国历史文化名镇、名村2个，省级历史文化名镇、名村4个，各级文保单位307处，登记公布不可移动文物1107处，各类国有专题纪念馆、陈列馆5座，各级文物爱国主义教育基地11处。全市非遗工作取得积极进展，国家级、省级非遗名录共47项，非遗国家级、省级代表性传承人共15人，建成传习所（传承中心）7处、在建2处，借助国家级文博会展、央视等高端平台有力推动全市非遗宣传。全市各级文化部门指导大型文化活动的能力不断提高，成功举办第二十四届全国图书交易博览会、首届孔学堂·国学图书博览会，持续开展“贵阳读书月”全民阅读活动。

同时，贵阳市积极推动公共文化服务单位管理模式创新，推进公共文化服务机构的理事会制度建设。贵阳孔学堂作为开展研究、讲习、收藏、陈列、培训等活动的公益性文化教育场所，积极宣传和弘扬中华民族优秀传统文化，得到党和国家领导人的关注与肯定。贵阳孔学堂文化传播中心理事会于2014年9月成立，由贵州省、贵阳市有关单位和部分企业、高校、媒体、孔学堂等相关单位负责人以及知名学者、市民代表组成，具有省市共建共管、部门协同建设、社会广泛参与的特点，是我市公共文化服务机构管理运行体制的重大创新。贵阳市图书馆作为全市事业单位法人治理结构试点单位，目前，已成立贵阳市图书馆理事会，已按理事会架构开展工作。贵阳市群众艺术馆加挂贵阳市艺术研究院牌子，为文化人才交流、吸引文艺骨干起到积极作用。

（三）社会力量积极参与公共文化服务

作为西部欠发达城市，贵阳市财力较薄弱，因此积极鼓励社会力

量以多种方式参与公共文化服务体系建设，形成了企业捐建、民办公助等多种成功模式。

贵阳市还出台了《贵阳市政府采购公共文化服务暂行办法（草案）》及贵阳市公共文化联盟章程和管理办法，开始组建以300余个团体成员为基础的公共文化联盟，全国文化信息资源共享工程贵阳市支中心升格为贵阳市公共文化发展中心，承担公共文化联盟秘书处工作和推进全市公共文化发展相关工作，联盟管理与服务平台建设项目已进行招标。明年一季度将全面开展以社会资源最高效配置为核心的公共文化“云服务”，形成政府、社会、公众多赢的公共文化可持续发展机制。

（四）公共文化服务标准化均等化水平进一步提升

以公共文化管理与服务平台及公共文化综合数据库建设为载体，贵阳市积极探索公共文化信息资源的标准化。前期，开展了基础数据资源调研和资源分类工作，在系统深化建设中，将进一步细化完善资源标准，计划经过半年左右的运行和修正，形成领域性较成熟的公共文化资源标准，为全国公共文化资源标准化建设提供借鉴。贵阳市正以乌当区图书馆为试点，积极开展图书馆志愿者公共服务标准流程的制定工作，经过志愿者服务活动的进一步完善，力争在图书馆服务专业领域的标准化方面取得一定成效。全力推动公共文化服务均等化。本着为民、务实的宗旨，以切实方便市民借阅，实现服务下沉，推进全民阅读为目的，积极汇聚省、市、区资源，选点城市综合体、居民小区、文化旅游点、超市、电影院、咖啡吧等百姓身边的场所，建设集图书借阅和电子图书下载服务为一体的“图书馆小站”。2015年，中央《党的群众路线教育实践活动简报》第449期对贵阳市建设“图书馆小站”，创造性解决市民群众活动场所少的“民生十困”问题给予了充分肯定。同时，贵阳市还积极开展基层公共文化资源共享试点工程，提高设施使用率，满足基层市民群众文化活动需求。

（五）群众性文化品牌进一步凸显

面向民间业余爱好者和广大市民群众的“筑城大舞台逐梦展风采”广场系列群众文艺展演和赛事活动，历经多年，形成了“周周有活动、季季有赛事”的常态化模式，市民和爱好者参演参赛十分踊跃。“文化惠民贵阳社区行”“阳明读书会”“戏聚星期五”“地方民族民俗系列活动”“社区消夏纳凉文化展演”“百村千场公益电影演出”等一系列公共服务活动使不同文化水平、不同年龄阶段、不同收入情况、不同艺术爱好的市民群众都能够获收文化信息、品赏文化精品、参享文化活动。同时，贵阳市还积极组织文化部“春雨工程”“大地情深”品牌活动，与北京朝阳区、成都市、重庆市、昆明市、遵义市开展文化联动系列活动，“风雅颂国学经典诵读”“我爱北京天安门老照片展”等活动深受市民喜爱，形成公共文化服务品牌。同时，文化惠民覆盖面扩大。扎实做好免费开放和农村文化惠民工作。全市公共图书馆、文化馆、乡镇综合文化站免费开放服务效果良好。

二、贵阳公共文化发展面临的机遇与挑战

（一）公共文化发展面临的重大机遇

从国际国内看，新一轮科技革命和产业变革蓄势待发，经济发展方式加快转变，新的增长动力正在形成，我国经济发展进入新常态。与此同时，国家推动供给侧结构性改革，为文化事业发展带来良好机遇。贵阳市提前五年在全省率先实现全面小康，经济发展的首位度大幅度提升，全市生产总值、人均生产总值、财政总收入大幅度提高，文化发展的经济支撑得到显著增强。

中央和国家高度重视文化事业发展，文化事业发展已成为提高国家软实力、建设中国特色社会主义“五位一体”战略的核心构成。在2020年同步全面建成小康社会的目标要求下，省市各项建设进一步纳入国家发展战略全局，党和国家将进一步加大对贵阳市包括文化建设在内的各项工作的支持力度，为全市文化建设创造了绝好时机。

省第十二次党代会强调，全省“十三五”时期要以“守底线、走新路、奔小康”为总体要求，建设多彩贵州民族特色文化强省，文化建设纳入全省全面小康社会建设总盘子，全省文化自觉自信进一步增强，文化改革发展力度不断加大。“三足鼎筑”贵阳文化升级版打造，成为全市发展战略的关键支撑。市第十次党代会提出，“十三五”时期要实现“一个中心、三个建成”的宏伟目标，全市文化发展的动力转换、发展方式、空间拓展面临极好机遇。阳明文化、生态文化、民族文化分别打造为贵阳文化品牌、文化名片和文化亮点的文化发展战略定位更加明晰。以“大数据”和“云计算”为主的现代科技运用使文

化内容、载体、传播渠道发生变化，市民消费方式、消费结构发生着明显质变，对高品质文体生活更加渴求。文化转型、创新创造进入关键时期，文化发展问题成为关系贵阳城市前途命运的重大课题。

（二）文化事业发展面临的突出问题

1. 经济欠发达的实际制约了文化发展

受经济社会发展水平影响，尽管"十二五"以来全市文化投入得到较大提升，但欠账仍然较大，文化投入占公共财政的比例仍然偏低，基础仍然薄弱，与发达地区相比，文化发展的经济支撑仍显不足。

2. 公共文化服务体系需要提升完善

文化建设的统筹联动不足，体制机制创新不够。文化设施建设分布不够科学合理，一些基础性、战略性、保障性的公共文化设施仍然空缺。设施管理使用、活动开展也缺乏统筹，有全国性影响的公共文化品牌还不多，公共文化服务便利性不够，贴近百姓需求的公共文化产品和服务不足，公共文化服务效能需要进一步提升。

3. 创新开放意识不够制约了文化特色彰显

对自身文化资源特色优势的认识需要进一步深化，文化认同需要进一步增强，文化资源挖掘利用、传播交流力度需要进一步加大，文化自觉自信需要进一步提升，区域文化特色需要着力彰显。同时资源整合性平台较少，文化创新意识和能力不强，文化与经济、科技等融合不够，导致文化引导力和融合力动力不足。

4. 保障力度不足制约了文化事业可持续发展

文化事业人才短板问题凸显，具有创新意识、创业精神的专业性和复合型人才数量少，人才质量总体不高，吸引文化人才、优化人才队伍的条件和环境有待改善，相应的财税、政策等保障措施亟须配套完善。

三、公共文化发展的思路与目标

（一）公共文化发展的基本思路

高举中国特色社会主义伟大旗帜，以马克思列宁主义、毛泽东思想、邓小平理论、“三个代表”重要思想、科学发展观为指导，深入贯彻习近平总书记系列重要讲话精神，全面贯彻党的十八大、十八届三中、四中、五中、六中全会和省委十一届六次全会、八次全会、第十二次党代会及市第十次党代会精神，坚持用中国梦和社会主义核心价值观凝聚共识，汇聚力量，坚持以人民为中心的工作导向，坚持把社会效益放在首位，坚持改革创新，坚持以法治文，持续弘扬“天人合一、知行合一”的贵州人文精神，凸显“挖掘城市记忆，提升人文厚度；弘扬城市精神，提升境界高度；引领城市导向，提升价值深度；培育城市气质，提升形象风度；激发城市活性，提升魅力温度”五种标识。创新发展贵阳特色文化，加强文化引导力，强化文化支撑力，彰显文化融合力，不断提升公共文化服务供给质量和水平，实现全市文化事业发展新跨越，在推动实现全市“一个目标、三个建成”的宏伟蓝图中发挥文化的重要作用。

按照创新、协调、绿色、开放、共享五大发展理念，在推进未来五年全市文化建设中增强自信、加强统筹、扩大开放，补齐文化基础设施短板，打造特色文化品牌、名片和亮点，满足文化消费大需求，充分发挥文化在弘扬社会主义核心价值观、提升市民素养方面的激励和导向作用，保障全市人民基本文化权益，努力满足全市人民日益增长的多样性文化需求，正确处理好全市文化建设“赶”与“转”、传统与现代、文化事业与文化产业的关系。

（二）文化事业发展的基本理念

1. 坚持创新发展

增强创新意识，搭建创新平台，改善创新环境，完善相关政策保障和激励举措，充分应用大数据等现代技术，坚持多元融合发展，推动公共文化创新，为贵阳市实现打造创新型中心城市发挥文化的重要引领和辐射功能。推动民族文化、阳明文化、生态文化与公共文化服务的融合，推动文化与大扶贫、大数据以及科技、金融、旅游等领域和产业的融合，着力创造性转化和创新性发展，走出一条有贵阳特色的文化创新发展之路。

2. 坚持协调发展

充分发挥文化建设在“两个文明”协调发展中的重要作用，大力推动城乡之间、区域之间和群体之间文化的协调发展，加强联动，补齐短板，兜好底线，实现公共文化服务均等化，保障基层群众基本文化权益。引导各区（市、县）根据文化资源禀赋和功能定位实现特色发展，构建全市既有差异化特色、又有共同文化基因的区域文化发展新格局。

3. 坚持绿色发展

立足贵阳生态资源优势，进一步树立生态文化意识。在绿色生态环境中植入“天人合一”的文化内核。强化文化和生态的结合，保持区域资源原始风貌、文化特色和自然生态，树立生态价值观，传播生态理念，转变文化自身发展方式，实现更高质量、更有效率、更加公平、更可持续的发展。

4. 坚持开放发展

提高文化开放水平，加大人文交流力度。坚持“引进来”和“走出去”并重，有效整合资源，搭建开放平台，创新交流方式，加大省内外文化交流力度，推动多元文化交流碰撞，讲好“贵阳故事”，传播贵州价值。

5. 坚持共享发展

注重以人为本，满足市民精神文化需求，促进人的全面发展，不断提高市民思想道德素质和科学文化素质。增加公共文化产品和服务供给，降低文化消费门槛，扩大文化消费规模，提高群众在文化发展中的主体地位、参与度和幸福感，真正让文化发展成果惠及全民。推动文化育民、文化励民、文化惠民、文化富民，促进人的全面发展。

（三）公共文化建设的主要目标

紧紧围绕“打造人文贵阳升级版”总目标，着力提升文化引导力、文化支撑力、文化融合力，挖掘和培育贵阳特色文化，推进文化事业大发展、大繁荣。以弘扬社会主义核心价值观、实施阳明文化、生态文化、民族文化三大文化升级版建设工程、打造文化精品为主要内容的文化引导力明显增强，以加强文化设施建设、提高公共文化服务水平、规范文化事业发展为基本体现的文化支撑力进一步强化，以文化与相关领域、业态融合发展和对外文化交流为重要特征的文化融合力不断彰显，贵阳市国家公共文化服务体系示范区创建成果全面拓展深化，文化创新驱动能力进一步增强，“三足鼎筑”的贵阳精神大厦基本成型，省会城市文化首位度进一步提升，贵阳文化形象更加鲜明，贵阳市成为多彩贵州民族特色文化强省的创新创意传播中心、西部领先的国家公共文化服务体系示范区、国家级文化科技融合发展示范基地、世界知名的文化旅游发展创新区，基本建成具有文化厚度、人文温度的现代文明城市。

1. 加强文化引导力，人文贵阳知名度、美誉度继续攀升

弘扬践行社会主义核心价值观，塑造阳明文化品牌，打造生态文化名片，彰显民族文化亮点，推出更多更好反映中国气象、贵州韵味、贵阳特色的文化精品，提升市民对贵阳的认同感、自豪感，文化引领人、激励人、教育人的积极作用得到明显增强。“十三五”期末，每万人文艺精品数≥0.02个。

2. 强化文化支撑力，公共文化服务能力和文化发展管理水平不断加强

推动公共文化服务标准化、均等化发展，引导文化资源向城乡基层倾斜，补齐市、区（市、县）、乡（镇、社区）、村（居）四级公共文化服务设施短板，现代公共文化服务体系更加完备，国家公共文化服务体系示范区效应进一步扩大，公共文化产品和服务效能达到全

省领先水平，乃至西部省会城市领先水平。全市公共文化基础设施实现全覆盖。全市免费Wi-Fi全覆盖。实现农村广播“村村响”。文化遗产保护更加有力，文化资源利用更加科学合理，打造更多传承创新载体、时尚创意平台、便捷服务渠道，整合更多社会资源和民间力量，凝聚更多受众人群，形成日趋完善的优秀传统文化传承体系，文化遗产保护和利用达到全国省会城市先进水平。加强文化市场执法队伍建设和数字监管平台建设，形成权责明确、公平公正、透明高效、法治保障的文化市场传播监测监管格局。“十三五”期末，每万人规模以上文化活动场次达160场。公共图书馆藏书人均占有量达1.4册。广播电视入户率达100%。每万人文体团队数≥10支。每万人公共文化数字资源总量达0.25TB。每万人作品和计算机软件版权登记量≥20件。

3.彰显文化融合力，贵阳文化创新发展、交流传播力度显著增强

在全市建立创意理念不断涌现、科技手段广泛运用的文化创新体系，以大数据和最新网络技术为核心的现代科技手段、最新传播媒介和平台得到广泛应用，文化与相关领域、业态融合发展的深度和广度明显加强，成为推动全市文化创新发展的强大引擎。文化交流互动更加活跃，多渠道、多层次、宽领域的文化交流格局进一步形成。

4.文化事业发展的保障措施更加完备

保障文化发展的财税、政策支持及体制机制建设更加系统完备，文化人才队伍建设进一步加强，结构合理、素质优良、作风过硬的文化人才体系逐步建立，民间文化团队建设居于全省乃至西部省会城市先进水平。

第二节 把握文化建设重点环节 加强公共文化引导力

充分发挥文化引领方向、凝聚人心、激励精神的重要作用，以弘扬和践行社会主义核心价值观、实施贵阳三大文化升级版建设工程、推出一批文化精品为主要任务，提升人文贵阳知名度和美誉度，展示贵阳文化形象。

一、深入推进社会主义核心价值体系建设

（一）着力加强社会主义核心价值观舆论宣传

紧紧围绕社会主义核心价值观基本内容，注重宣传教育和示范引领。坚持正确舆论导向，发挥新闻媒体主渠道作用，加强网络内容建设和管理，巩固壮大主流思想舆论。以生动文艺形式，坚持寓教于乐，注重落细、落小、落实，深入开展社会主义核心价值观进家庭、进学校、进机关、进农村、进企业，即“五进五促”宣传教育活动。办好市、区（市、县）、乡（镇、社区）、村（居）四级道德讲堂。

（二）注重抓好社会主义核心价值观实践养成

注重政策保障、制度规范、法律约束相衔接，使社会主义核心价值观融入打造贵阳发展升级版、实现“十三五”奋斗目标的具体实践，构筑市民精神高地。大力弘扬“知行合一、协力争先”贵阳城市

精神，通过实践持续丰富和深化贵阳城市精神的文化内涵，形成共同的理想信念和基本的道德规范，打牢全市人民奋力建设创新型中心城市的思想基础。重点以“贵阳孔学堂”为载体，通过举办各类文化讲座，举办针对青少年的“开笔礼”“成人礼”等传统文化活动，传承和弘扬中华优秀传统文化，培育和践行社会主义核心价值观。深入开展“多彩贵州文明行动”“我们的节日”“祖国好·家乡美”“5个100创建”“周末大讲堂”等各类群众性精神文明创建活动，加强社会诚信建设，推动绿丝带志愿服务活动制度化、常态化。扎实开展文明城市、文明村镇、文明单位、文明家庭、文明校园创建活动，提升全社会文明程度。围绕“明礼知耻·崇德向善”主题活动，开展群众易于参与、乐于接受的公共文化活动，发挥社会主义核心价值观的感召激励作用。开展各类文化展演、展示、讲座等力争在8万场次以上。

二、大力开展三大文化升级版建设

以“建设升级版贵阳、区域文化中心”为目标，以彰显“地域特色和展现现代文化”为出发点，按照基本公共服务均等化的要求，统筹城乡文化设施建设，构建与贵阳市经济社会发展水平和城市定位功能相适应、布局合理、服务均等、结构优化、功能先进、配套完善的文化设施体系。汇聚全市文化资源，大力开展阳明文化、生态文化、民族文化三大文化升级版建设，全面提升贵阳文化设施建设水平，提高贵阳文化软实力，提升市民对贵阳的认同感和自豪感，吸引投资者、人才以及旅游者，以文化事业发展带动贵阳产业群形成，促进贵阳发展。

（一）实施阳明文化品牌塑造“357”战略行动

重点依托孔学堂、阳明洞、阳明祠3个核心平台，以“文化设施建设三年大会战”为引领建设孔学堂中华传统文化传承教化基地、中国阳明文化园、阳明历史文化街区，实现“三足鼎筑”弘扬阳明文化新格局。重点打造贵阳孔学堂高等研究院、阳明文化（贵阳）国际文献研究中心、阳明文化文献数据中心、生态文明（贵阳）国际论坛“阳明论坛”、中国国际阳明文化节等5个具有重要影响的世界级中华传统文化交流展示平台。阳明文化研究、传播、交流、展示平台。推出7个以上涵盖舞台艺术、影视、广播剧、动漫、图书报刊、书画等在内的文化精品，丰富阳明文化品牌思想内涵。

1. 塑“阳明境”

实施以阳明文化为核心内容的孔学堂品牌打造工程，整合省市资源，突出传播、研修、交流功能。以阳明洞为基础，实施中国阳明文化园建设工程，打造修身、修心、修学、养性、养德、养志基地。以阳明祠、甲秀楼、达德书院、文昌阁为基础，围绕“阳明文化”结合各自历史、区域文化特点，实施阳明历史文化街区、甲秀楼文化街区、达德书院文化街区、文昌阁文化街区建设工程，打造休闲、娱乐、服务基地。

2. 兴“阳明学”

举办生态文明（贵阳）国际论坛“阳明论坛”等，加强阳明文化的高端交流传播。建设好阳明文化（贵阳）国际文献研究中心、阳明文化文献数据中心、王阳明纪念馆、北京阳明文化书院等学术研究机

构，整理、出版和创作阳明文化系列书籍，以讲座、论坛等形式进行广泛的分众化推广传播，在全社会形成弘扬阳明文化的浓厚氛围。整合省市研究力量，将“阳明学”列为社科理论研究重点课题，切实推进“阳明心学与当代社会心态”研究，并推出系列研究成果。建成集“阳明文化传承与美德养成协同创新中心”“贵州阳明文化研究院”和“阳明心学与当代社会心态研究院”三位一体的贵阳孔学堂高等研究院，构建国内外阳明文化研究、咨询、交流网络，推动阳明文化品牌化、社会化、国际化。申报设立“良知日”，评选“世界良知人物”，打造阳明文化国际研推平台。

3. 酿“阳明品”

举办“中国国际阳明文化节”。打造新编历史京剧《王阳明龙场悟道》，加强省际合作打造话剧《王阳明》。拍摄以“王阳明”为题材的影视作品，创作大型广播连续剧《王阳明龙岗悟道》。编辑出版《阳明全书》《黔中王门学案》《龙岗阳明文库》《王阳明法书集》《王阳明连环画》《王阳明名篇名句赏析》等图书。打造系列“阳明文化”动漫精品。

（二）实施生态文化名片打造“4+1”工程

创新发展贵阳生态文化，以“一河百山千园”为载体，打造生态文化名片。坚持生态优先、绿色发展，以南明河全流域治理为“牛鼻子”，以“一河、百山、千园”为主抓手，加快打造生态文化名片。通过“4个强化”和“1个合力”凸显城市生态文化内涵，依托生态文明贵阳国际论坛等重大平台，创新生态文化品牌，广泛传播生态文明

理念，推动贵阳成为国际知名的创新型生态文明城市。

1. 强化生态文化研究和教育

纵深推进全国生态文明示范城市创建工作，发挥北京大学（贵州）生态文明研究院等智库作用，深化生态文明建设的战略规划、体制机制、实践案例等规律性认识，创新生态文化理论，形成生态文化“贵阳样本”。设立贵阳市生态文化研究系列课题，推动生态文化研究，形成系列研究成果。加强资源环境市情和生态价值观教育，实施“生态文化进校园工程”，持续将生态文明纳入贵阳教育体系和各级党校、行政学院教学计划，抓好生态文明教育读本进课堂，大力开展企业生态文化专题教育，提高广大青少年、公务人员、企业人员生态文化意识。认真组织世界环境日、地球日、世界水日纪念活动，强化全民生态环保责任感，努力营造全社会关心支持生态贵阳建设的良好氛围。协办好生态文明贵阳国际论坛，积极开展生态文化领域国内外交流与合作。

2. 强化生态文化宣传普及

形成以“筑城广场”为引领的文化广场群众性生态文化活动机制。充分发挥孔学堂、图书馆、博物馆、科技馆、文化馆、美术馆、体育中心、青少年活动中心、妇女儿童活动中心、乡村学校少年宫、老年活动中心等公共文化服务设施在传播生态文化方面的作用，每年组织开展50场以上以生态为内容的市民讲座（培训）等生态文化活动。以“爽爽的贵阳·中国避暑之都”城市品牌为重点，持续深入开展具有贵阳特色的“避暑季”“贵阳音乐季”“文化演出惠民季”“温泉季”等文化活动，在“筑城广场迎新仪式”“迎春灯会庙

市”等大型文化活动中彰显生态文化理念。推进新媒体融合建设，充分利用微博、微信、手机客户端等新媒体平台，创新生态文明宣传教育形式。在本地大型门户网站、党政官网设立生态文明建设专栏，广泛宣传贵阳建设全国生态文明示范城市的经验和做法。加强与省级、国家级新闻媒体的协作，运用多种形式宣传报道贵阳建设生态文明示范城市进程，形成全方位、立体化的宣传格局。

3. 强化生态文化引领作用

培养、扶持一批生态文化的优秀文艺工作者和文艺团体。引导广大文艺工作者创作一批影视、歌曲、戏剧、动漫、广播剧、图书等生态文化精品。打造一批以弘扬生态文化为主旨的文艺创作团体，策划、创作生态音乐会、生态艺术作品展等生态文化宣推精品。

4. 强化传统村落和旅游景点生态保护

强化生态和文化相结合，注重保持区域资源的原始风貌、文化特色和自然生态，保护有历史、艺术价值的聚落。抓好达德学校、青岩古镇、修文阳明洞、香纸沟古法造纸等景点的文化生态保护。

5. 合力实施“美丽乡村”和“千园之城”建设

结合“生态扶贫”建设，打造一批极具山地特色、生态文化的公园和乡村。将“生态文化”理念融入“百村示范”和“千村创建”工程建设，助力实施“四在农家·美丽乡村”行动计划，打造贵阳“四在农家、美丽乡村”升级版和示范带。对山地文化、阳明文化、民族文化、红色文化等要素进行充分挖掘利用，打造一批主题鲜明、富有文化内涵的公园。提升黔灵公园、观山湖湿地公园、花溪十里河滩湿

地公园和阿哈湖国家湿地公园的生态文化实地教育功能，建设生态科普教育基地。

（三）实施都市民族文化“五项行动”计划

充分挖掘民族民间文化和历史文化的内涵，以多彩贵州城、青岩古镇、特色艺术街区等为载体，打造民族文化名片。加大对全市民族文化的生态保护与传承力度，深入推进全市民族文化内容创新、传播方式创新、保障措施创新，促进民族地区经济发展和民族团结进步，推进民族文化与都市文化融合，打造时尚民族文化之城。

1. 加快少数民族地区公共文化基础设施建设

加大文化建设和民族发展资金向民族地区倾斜力度，着重解决民族乡、村综合文化站、图书室、博物馆、非遗展览陈列室等公益性文化基础设施匮乏问题，力争实现民族乡数字和网络技术等现代科技手段的应用和普及，形成实用高效的公共文化服务网络。打造民族音乐特色街区，促进传统民族音乐与现代都市文化相结合，形成具有民族文化特色的都市文化圈。做好国家级、省级历史文化名镇保护开发，推进特色小镇、传统村落、民族特色村寨的发展，到2020年，完成全市18个民族乡综合文化站和村文化活动室提升建设，建成市级少数民族博物馆1座，支持建成2至3家专业性民营民族文化博物馆，完成全市少数民族非物质文化遗产项目数字化建设。

2. 推动民族文化与时尚文化融合发展

整合社会资源，建设“天籁之声”亚洲民族音乐唱片博物馆，推广“北京798艺术区·贵阳站”模式。推动民族传统工艺传承振兴，

着力打造一批非遗传习所、展示馆和传承基地，探索成立“民族技艺传承培训中心”。促进民族传统工艺创新发展，探索有别于其他地区民族文化发展的新理念、新路子，通过产业化实现民族传统工艺的新价值。推进民族文化内容、申报机制和传播方式的数字化创新，依托全市大数据产业和云产业，推出“贵阳市民族文化遗产人文旅游手册和图谱”，建立科学高效的民族文化项目申报机制和项目保护预警系统，宣传推介贵阳民族文化遗产项目和产品。

3. 打造民族文化精品

加大对民族艺术精品创作扶持力度，通过电视、网络等媒介平台加大宣传力度。大力扶持具浓郁民族特色、有较高艺术水准的民族文艺表演团体做大做强。在国家民委支持下，摄制民族文化专题片。开发利用首个中国民族文化资源数据库，促进民族文化发展。立足创新创意理念举办“时尚民乐音乐会”，创编大型民族歌舞剧《射背牌》、大型民族史诗合唱剧《亚鲁王》，打磨提升冒险系CG魔幻动漫剧《嘎多奇遇记》。

4. 打造民族文化活动品牌

办好民族团结周（苗族“四月八”）活动。大力支持相关区（市、县）办好布依族“三月三”“六月六”、苗族“吃新节”和彝族“火把节”等民族节庆。支持全市各类组织、各民族村寨开展经常性少数民族歌舞、节庆、体育、民俗、美术、书法、摄影、技艺技能等表演和展示活动。形成“年年亮精品、季季有主题、月月有活动、人人来参与”的民族文化活动品牌。

5. 加强民族文化研究、教育与保护

实施“民族文化进校园”，将优秀民族文化纳入学科专业，纳入教材和读物，促进非物质遗产传承人进校园。加大对民族文化艺人（团体）和濒危文化项目传承人支持力度。积极保护优秀民族文化艺人和濒危文化项目传承人，设立“民族文化保护研究基金”，推出民族文化公益类电视节目或电视论坛，积极筹建“民间工艺大师协会”“民族民间文化研究会”等社会组织。依托高校、文化企业、研究机构，建立贵州民族文化产业化联盟，集中开展贵州民族文化产业化研究、研发和品牌推广。加大民族村寨和传统村落保护力度。以活态保护为核心、以完整保护非物质遗产生存土壤和条件为目的开展整体性保护。以“美丽乡村”建设为契机，重点建设一批特色民族文化村寨，促进传统民族文化与现代时尚元素融合。建设村级博物馆，以博物馆为载体开展民族文化遗产展示和民族文化活动展演，保存拓宽民族文化存续空间。

三、扶持文化精品创作生产

实施贵阳文化精品“三个一批”计划，即推出“一批艺术精品”“一批广播、影视、网络、动漫艺术精品”和“一批出版精品”，制定发布《贵阳市文艺精品创作计划》，到“十三五”末，打造10个以上文艺精品，通过精品战略的实施加强贵阳文化引导力。

（一）助推艺术精品打造

切实改善文化艺术科研软硬件条件，发挥贵阳艺术研究机构作

用，推动全市地方戏曲、舞蹈、音乐、美术等艺术基础理论研究，促进文化传承创新。把握重大时间节点和主题，打造体现地域特色、反映国家价值的舞台艺术精品。组织申报国家艺术基金项目，积极实施舞台艺术精品创作工程、重点创作剧目选题计划、重点创作扶持剧目和优秀剧本创作扶持计划，推动艺术精品创作。运用多种文艺形式讲好贵阳故事，展示贵阳魅力。深入挖掘贵阳文化资源，创作生产符合艺术规律、易于传播的优秀作品，加大舞台艺术精品创演扶持力度。推出以阳明文化、生态文化、民族文化等为主要题材，以音乐、舞蹈、戏曲、杂技等为展现形式的艺术精品。创演话剧《王阳明》、京剧《王阳明龙场悟道》和《魔侠吉诃德》、大型民族歌舞剧《射背牌》、大型民族史诗合唱剧《亚鲁王》和话剧《黔颂》，举办“流行爵士乐音乐会”等。打造绘画、书法、雕塑等展陈赛事精品，推出体现贵阳丰富的节庆、歌舞、传说、神话、人物、祭祀活动等特色的国画、油画、版画、雕塑、书法等展览活动精品。举办“阳明春韵贵阳市书法篆刻大展”、贵州省“恒安杯篆书隶书篆刻大赛”等优秀赛事。

（二）支持广播、影视、网络精品创作

推出以贵阳历史故事、民间传说、代表人物、都市生活等为题材的系列影视动漫精品。聚力打造大型广播剧《王阳明龙岗悟道》、大型电视连续剧《王阳明》、电影《我来过》《为什么相信你》。数字电影《黔人端菜》《布依女人》，通过中央人民广播电台、中央电视台等高端平台以及国内各大电影院线、卫视频道播出展演，有效提升贵阳文化影响力和美誉度。大力发展网络文艺。设立创作扶持资金，

建设网络文化平台，挖掘网络文艺人才，培育网络文艺品牌，努力推出一批网络文艺精品力作，建设一支有影响的网络文艺“筑”军。实施网络内容精品创作传播工程，重点推动优秀原创网络视听节目、精品网络剧、微电影和动漫作品创作传播。

（三）引导出版精品生产

围绕重大活动、重大会议、重大事件、重大节庆等主题，做好重大主题出版工作。实施古籍图书整理出版项目。利用市级宣传文化事业发展专项资金等加大对大数据、大生态、大扶贫、大健康以及众筹金融、阳明文化、生态文化、民族文化、非遗、党史、文史、地方志等方面题材图书的资助力度，助力图书出版精品生产。支持贵阳日报传媒集团打造精品报刊，推出一批数字出版精品。

第三节　提升公共文化基础设施建设水平强化文化支撑力

加强公共文化产品和服务供给，打造公共文化名片。以“文化设施建设三年大会战”为引领建成重大文化设施，充分发挥以加强文化设施建设、提高公共文化服务水平、规范文化事业发展为主要内容的文化支撑力在保障人民基本文化权益、推进文化创新、优化文化发展环境中的重要作用，推动贵阳文化新跨越。

一、加强文化设施建设

（一）完善保障性文化设施建设

合理布局、统筹推进全市公共文化基础设施建设。通过实施“文化设施建设三年大会战”，建成贵阳市博物馆、贵阳市少儿图书馆、贵阳市科技馆等市级重大公共文化设施。完成观山湖区文化馆、图书馆、云岩区图书馆、南明区图书馆、花溪区文化馆、图书馆、清镇市文化馆、图书馆等“两馆”的提升建设。新建白云大型影院、观山湖大型影院、花溪大型影院、龙洞堡大型影院、乌当大型影院、清镇大型影院等文化设施。推进贵阳市基层综合性文化服务中心建设，形成更加完备的市、区（市、县）、乡镇（社区）、村（居委会）四级公共文化设施网络。提升扩展乡镇综合文化站、社区文化服务中心（活动室）活动空间，每个社区服务中心建有300平方米以上的公共文化活动场所。整合建设村（居）综合性文化服务中心，依托村（居）党组织活动场所、城乡社区综合服务设施、文化活动室、闲置中小学校、新建住宅小区公共服务配套设施以及其他城乡综合公共服务设施，在明确产权归属、保证服务接续的基础上进行集合建设，并配备相关器材设备。鼓励有实力的房地产开发企业通过建赠、民建公管等方式建设大型公益性文化设施。

（二）推动标识性文化设施建设

突出文化在城镇化中的规划引领作用，整合省、市、区资源，打造“老贵阳”文化承载中心和“新贵阳”城市客厅。新建阳明历史文

化街区、甲秀楼文化街区、达德书院文化街区、文昌阁文化街区、民族音乐街区等一批具有贵阳特色的文化地标和城市文化活动空间，扶持培育一批特色鲜明的文化公园，提升城市的人文魅力。支持建设贵州歌剧院、贵州文化广场、贵州非物质文化遗产展示中心（东山古玩城）、亚洲民族音乐博物馆、贵阳孔学堂三期建设工程、多彩贵州城文化活动中心、乌当新庄贵阳城市记忆博物馆、修文阳明文化园等文化设施。

二、提高公共文化服务水平

（一）提升公共文化服务效能

1. 统筹各级各类公共文化综合服务

加强对各相关部门开展公共文化服务活动的统筹整合，形成规模效应，助推形成品牌。统筹好城乡公共文化的服务提供、队伍建设、资金保障，均衡配置公共文化资源，打造市区“十五分钟文化圈”、城乡“十里文化圈”，促进公共文化服务逐步实现城乡均等、区域均等、人群均等。强化文化服务辐射带动作用，以区（市、县）为重点，统筹管理乡镇（社区）、村（居）等文化资源的配置和活动开展，建立健全区（市、县）图书馆、文化馆总分馆制，实现城乡基层公共文化资源整合与互联互通。推进公共文化服务数字化建设，提升商住区文化品位及公共文化服务能力，增强城市宜居度。全市公共图书馆藏书预计总数达712万册。广播电视入户实现全覆盖。公共文化数字资源总量达120TB以上。市民每周文体活动时间达4小时以上。

2. 统筹公共文化基础设施综合利用

加大全市各级各类公共文化设施免费开放力度，鼓励非国有博物馆、民间博物馆免费开放。市科技馆、市工人文化宫及青少年校外活动场所逐步增加免费基本公共文化服务项目。将中小学生参观博物馆、美术馆、纪念馆、档案馆、科技馆、标志性文物场所、非物质文化遗产展示中心等纳入中小学教育教学活动计划。推广贵阳艺术特色学校模式，积极开展学生艺术培训、表演展示等活动。推动党政机关、国有企事业单位和学校的各类文体设施向社会开放服务。推动农家书屋、社区书屋纳入区（市、县）公共图书馆体系进行管理和服务。农家书屋图书补充更新常态化、规律化。

3. 加大社会力量参与公共文化服务力度

落实《贵阳市关于促进社会力量参与公共文化服务实施意见》《贵阳市政府购买公共文化服务管理办法》，推广政府和社会力量合作（PPP）等模式，制定政策措施，鼓励民间资本通过投资或捐助设施设备、兴办实体、资助项目、赞助活动、提供产品和服务及设施运营管理等方式参与公共文化服务体系建设，促进公共文化服务提供主体和提供方式多元化。充分发挥贵阳市公共文化联合会资源汇聚、共享平台作用，引导其加强对文化类行业协会、基金会、民办非企业单位等社会组织的扶持管理。将民间资本举办文化机构和建设公共文化设施纳入经济社会发展规划、城乡建设规划、土地利用规划，满足用地需求。

4. 培育孵化民间文艺团队

支持成立各类群众文化团队，鼓励群众自办文化，全市民间文艺团队增至4000支以上。加强公益文化机构对群众文艺团队业务指导和培训，建立群众文化优秀作品创作、选拔和推广机制，积极搭建展示平台，鼓励支持民间文艺骨干、群众文艺团体进行文艺作品创作和展示，每年推出新创优秀群众文化作品200个以上。通过政府采购文化服务等方式扶持群众文艺团队和民营文化机构开展富有地域特色的公共文化服务项目，形成和谐幸福、充满活力的社会文化生态。

5. 促进文化志愿服务工作

弘扬志愿服务精神，坚持社会倡导和自愿参与，完善文化志愿者注册招募、服务记录、管理评价和激励保障机制，加强对文化志愿队伍的培训，提升文化志愿者的服务意识、服务能力和服务水平。力争文化志愿者队伍在现有基础上翻一番，达到100万人以上。

6. 注重特殊困难群体公共文化服务工作

继续实施以特殊群体为核心对象的公共文化均等化建设。整合工会、共青团、妇联、残联、民政（老龄委）、教育、人口等部门资源，协同实施文化关爱行动。加强社区公共文化设施建设，开展适合老年人特点的文化活动。通过构建平台、提供服务，开展针对残疾人特点、发挥残疾人文化艺术才能的活动。支持贵阳市盲聋哑学校建设“贵阳市盲聋哑合唱团”。

7. 推进文化遗产的公益性利用

加强对马头寨古建筑群、李端棻墓、国际援华医疗救助队遗址、四库全书藏地“地母洞”遗址等一系列文化资源的利用。提升开放式文物景区的合理利用水平，使各级文物保护单位成为基层文化活动的

重要阵地。制定《贵阳市促进民办博物馆发展管理办法》，鼓励民营博物馆开展公益性服务。

（二）打造公共文化服务品牌

开展“深入生活、扎根人民”主题实践活动，打造系列弘扬时代主旋律、体现贵阳文化特色、符合群众需求的文化服务品牌，推动文化共建共享，保障群众基本文化权益，满足市民多样化精神文化需求。与高端艺术机构合作，打造“夏季音乐节”“市民交响音乐会”等特色文化项目，提升打造“贵阳市道德模范事迹巡演”“筑城广场市民才艺大赛”“追逐中国梦·筑梦贵阳——贵阳市微电影大赛”文化惠民演出季、观山湖公园春节灯会庙市，孔学堂“我们的节日”、中华传统文化周系列活动，“群众文艺精品展演”“戏聚星期五”“市民文化讲坛”“社区明星招募”等系列文化活动品牌。继续开展“贵阳读书月”全民阅读活动，提升“书香贵阳”“少儿阅读与梦想做伴”等全民阅读品牌效应。打造“图书馆小站”品牌。继续扩大“图书馆小站”覆盖率，实现云岩、南明、观山湖区等城市社区全覆盖并在“三县一市”推广，将小站图书阅读服务延伸至人员密集公共场所，有效提升服务质量。实施文化“三送工程”，每年向基层送书10万册，送戏3500场次，送电影2万场次。开展规模以上文化活动160场。

三、规范文化事业发展

（一）促进文化事业标准化建设

建设“贵阳公共文化服务管理云平台”。以实施大数据战略行动为依托，加强公共文化资源数字化建设，打造网上文化馆、图书馆、博物馆等公共文化服务新载体。利用互联网技术和大数据平台，营造线上公共文化服务空间，完善门户网站与手机APP并行运转的文化服务新路径，形成资源丰富、技术先进、服务便捷、覆盖城乡的数字化公共文化服务供给模式。进一步加大文化信息资源开发利用的投入，提升服务水平，打通公共文化服务“最后一公里”。加强公共文化大数据采集、存储和分析处理，及时准确了解和掌握群众的文化需求，制定公共文化服务提供目录，开展菜单式、订单式服务，满足群众多元化的服务需求。

（二）加强文化遗产管理

1. 加强文物保护

加强文物保护标准化建设，提高文物保护科技含量，完善文物保护单位安全技术防范系统工程，确保文物藏品的科学化、规范化管理，列保文物保存完好率达97%。落实文物保护“有保护范围、有保护标志、有记录档案、有保护机构”，把文物保护“纳入经济和社会发展规划、纳入财政预算、纳入城乡建设规划、纳入体制改革、纳入各级领导责任制”，加强各级文物保护单位的保护。按照国家文物局审定通过的《全国重点文物保护单位贵州省开阳马头寨古建筑群文物保

护规划》《全国重点文物保护单位贵州省贵阳市文昌阁和甲秀楼文物保护规划》《全国重点文物保护单位贵州省阳明洞和阳明祠——贵阳阳明祠文物保护规划》做好保护利用工作。做好新发现文物的申报、列保和重点文物保护项目的规划编制。做好工程建设中的抢救性考古发掘和文物保护。推进甲秀楼、文昌阁、阳明祠、马头寨、茶马古道、王伯群故居等国家级、省级文物保护单位的管理、规划和修缮维护、抢险加固、保护性设施建设。

2. 深化非物质文化遗产保护

开展非物质文化遗产资源深度调查，做好新发现和濒危非物质文化遗产资源登记，抢救整理一批具有代表性的非物质文化遗产资源。以活态保护为核心，以完整保护非遗生存土壤和条件为目的开展整体性保护。采用地理标志、地方标准等现有法律形式开展非物质文化遗产知识产权保护，形成一批拥有自主知识产权的知名品牌。

3. 建设文化遗产资料数据库

建设贵州民族资源数据库。积极推进馆藏文物数据库管理系统建设。对全市非物质文化遗产资源进行文字、图片、音频、视频资料数据全程、全景式收集整理，建立贵阳市非物质文化遗产数据库。构建以电脑、电视、手机为终端的贵阳市非物质文化遗产信息交流平台。创建集教学、创作、表演、创意研发、展示交流为一体的非物质文化遗产资源平台。

4. 加强文化遗产宣传

加大省市重要媒体对全市文物古迹、非物质文化遗产保护传承的

宣传推介力度。在有影响的公共媒体开设“贵阳文物文博”“贵阳非物质文化遗产”等专栏。在公共场所播放贵阳非物质文化遗产传统音乐和包含传统音乐元素的作品。利用公交移动电视、户外大屏幕电视等数字网络平台展播文物文博、非物质文化遗产系列宣传视频。

5. 建设文化遗产展示交流平台

构建以市级博物馆为龙头，县级博物馆为骨干，专业博物馆、民营博物馆、家庭收藏室为补充的博物馆网络。加强政府对民间文物收藏的指导与服务，大力提高展览展示水平。提升打造贵阳市非物质文化遗产展示馆，鼓励支持各区（市、县）建立特色非物质文化遗产展示中心，搭建非物质文化遗产研究利用、展览展示、教育培训、交流传播等平台。通过各类重要节庆会展宣传展示贵阳市非物质文化遗产创意产品。

（三）强化文化行政执法

围绕文化行政管理体制改革，加快政府职能转变，加强文化传播监管，建立完善文化领域版权保护、运用机制，维护文化市场秩序，提升全市文化发展管理能力。

1. 加强文化市场监管

继续深化文化行政管理体制改革，加快政府职能转变，提高文化建设法制化水平。综合运用法律、行政、经济等手段监管文化市场，建立健全文化市场突发事件应急机制，建立举报查实制度与举报奖励制度，坚持属地管理，推进依法行政。开展“扫黄打非”系列行动，建立文化市场执法联动机制，维护文化市场秩序。

2. 加强文化传播监管

对广播电视播出传输机构的播出传输质量进行监测与监管，与工商部门密切配合对广播电视台播出的广告进行实时监测与监管。建立系统对全市LED大屏播出安全进行监测。搭建广播电视播出指挥调试系统实现统一指挥、统一调度。采用技术手段对新媒体进行有效监测。

3. 加大版权利用与监管

建立完善文化领域版权保护、运用机制，用版权驱动文化创新发展。设立版权促进中心、版权投诉处理中心、版权纠纷调解中心，建立版权社会组织和中介机构，推动建立版权促进协会或联盟。组织相关版权单位和企业参评国家级版权示范单位、园区（基地）。鼓励和引导民间投资创办版权中介机构，发展版权服务业。完善版权管理服务制度，提升全市版权管理运营能力和公共服务水平。开展文化系统知识产权统计工作，对文化资源的知识产权状况进行确权、登记、评估。构建知识产权信息公共服务和交易平台，提升文化领域知识产权事务管理能力和运用水平。作品和计算机软件自愿登记量突破1万件。完善版权宣传教育体系。在"4·23"世界图书与版权日、"4·26"世界知识产权日、"6·1"著作权法颁布实施纪念日等重要时间节点，开展形式多样的版权知识宣传普及活动。强化版权教育培训，培养文化领域版权专业实务人才和高级专门人才。修改完善机关软件使用和管理办法，深入推进软件正版化工作，强化网络版权治理。完善查处侵权盗版快速反应机制、版权执法横向协作与纵向联动机制，推动版权行政执法与司法有效衔接，加大版权保护力度，切实保护权利人合法权益。

第四节　推动文化融合发展　彰显公共文化融合力

发挥文化多元融合在贵阳市打造创新型中心城市中的重要作用，提升相关领域、业态的文化内涵，搭建文化交流展示高端平台，拓展贵阳文化发展新空间。

一、加快文化与行业领域融合发展

加快推进文化与相关领域和业态融合，注重科技成果在文化建设中的应用，提升旅游产业中的文化含量，将文化创意融入传统制造业，发展农村文化创意产业，提升服务业品位和质量，发展文体娱乐项目，创新文化金融模式，以“大文化”助推“大扶贫”，推动文化融合创新发展。

（一）文化+大扶贫

按照“高一格”的要求和建成更高水平全面小康社会的目标，以文化融合和文化服务为引领，充分发挥文化项目支撑、文化力量鼓舞、文化旅游融合的组合优势，促进全市文化与扶贫有效对接，打好文化精准扶贫的关键战役，以县为单位研究制定好文化精准扶贫的落实举措。

1. 突出文化对新型城镇化的规划引领作用

挖掘、新建一批体现时代特征、具有贵阳特色的文化地标，改

造、新建一批便民利民的城市文化活动空间，扶持培育一批特色鲜明的文化公园，规划建设一批城市历史文化街区，提升城市的人文魅力。做好城镇化建设中传统手艺和传统民居的保护工作，留住文化记忆。

2. 着力“精神扶贫”

加强群众思想道德建设和科学文化教育，开展创建“文明村”“遵纪守法户”“五好家庭户”“双文明户”等活动。推广科普知识，帮助群众树立社会文明新风尚。加速科教兴农进程，促进群众增收致富。通过“文艺扶贫”形式使群众摆脱精神贫困羁绊，助力更高水平全面小康建设。

3. 以传统手工艺培训助推群众致富

提升传统手工艺人文化修养、审美和创意设计能力，扩大传承人群体，分级分类分层开展传承人群培训，建设门类比较齐全、民族地域特色鲜明、素养较高、创新能力较强的优秀传统手工艺人才队伍，实现传统手工艺与文化创意设计融合发展，促进非遗保护与群众致富双赢互利。

4. 促进农民增收

发挥文化在“四在农家·美丽乡村”建设中的作用，大力实施美化、绿化、亮化、净化“四化工程”，着力建设秀美乡村，建成产业提质、生活宜居、环境优美、设施完善、人文和谐的美丽乡村。以文化带动乡村主导产业，发展乡村文化旅游业，重点打造农旅综合体、美丽乡村旅游度假区、观光农业园区和休闲农业示范点，发展休闲观

光体验农业，以举办“农业嘉年华”活动为契机，全面提升乡村文化旅游业发展水平，增加农民收入。

（二）文化+大数据

1. 实施“互联网+”文化专项行动

编制《文化大数据建设专项发展规划》，建立文化大数据资源中心，实现全市跨地区、跨部门、跨行业的文化信息资源文化云汇聚，支持文化产业数据深度挖掘，满足“行业管理精细化”要求，实现数据资源高度共享应用，为全面提升管理与服务决策能力提供大数据支撑。建设完善具有贵阳特色的优质高效公共文化服务体系，升级第一期公共文化服务系统，集成公共文化服务网站、移动终端APP、数字图书馆、数字博物馆、数字文化馆、互动多媒体终端等系统与功能，形成贵阳市综合文化服务核心平台。建设全市文化产业服务系统，立足文化产业项目招商、企业投资融资、政企互动交流、文化产业要素流动等需求，形成全市互联网+文化产业升级版发展模式。建设符合贵阳市情的文化市场管理服务系统，实现视频监控、案件登记、决策辅助、信息查询等功能为一体，全面提升文化市场管理与服务水平。按全市统一部署，深化文化“数据铁笼”项目建设，以大数据和互联网技术支撑文化安全建设，在广播电视播出传输、互联网视听节目与新媒体运用、新建广告监测、广播电视安全播出指挥调度系统、DTMB广播电视数字地面覆盖监测系统等方面强化技术监测监管，将现有系统与新建系统全部纳入监测云平台管理系统，实现市县两级实时动态监测管理。形成体系健全、特点突出的反腐倡廉文化大数据支撑系统，

同时为“数据铁笼”提供内容保障。以文广体系业务工作流为核心，实现多功能整合、流程化管理、PC/PAD/智能手机多终端访问的办公系统。建立以文化传播安全和生产安全为目标，全过程生产与管理网络化及多终端相结合，监管与宣传并举的综合管理系统。根据国家新闻出版广电总局颁发的相关节目传播规范及规定及时识别各类媒体传播节目的违规行为。针对不同监管对象（传统互联网、10款APP、10款OTT、10个微信公众号）开发定向采集软件，完成对所有监管对象中视听节目的全面覆盖采集。以实施国家“版权云”建设为契机，积极申建区域性文化大数据资源中心，推进出版、新媒体、影视等文化产业大数据聚合。支持高端文化传媒机构推进版权云、电影云、电视云等建设。

2. 打造大数据文化创新平台

加快申建国家文化大数据创新中心，建立大数据文化创新平台，加快文化产业融合开放，形成具有贵阳特色的大数据文化创新体系。

3. 加强“文化+大数据”理论研究

积极探索“文化+大数据”的新模式，加快文化大数据生产和传播创新，以大数据推动文化产业融合发展。实施一批“文化+大数据”研究、教学、实践项目，推动产、学、研结合。申报实施国家文化科技提升计划和文化部科技创新项目，推动文化领域科技创新。加强“贵阳综合管理与服务文化云”项目研究。加大对动漫游戏创意、数字内容产品理论研究的扶持力度。依托贵州省文化大数据创新研究基地建设，推进贵阳阳明文化、民族文化、山地文化、红色文化、生态文化、时尚文化等特色文化的挖掘和研究。

4. 建立文化艺术众创平台

采用高新技术增强文化产品的表现力、感染力、传播力，强化“大数据”对文化的内容引导和创意提升。依托贵阳众筹金融交易所、贵阳大数据交易所等机构以及电子商务平台，广泛开展文化艺术项目众筹、艺术品和数据交易。依托贵阳高新区众创产业园、清镇“乡愁贵州”产业园、观山湖区“世界众筹金融小镇”、南明区“多彩贵州文化创意园”，形成文化艺术创客空间集群，拉动文化艺术产业快速发展。

（三）文化+旅游

1. 推动文化与旅游产业融合发展

推广“景区+演艺”“景区+特色工艺品”“景区+民俗文化体验”等模式，研发文化旅游纪念品，提升旅游产品文化含量，力促旅游产业提档升级。充分挖掘地方文化特色，通过文化演艺、民俗体验等活动助推旅游发展。

2. 推出特色文化旅游板块

推出历史文化游、生态文化游、民族文化游、宗教文化游等特色文化旅游板块，促进文化旅游资源向文化旅游产品转化。推广阳明历史文化街区、甲秀楼文化街区、文昌阁文化街区、达德书院文化街区等历史文化街区旅游线路。打造王阳明黔中行迹走廊，组织策划“心学之旅”高端旅游线路，提升推荐“阳明宴”。结合贵阳避暑季和“多彩贵州”系列活动，依托生态文化资源设计“一程多站式”精品旅游路线。发挥长坡岭国家森林公园、阿哈湖国家湿地公园、花溪公园等天然氧吧优势，推出生态旅游系列活动。积极开发乡村文化主题酒店及其他休闲娱乐项目。提升扩展现有民族文化旅游线路，不断增加旅游趣味性和体验性，探索新型民族文化旅游模式。打造具有地域特色和民族风情的旅游演艺精品，使民族文化成为贵阳文化旅游业的重要特色。依托弘福寺、西普陀寺等宗教文化资源，推动宗教文化旅游。

3. 打造文旅综合体与节庆活动

适应全域旅游新趋势，依托国家级、省级历史文化名镇、名村、重点文物保护单位等，加快花溪文化旅游创新区、中国阳明文化园、阳明文化公园建设。支持花溪、乌当、开阳、修文、息烽等地加快文化旅游休闲度假区、健康养生产业聚集区、红色文化旅游产业聚集区建设。保护修缮王阳明、赵以炯、周渔璜、姚华等文化名人遗迹。结合“美丽乡村”建设，重点打造提升“泉城五韵”“蓬莱仙界”等乡村文化旅游功能，命名、公布和推介一批特色文化旅游村镇。支持多彩贵州城、时光贵州、未来方舟等园区、街区发展集演艺、休闲、旅游、餐饮、购物等于一体的时尚文化综合体。打造文化旅游节庆活动品牌，办好南明黔茶飘香·品茗健康茶文化活动、花溪之夏艺术节、生态乌当文化艺术节、水韵清镇·诗意湖城生态文化旅游节、开阳十里画廊乡村旅游文化节等节庆活动。

4. 推动非物质文化遗产产业化

鼓励非物质文化遗产优势项目示范基地扩大生产，形成规模经营。设立一批保持传统技艺、具有示范带动作用的生产性保护基地。促进非物质文化遗产保护传承与旅游发展相结合。在现有旅游线路、景区增设非物质文化遗产展示区、生态博物馆等，融入具有非物质文化遗产特色的展示展演活动，传播传统知识和技能，配套完善周边相应基础设施，形成各具特色的非物质文化遗产旅游区块。大力发展民族服饰、民族美食、民族医药、手工制品、纪念品等非物质文化遗产衍生产品，促进非物质文化遗产合理利用与旅游产业协调发展。

（四）文化+金融

推动文化融资担保、文化融资租赁、文化小额贷款、文化投资基金、文化信托、文化保险等集聚发展。建立文化众筹、股权投资等文化金融模式，搭建规范文化众筹平台，促进文化众筹模式良性发展，实现文化创意的商业价值。推动文化产业集团化发展，培育2至3家国有控股文化上市公司。建立文化产权交易市场，培育国内一流文化产权交易平台，推进文化产权证券化。实施“多彩贵州风”众筹项目和“民族文化资源库”基金项目。

（五）文化+体育

发展文体娱乐项目，培育体育竞赛表演、电子竞技、体育动漫等新业态。加强体育用品创意设计，提升体育用品及衍生产品附加值。推动少数民族传统文体项目开展。弘扬现代体育精神，丰富体育文化内涵。

（六）文化+其他

1. 推动文化与科技融合发展

将数字技术融入传统民族文化。让现代数字技术与“创意”相融合，加强贵阳民族文化创意产品的科技含量，形成新的数字文化产品。

以科技创新艺术表现形式。强化科技在大型实景演出、舞台剧中的运用和创新，借助灯光、烟雾、音响等系统的科技创意，促成各类资源整合，增强艺术形式表现力和感染力。

发挥“科技强文”蝶变效应。加快建成贵阳文化云服务平台，全面支撑大规模媒体、文化大数据汇聚、制作、运营和服务的云计算文化产业发展。进一步发挥现代科技对文化建设的驱动、支撑和提升作用，积极运用数字技术、网络技术、信息技术提升文化服务水平和服务品质。依托贵阳市大数据中心，建设全国公共文化数字化服务（贵阳）实验基地。建立数字博物馆、数字图书馆、网上文化馆、网上剧院等体系，丰富公共文化有线数字互动平台，推广掌上贵博、掌上贵图、掌上剧院等手机应用服务系统，实现国有公共文化资源数字利用最大化，建设完善资源丰富、技术先进、服务便捷、覆盖城乡的优质公共数字文化服务体系。

2. 推动文化与相关产业融合发展

将文化创意融入传统制造业，特别是在新技术、新工艺、新设备、新材料的应用设计和文化内涵开发上，提升实用功能和审美价值。把文化创意设计元素与生活消费品制造业相结合，提高附加值，引导消费升级。

促进文化与设计服务、商标和著作权转让服务、知识产权服务、广告服务和会议展览服务的融合，丰富现代设计的文化表达；加强知识产权服务，加大文化专利、商标、著作权、软件、集成电路设计代

理、登记、鉴定的服务力度。

为农户提供多种形式的创意设计，将文化元素植入传统农产品，提升农产品文化附加值，提高农业品牌的知名度。把农耕体验、田园观光、教育体验与文化创意相结合，发展农村文化创意产业，丰富现代农业的市场价值。

二、提升文化交流融合水平

按照“走出去”和“引进来”的文化开放思路，推进与省内各市州间文化交流，推进与各省（区、市）间文化交流，推进对外及港澳台文化交流。

（一）搭建文化交流高端平台

参加国家、省重大文化交流活动，积极融入国家“一带一路”战略，搭建贵阳——北京阳明文化书院等高端文化研究与交流平台，依托“生态文明贵阳国际论坛”“贵阳大数据博览会”“亚洲青年动漫大赛”及各类文化展演赛事平台，推动“北京798艺术区·贵阳站”模式的深入发展，建立常态化、制度化的交流合作机制，开辟新渠道，创造新形式，助力阳明文化、生态文化、民族文化的推介与传播。

（二）实施文化“走出去、请进来”行动计划

充分利用国内和国际、政府和民间多种对外交流渠道和活动平台，以演艺、非物质文化遗产及文博考古为重点，选派文艺演出、展示展览、培训交流、学术研讨等团体“走出去”，通过文化交流带动

文化企业“走出去”。以“文化惠民演出季”等为抓手，引进国内外优秀文化项目，采取公益演出与高端商业演出相结合的方式建立长效合作机制，提升文化交流水平。

第七章

"特色街区"：打造时尚文化名片

第一节　以文润街升级城市文化体验

"时尚"一词已是世界的潮流代言词，所谓时尚，是时与尚的结合体。在这个极简化的意义上，时尚就是短时间里一些人所崇尚的生活。这种时尚涉及生活的各个方面，如衣着打扮、饮食、行为、居住、消费，甚至情感表达与思考方式等。时尚有别于流行，流行无法恒久，时尚所以持久，需要保持与文化的结合。一个拥有文化内涵的时尚才更具持久魅力和独特个性，现代城市发展更需要着力塑造自己的时尚文化，传承自己的城市记忆。

一、特色街区的概念

2016年10月，贵阳市提出"十三五"期间，将以特色街区等为载体，打造时尚文化名片，发展具有贵阳特色的时尚文化，并出台《贵阳特色街区建设行动计划（2016—2018）》，计划用近三年时间打造多条历史风情文化精品街区。

（一）国内特色街区概念

根据国家旅游局发布的《旅游特色街区服务质量要求》，特色街区是指有明确的地域范围及一定的规模，具有游览、购物、餐饮、休闲娱乐、文化展示等特色功能，具备相应旅游服务设施、能提供相应旅游服务，有专门机构进行管理，具有一定旅游知名度的开放式街区，包括特色商业街、餐饮街、娱乐休闲街、历史文化风貌街等街区。特色街区是城市文化、商业与旅游的黄金结合点，是满足市民与游客消费需求的重要场所，是现代服务业发展的重要载体。

商业 + 文化 + 旅游 = 旅游街区

（二）国外特色街区的概念

国外无特色街区的提法，类似的概念是城市休闲商业街区RBD（Recreational Business District）。RBD概念是由Stansfield.C和Rickert J.E两位学者于1970年提出的，即“城市中以游憩与商业为主的各种设施（购物、饮食、娱乐、文化、交往、健身等）集聚的特定区域，是城市游憩系统的重要组成部分”。按照西方学者的研究，商业街区定位、建设和发展正朝向个性和体验、主题化（Theme）即特色化趋向发展。现代城市RBD的前提基础是城市商业区，即以城市的商业中心地带或商业街区为载体，依托其商业、文化、城市风貌等吸

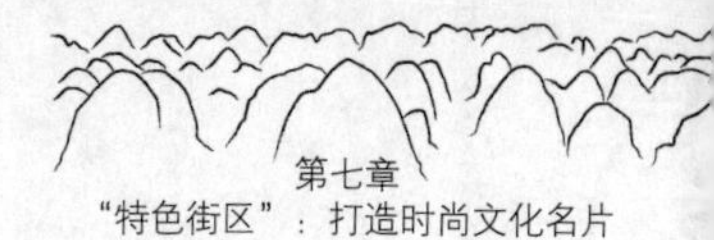

引物，配备以人为本的服务设施，具有购物、餐饮、观光、休闲等功能，形成商业和游憩相辅相成、共生发展的环境。RBD概念的提出和发展，也为解决传统商业街区的继续发展和转型提供了理论支撑和新的途径。

二、特色街区的分类及特征

国内外城市特色街区建设起步时间、发展时代背景和建设理念不同，因此，国内外城市特色街区的发展历程也不甚相同。目前，以西方发达国家为代表的国外城市街区大致经历了四个发展阶段，分别是以改善城市交通为目的的阶段、单纯地为了维持商业吸引力的阶段、体现人情味和人文关怀的阶段、街区景区化的阶段。景区化是指把整个商业街看成是一个景区，按照专业旅游景区的管理模式，对街区进行景区化经营管理，进一步完善特色商业街区的购物、餐饮娱乐、文化休闲、旅游观光等服务功能，全面提升管理服务水平。相比较而言，国内城市特色街区建设时间较短，发展至今主要经历了三个阶段，即20世纪80年代注重经济效益的阶段，传统的以零售店为主、功能以购物为主、客源以当地为主的街道；20世纪90年代注重环境品质的阶段，商业设施集中，除零售外、餐饮、娱乐等设施占有相当的比例，具有购物、旅游功能的街区；进入21世纪后注重城市文脉延续的阶段，是除零售、餐饮、娱乐等设施外，还具有文化、休闲、商务等设施，具有旅游、文化体验和休闲功能，是吸引本地和外来游客休闲、消遣的好去处。虽然国内外城市特色街区存在发展阶段性的差异，但在当今追求城市发展全球化、国际化的时代背景下，国内外城

市特色街区建设和发展的基本趋势呈现很大程度上的共同性。它们的共同点都是将现代商业、旅游和文化进行元素的结合，坚持保护与开发并重，准确把握街区的文化资源，找到旅游运作的卖点，加以市场开发，把特色街区建设成为商、旅、文互动的精品。

（一）特色街区的分类

根据主导业态的不同，特色街区一般可以分为以下五类：

现代商业街区。这类街区以购物为其主要功能，是较为大型或专业化的集中购物区域，商品集中丰富，大部分国内城市以此类街区为主。

休闲娱乐街区。这类街区特别注重环境氛围、格调品位的追求，是引领时尚潮流的重要平台，是年轻人或时尚一族的最爱。街区内有健身房、会所、特色书店、艺术画廊以及各式各类的中西快餐厅、酒吧、茶舍、咖啡厅等各种休闲场所。

风味美食街区。这类街区主要是提供花样繁多、具有地方特色和民族特色的各类小吃、餐饮等，在一条街区内就能品尝到本地或异地的多种美味佳肴，能较好地节省时间和交通费用。如贵阳的青岩路烧烤一条街、武汉的吉庆街、济南的“七大餐饮特色街区”等。

民俗风情街区。这类街区以浓郁的民族特色文化或地域民俗文化为其内涵。街区从建筑风格、风俗习惯、歌舞活动、餐饮服饰及手工艺品等多个方面充分展示一个民族或地域多姿多彩的特色文化，如贵阳多彩贵州城北的节庆街。

历史文化街区。这类街区指具有一定文化底蕴、历史积淀，能显示一定历史阶段传统风貌的街区。厚重的历史文化底蕴是此类特色街

区的个性和品牌。如南京夫子庙、上海城隍庙街区、杭州的清河坊历史文化街区、贵阳的青岩古镇等历史文化街区。

（二）特色街区的特征

一条成功的文化特色街区往往具有以下几个方面的显著特征：

效益性。人们在街区里吃、住、行、游、购、娱，活动范围广泛，因而文化街区能促进城市商业、旅游业、餐饮业等第三产业的发展，具有十分明显的经济效益。

文化性。街区所蕴含的独特文化由于满足了游客的精神需求，因而文化性是维持其生命力的源头。

开放性。街区是共享的活动空间，不像工业园、居民社区具有较强的封闭性，它是一个开放式的、包容的复合空间。

体验性。特色街区的消费群体主要是前来旅游的游客，特色街区是体验经济的重要形式，游客通过视觉、味觉、嗅觉、听觉、触觉等全方位的参与或体验，充分理解城市的文化内涵和特色。

特色街区与普通商业街区的区别，我们可以比较如下：

	特色街区	普通商业街区
体验感不同	改变单纯的商业购物，使商业成为一种体验历史、体验文化的生活方式。	满足单纯的购物功能及现代商业的繁华感。
场所要求不同	与历史文化相融合，商业不是单纯让人消费的作用，还是一种让人感受的、怀旧的、情感得到满足的场所，满足人们高层次的精神需求。	满足消费者购物需求。

续表

	特色街区	普通商业街区
商业特征不同	体现历史文化的业态与历史街区建筑的完美融合，以老字号、传统产品、手工艺品等构成视觉及体验冲击。	品种齐全的现代商业、百货、大卖场等商业业态，体现城市的繁华。
消费者特征不同	追求品位、追求精神价值、追求文化价值。	追求新潮、追求繁华、追求现代。
消费者来源不同	具有地方特色，吸引市民和外地游客。	吸引市民为主。

三、建设特色街区对城市发展的意义

特色街区从城市的经济、文化、社会、环境等多个方面有机互动，把生活与创业、文化与经济、历史与现代、传统与时尚、商贸与旅游等高度融合，对于一个城市的建设与发展具有重要意义。

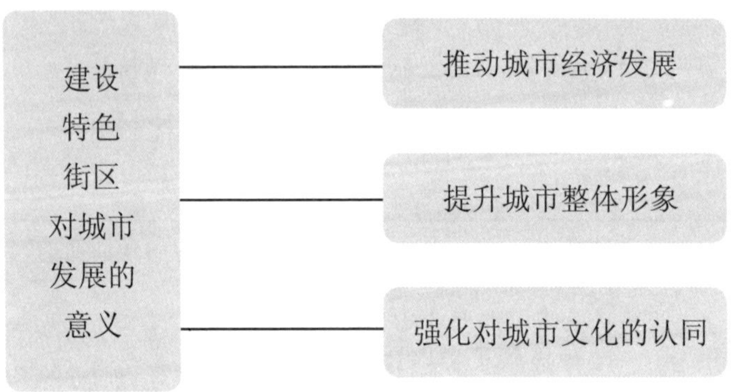

1. 推动城市经济的发展

特色街区整合了商业、旅游与文化三大功能，是拉动当地经济发展的重要动力。城市商业是关联度大的行业，既能直接吸纳广大劳动者就业，又能带动关联的第二产业和第三产业发展。一个城市商业、服务业的繁荣，主要依赖于街区经济的发展。在很多城市，特色街区已成为其城市商业经济的支柱，以高度的产业集聚功能和强大的辐射带动效应，逐渐成为推动城市经济发展、不断提高城市竞争力与活力的重要力量。尤其随着全球经济发展日益服务化的趋势，城市将实现以生产为中心不断向以服务、创新和休闲为中心的转移，以特色街区为代表的城市游憩空间的规划与配置将成为城市经营管理内容的重要组成部分。

社会经济的发展，人们消费能力的提高，是推动特色商业街区转型升级的大前提。西方学者对街区经济的研究比较早，据西方学者在1995年对当时世界上最大的购物中心，加拿大埃德蒙顿购物中心（英文：West Edmonton Mall）做的效应评估，发现仅在1986年，该购物中心就吸引了500万游客，其中有不到200万的游客是专门为了看购物中心才到这里的，这些游客当年大概花费2.27亿美金，增加了1.76亿的家庭收入，增加了13800个工作机会。

特色街区蕴藏着巨大的经济潜能，有学者称它是以一国一地民族独特的文化招徕的文化经济。随着人们生活水平的提高，文化旅游消费继续保持增长趋势，休闲是21世纪全球经济发展的重要引擎，休闲游憩产业对相关产业具有极强的推动力、辐射力，游憩与其他业态具有共生性，能将第三产业中多种业态进行整合，带动商业、交通、文化、咨询、金融保险等产业的共同发展，形成经济增长的乘数效应。实践证明，街区经济已成为推动城市经济发展的有效模式，成为新一轮城市经济发展的重要动力。

为此，世界上许多发达的国家先后实行了“文化经济”新战略。

美国洛杉矶文化旅游负责人罗伯特·巴雷说：“文化旅游大概是美国增长速度最快的旅游项目。因为各个城市发展文化旅游可以获得相当可观的收入。”意大利认为文化遗产是该国最丰富宝藏，其中蕴藏着巨大的经济潜能，是政府永不枯竭的财政来源，应视为战略资源和国家基本生产结构的重要组成部分，决定自1985年开始实行全国文化经济新战略，以达到保护文化、宣传自己、经济受益一箭三雕的目的。韩国也积极采取多种措施大力发展文化旅游业，意欲将文化、旅游培育成21世纪的国家战略产业。

特色街区的旅游、休闲、商业功能决定了其对地区经济乃至整个城市宏观经济都会产生重要影响作用，商业与游憩的结合其意义远远超出传统意义的纯商业区。特色街区的商业形态更具可消费性、可体验性、可娱乐性。建设特色街区可以为老城区功能退化、经济活力不足等问题注入活力、聚集人气，这已成为旧城复兴的有效方法之一。

从我国的发展实践来看，“文化搭台、经济唱戏”，已成为发展街区经济的一大特色和主要经验之一。近年来，北京、上海、杭州、成都等大城市都意识到街区经济对区域发展的推动作用，相继出台了一系列扶持特色街区的相关政策，在资金投入、产业发展等方面给予倾斜和支持，催生了一大批特色街区。以上海新天地为例，据2015年对该街区的统计，游客是新天地消费的主力，该街区外地游客占到访者比例的80%。被评为国家4A级景区的杭州清河坊历史街区，是外来游客了解杭州历史文脉和市井文化的必游之地，是杭州最好的一条市井民俗商业街，2014年就有1800万左右的游客到此游玩，营业额达21亿元。

特色街区环境舒适、商品丰富，能够更好地吸引顾客来此游览、

购物、休憩，有效地扩大居民消费，带来直接的经济效益。不可复制的人文旅游资源，能促进城市商业加快发展，促进城市旅游业发展，从而推动城市产业结构调整，实现产业转型升级和城市化进程相结合。在快速城镇化的背景下，特色街区凭借其"直接消费动力、产业发展动力、城镇化动力"三大动力效应，成为城市发展的重点产业之一，成为实现产业转型升级和城市化进程相结合，推动城市产业结构调整的重要抓手。当前各主要城市都通过特色街区建设，积极探索"商、旅、文"产业联动发展新模式，积极构筑高端商务与传统商贸相结合、新型工业与现代服务业相融合、时尚型创意文化产业与历史文化传承相整合的现代产业发展新体系。通过不断发展和壮大特色街区经济，以发展商业、现代第三产业促进城市产业结构调整，以发展文化创意和旅游等产业促进产业升级，以繁荣商业和提升环境品质带动服务业升级，培育一批有效益、有集聚带动效应的现代服务业，提升城市产业层次，优化产业布局，使特色街区成为城市商业经济发展的"新载体"，具有十分明显的经济效益。

2. 提升城市整体形象

特色街区展示着城市的人文风貌，反映着城市居民的生活质量和品位，是一个城市经济发展、社会进步、文明程度、整体形象等方面的重要体现，是一个城市的形象代表。

商业街区是城市商贸业的缩影，它以强大的吸引力和辐射力形成一个开放式、跨区域的商业群体，是一城一地经济发展水平的窗口，更是社会生活，特别是其文化特色、个性风貌的典型表现。特色街区作为城市的有机组成部分，以其独特的景观和商业模式，多样化功能

组合，完备的基础设施以及高效的街区管理，在游客的心里形成牢固的品牌形象，反映一个城市特定的形象。

街区的发展依赖于城市的发展，城市的繁荣以商业的发展为条件，作为商业、文化和旅游承载体的城市特色街区除了传承历史文化、市井文化，记录城市的繁荣外，更展现了城市的个性风貌和精神象征。在优化产业结构、提高城市品位、促进经济发展的大背景下，街区的建设与发展已经成为城市建设和城市管理的重要抓手。在特色街区的建设中，根据地区文化特色、产业特色，将街区经营、街区改造与景观改造相结合，统一规划建设，完善区域配套设施，可以加快城市建设步伐，提升街区整体形象。一个成功的特色街区无不是作为城市重要的旅游景点来建设和打造的，比如成都市琴台路古建筑密集、文化气息浓厚，是一条经营丝绸、珠宝等的特色商业街区，整个街道建筑以汉唐仿古风格为主，景观统一美观，同时，按照高标准管理的要求，对街道执法管理进行统一规范，实现了建设和管理水平的同步提升。作为城市文化、商业与旅游黄金结合点的特色街区，以良好的交通设施为前提，以文化和生态景观为空间环境支持，既能够实现旧城区改造发展的内部增长需求，又能够通过特色街区合理规划，推动城市空间结构的优化，成为塑造城市形象、提升城市品位和竞争力的重要载体。

3. 强化对城市文化的认同

随着社会知识化进程不断加速，特色街区不再简单专注于物质功能的表现，城市特色街区的建设将倾注更多的人文关怀，它是一座城市内在人文精神的外在表现，它将肩负起文化、信息的传播功能，成

为一座城市的精神象征符号。

具有人文特色的街区可以强化消费者对于街区的认可度，无论从伦敦的牛津街，还是从纽约的第五大道来看，浓厚的人文环境是这些国际著名商业街的显著特征。它们在包容最新生活方式和文化活动的同时，也充分尊重和保护历史建筑和传统文化。建筑学家吴良镛说"包含着历史特色和景观意向的街区，是一个地区文化'活'的见证。"特色街区承载着浓郁的地域性传统文化，街区的建筑、民居，体现着当地民族、宗教等方面的文化价值。例如法国的香榭丽舍大道，被法国人称为"世界上最美的街道"，街道两边19世纪的奥斯曼式建筑，法国梧桐组成的绿荫树阵，仿古的路灯、长椅、候车亭、报亭，高端的奢侈品商店等等，使这条近400年历史的集历史文化及现代商业功能为一体，成为法国最具景观效应、人文内涵和时尚潮流的大道。走进街区，能够感受到浓浓的城市历史风貌、地域特色以及传统的民俗文化。对特色街区地域文化的保护和发掘，是为了能让宝贵的传统文化代代相传，就像上海田子坊所挖掘的上海弄堂文化、成都锦里中的蜀锦工艺展示、杭州桥西直街中伞文化博物馆对于中国伞的传统工艺展示等等，都代表着地域文化遗产。

特色街区定位游憩性商业，其文化功能正在日益被人们接受，对形成城市文化品牌形象具有不可估量的作用，成为区域文化形象的构成主体。同时因其自身具有的高度开放性特征，大量国内外旅游者将会对城市文化的传播与地区间的文化交流起到积极促进作用，特色街区将成为城市形象展示、自我价值认知的重要平台。

第二节　时尚文化贵阳行

一、贵阳市街道的变迁历程

街道是城市重要的组成部分，是城市躯体活动的“血管”，街道多少，反映城市的大小，街道兴旺，反映城市的繁荣。贵阳城市的发展，从一定意义上说，街道的发展史可以说明。

贵阳的街道历史悠久，“贵阳”之名明初就已开始使用，是指贵阳这块地方的地名，此后连续数百年，从未停止过。明隆庆三年（1569年）贵阳府成立，这是“贵阳”一词作为行政区域名称之始。民国三年，废贵阳府后，成立贵阳县，这是“贵阳”一词作为县名之始，以后持续用了27年之久。抗日战争时期，沦陷区人民迁徙来贵阳者络绎不绝，数年间，贵阳人口猛增。与此同时，贵阳城市设施迅速改进，通往邻省的公路陆续修建，市面已日渐繁华，设市条件基本具备。此时的贵阳，不仅是贵州省的政治、经济、文化中心，贵州省的省会，而且是战火弥漫中的抗战后方重镇。

贵阳旧城坐落在山间盆地内，地势东北高而西南低，城中丘陵起伏，形成不少坡、坎、槽、坝。贵阳旧街名中称坡的就不下十多处，如头浪坡、二浪坡、三浪坡、茴香坡、卫坡、崔家坡、沙子坡、何家坡、鲍家坡、戈什坡等。贵阳宋、元时期就有土城，但街道情况史无明文记载。如果从明朝洪武十五年（1382年）贵阳筑石砌内城算起的

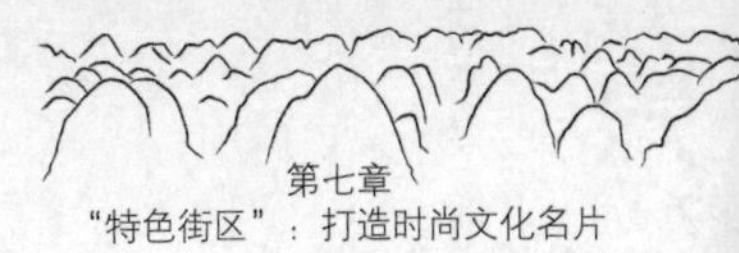

话，贵阳城市至少有600多年历史。根据地方志记载，早在500年前，贵阳城内已经有大十字街、小十字街、城北正街、仁寿街、洪边巷等街巷。明朝贵阳城内牌坊林立，大十字至北门的大街上有进士坊、举人坊二三十座，全城牌坊多达80余座。

永乐十一年（1413年）贵州建省，对贵阳城市的发展影响很大。自那以后，贵阳逐渐发展成为冠盖云集、商旅不绝，初具规模的繁华城市。市内街道纵横，以大十字为中心，遍立牌坊、寺观、祠庙、楼台、亭阁，街道两旁分列着大小店铺。商业日渐繁荣，形成12个较著名的交易集市，大十字、小十字已发展成为商业中心。随着内城北门外街道次第形成，天启六年（1626年），贵阳又修建了石砌的外城。

清代贵阳城市街道有进一步发展。道光年间，据《贵阳府志》记载，当时贵阳分内城和外城，以北门为界，以南为内城，以北为外城。内城有街道80条，以大十字为中心，由大十字通往东门、南门、西门、北门的7条大街成为内城主要街道。外城有34条街道，以十字口为中心，由十字口通往北门、威清门、六广门、新东门的5条大街成为外城主要街道。此外，还有近城街道9条。贵阳城共有街道123条。清末，贵阳七十二行形成，主要街道大十字以南，除官府衙门、祠堂庙宇、居民住宅外，盐店、纱布店、绸缎店、百货店最多。清末民初，街道狭窄，一根晒衣的长竹竿可以横跨两旁房屋。

民国时期，贵阳街道有三次大的变化：第一次是周西成主黔时（1926年6月—1929年5月）拆城墙，修马路。于民国十五（1926年）9月11日动工修建环城马路，完工后，马路长20余里，宽10米，呈椭圆形。1927年，周西成拆北门月城，修筑城内马路，汽车开始出现在贵阳街上。

接着是民国十七年（1928年）修通从省政府（今贵山饭店）经抚牌坊、钟鼓楼北门桥、广东街、普定街，至威清门的出城马路。周西成购进贵州最早的汽车，乘车可以至桥头，与通往邻县的马路相接。第二次是1939年“二四”日机轰炸后，开辟火巷，拓宽道路，以利疏散。经过扩修部分道路，至民国三十一年（1942年）初，据当年3月出版的《贵阳市指南》统计，贵阳市有137条街道。第三次是抗日战争后期，省主席杨森声言要修“三百年不坏”的块石路，兴师动众，结果直到新中国成立前夕，主要街道中华路还未完工。杨森主黔时修块石“高级路面”，共修两条：一条是光明路（即今天省府路），民国三十五年（1946年）10月动工，次年5月完成，长470米，宽10多米；一条是中华路，杨森调离时未完成，直到贵阳解放时，其中南京路段块石路面仍尚未完成。民国时期，在城内主要街道中华路和中山路上，已建有带走廊的二、三层西式房屋，百货店、书店、戏院、电影院、报社大多集中在大十字附近街上，市面洋货充斥，街道上陈旧房屋多，新房少，街道反映了殖民地半殖民地消费城市的特点。抗战时期，贵州成了大后方，全国各地有大量的人涌入了贵阳，使这个小城市的人口迅速增加到了40多万，1971年，贵阳开始正式设市，城市建设也有了发展。在当时的大十字的岗亭上，不仅有西门子的大钟，显示这个城市的“现代”，而且还有值勤的中国警察和美国士兵。

新中国成立后，迎来了筑城街道的新生。20世纪50年代，先后新建了延安路、遵义路、贵溪路、青云路、北京路、解放路、外环东路、枣山路、浣沙路，又改建了中华路、新华路、中山路。粉碎“四人帮”后，市政府十分注意街道建设，新建了延安东路、瑞金路，许多小巷采取了“民办公助”办法，全铺上水泥路面。1950年年底至

1951年年初，对全市街道名称进行了整理。据《新黔日报》报道，1951年2月25日公布整理结果，贵阳市共有街道318条。

近年来，贵阳山城展新姿，坎坷变通衢。全市道路达150多公里，通车街道皆为沥青路面和水泥路面。仅南明、云岩两城区就有街、巷、路近400条。在贵阳的街道中，特别值得提出的是遵义路和延安东路。遵义路宽60米，长约两公里，街面笔直、宽敞、壮观。延安东路是贵阳的骄傲，1982年6月通车，全长约700米，宽37米，两旁建筑巍峨，街中花香四溢。入夜，华灯初上，鹅黄色的街灯盏盏相连，宛如“天上的街市”，游人漫步其间，流连忘返。

二、贵阳市现有主体街区

从经营业态来看，贵阳市现在主要有这么几大街区。

中华北路：休闲娱乐购物一条街。中华路是传说中贵州最古老的一条路，历史可追溯至千年。以前叫大街，1930年更名为中华路，一直沿用至今，现在是贵阳最繁华的商业街区，白天车水马龙，人流如织；夜晚流光溢彩，有如夜巴黎。中华路喷水池云集了如国贸广场、百盛、南国花锦等商业巨头，还有国美、苏宁等电器大腕，林立的商业大厦，是贵阳人购物天堂。中华路上一路高楼林立，大型商场、星级酒店、娱乐场所、店铺比比皆是，几乎找不到空隙，是城市CBD，也是贵阳市民和外地游客休闲娱乐购物首选。

西湖路：甲秀楼。西湖路地处贵阳著名的六门之一大南门之旁，名为西湖路，马路两边建筑普遍较矮，其周边却高楼林立，最具代表的是喜来登大酒店和星力百货，再加上甲秀楼的巨大吸引力，西湖路

也是贵阳人气很旺的街区。甲秀楼修建在南明河中一块巨石上，屹立至今400余年了，甲秀楼夜晚彩灯都开了，夜景非常值得一观。最佳观赏位置南明河北岸，翠微园和甲秀楼相互照应，美不胜收。

文昌北路：文昌阁（喝茶、黔派相声）。文昌北路也算比较有特色的一条街道，街道比较窄，现划为单行线。路两旁有咖啡馆、特色小吃店、精品本地菜、酒吧等。并有著名景点文昌阁，附近还有八路军驻贵阳办事处旧址、华家大院、武胜门、虎峰别墅等古迹，不久这里将要建成贵阳历史文化一条街。文昌北路上有贵阳标志性建筑之一文昌阁，遗存着一段古城墙，开在一角的茶户木门镂花，纹色古典，很有古风。夜里这边会有很多老人集结在一起休闲，春天里，常见很多人在城墙上放风筝，直到夜里都还能看到风筝尾巴在都市上空摇曳，也是贵阳一大特色，每逢周末还有黔派相声。

省府路：特色石板街。这里是民族餐饮一条街，省府路石板街，是旧社会时国民党修建的一条路，相传当时贵州省主席周西成买车后发觉贵州没有汽车跑的路，于是在此就地取材，修了一条石板路。走在那些磨得光亮的青石板上，仿佛能听到当时省主席豪车的马达轰鸣，不过历史车轮已经滚滚向前了。不长的石板街，却异常热闹，贵阳人和外地游客都喜欢来这里吃酸汤鱼，游客们可在这里踏着石板，品着美味，静享贵阳之旅。

新路口：筑城广场，这是贵阳的“城市客厅”。筑城广场，贵阳市一座新城市地标，襟连南明河，毗邻甲秀楼，总面积16万平方米，可容纳10余万人。广场中间高，四周低，呈半岛状，以“筑韵”主雕塑为界，分为前后两个部分。前广场庄重开阔，主要用于市民集会和举办大型活动；后广场三面环水，设有一圈亲水平台，广场内的“城

市原点"，雕刻有贵阳元、明、清、民国时期及新中国成立至"文革"结束的城郭范围，并用文字加以注释，站在这里对贵阳历史沿革基本能有个大概的了解。远远可见的竹叶灯柱，以其独特的造型，很好地展现了贵阳地域民俗文化气质。散布于筑城广场的石刻有20多块，全都系出名门，如罗甸绿、琥珀玉、紫罗红、陈皮红、白棉石等。广场两旁分列着"十二生肖"，发扬传统生肖文化，值得赞赏。被搬迁的老一中旧址上有一堵一中纪念墙，是老一中精神家园和寄托。

合群路：贵阳特色小吃，大排档小吃夜市。来贵州旅游，想要感受贵州特色美食，合群路是必到的。这里聚集了贵州各种特色小吃，如烙锅、烧烤、狗肉、丝娃娃、肠旺面、牛肉粉、豆腐果、酸汤系列等包含贵州境内以至周边其他省份的小吃，应有尽有。并且还有清真一条街，贵阳唯一的一座清真寺和伊斯兰风格牌坊以及伊斯兰餐厅都在这里，也算合群路的一大亮点。合群路上的开水面，是贵阳独有的风味，面条爽脆，辣香可口，还可根据自己喜好添加各种配料，如鸡杂、大排、脆哨、软哨等，非常丰富；还有砂锅饭、水城烙锅，最有特色的是清真街烤肉，充满浓郁的伊斯兰风味，非常值得一尝。合群路的夜是热闹的，这里是寻觅贵州美食的天堂，也是好友聚会、胡侃乱诌的最好去处。

黔灵西路、陕西路：酒吧一条街。贵阳的酒吧非常的多，用一句贵阳话形容就是旮旮角角（任何角落）到处都是。不过真正比较集中的还是黔灵东路和陕西路，并且这些酒吧与酒吧之间还穿插着一家家的火锅店，一两家酒吧之后，路过一两家火锅店，再是一两家酒吧，再路过一两家火锅店，这就是黔灵东路的景象，这让酒吧街的名字名不符实，更像是酒吧火锅一条街。

青云路：贵阳特色烧烤一条街。青云路是与合群路并驾齐驱的小吃一条街，街边的大排档多达二三百家，大多经营贵州有名的小吃。这条小吃街道很长，遵义路将其隔成东西两段，小吃主要集中在东边这半段，一至通到纪念塔。贵阳夜市大排档叫“留一手”烤鱼的很多，而真正“留一手”烤鱼仅青云上这一家。这家生意很火爆，经常没位置，味道的确很好，配菜尤其好吃，甚至超过了烤鱼。这里还有一家据称是中国十佳黔菜馆之一的“侗家新食代”，是一家名气很响的餐馆，餐厅很大，充满侗家风味，口味地道。席间还有民族歌舞互动，侗族姑娘按照古老习俗给客人敬酒，民族风情浓郁。侗家最为流行的是酸食，而以荤酸最有特色，鱼虾、鸡鸭、牛肉、猪肉等均可腌制成酸食，别有一番风味。

新添火炬大道：饮食文化一条街。新添火炬大道是贵阳闻名的美食一条街，这里汇集了贵州各地风味各异的特色美食店，有鲜嫩肥美的鱼火锅，香辣扑鼻的毛肚火锅，清新淡雅的鸭火锅，还有环境宜人的情调餐厅，鲜香扑鼻的三脚火锅，街道两边都可停车，对开车前往的食客来说非常的方便。

汉湘街：历经百年风雨，如今已被遗忘在繁华大都会的角落里，街道全长不足250米，大都是低矮的砖木房屋，狭窄的通道，显得较破败，但是是贵阳以前最真实的一面，现在时光的雕琢让这里布满了岁月的痕迹。在汉湘街口的达德学校，是一座典型的明清风格四合院，是元代修建的南霁云庙，明清两代曾多次重修和增建，后改建为忠烈宫。近代因著名教育家黄齐生曾在此担任校长，革命家王若飞曾在此就读而名声大噪，现已成为贵阳市区著名的景点。

三、贵阳市街区升级发展中的短板

“中国各地商业街区普遍存在五大短板：业态单一缺乏层次、绿化景观效果不佳、文化艺术因子欠缺、人性化设计不足、统一管理机制缺失。”商务部研究院流通与消费研究所副主任陈丽芬说。对照全国各地商业街区的短板，我们也会找到自己的影子。

（一）缺乏整体规划和特色定位

目前主要街区发展普遍缺乏总体规划，在2016年前，对街区的规划都只停留在商业规划或第三产业规划的一部分中，比较粗线条。规划的缺乏导致街区市场定位不清或不准确，由于特色优势不明显、市场定位不准等原因，进而导致许多街区缺乏吸引力和集聚力，特色街区的经济效应和社会效应未得到充分显现。首先，在规划方面，一些类似于青岩路老街区的环境有待改善，而一些商业街区经改造后，赖以生存的商业氛围却没有相应的增强，如文昌路文昌阁，历史文化遗产没有带来更多的消费。在特色街区的开发和经营过程中，开发者和经营者缺乏现代商业运作理念，如汉湘街，未能很好地发掘商品及行业的文化底蕴，更谈不上最终形成特色街区。

（二）忽视街区文化内涵的挖掘

贵阳街区的发展，关键的一点是未能将贵阳的历史文化很好地发挥出来。如同挪威建筑师诺伯格·舒尔茨提出的，现代城市的建设往往缺乏场所精神，无法营造出人们要去体验的文化氛围，呈献在消费者面前的是支离破碎的文化残片，人们在此体验到的只是文化记忆

的历史碎片。游客漫步在其中所看到是老建筑和街道，但是建筑内结构已经完全被现代化，造成传统文化的形式化，文化的真实性丧失。比如中华路上的达德学校，外部建筑古香古韵，内部却是现代化的茶室会所。以往，贵阳市比较侧重于发展现代商业、娱乐休闲、风味美食等方面的街区，这些街区仅仅只满足于一般性的、大众文化意义上的街区建设，街区历史文化风貌并未得到有效利用，赋予的文化内涵不足。贵阳市是一个少数民族非常多的地区，但是对民俗风情、历史文化特色街区的建设重视不够，忽视或轻视本地历史文化和民风民俗的挖掘和保护性开发利用。此外，在老街老巷的改造上，“旧貌换新颜”，推倒重来重建，变化不大。

（三）配套设施和服务不够完善

配套设施及服务，包括环境绿化和卫生、停车场、消费者休息场所等配套设施和交通、通信、金融等围绕经营户和消费者的配套服务不完善。一些街区周边环境“脏、乱、差”的现象突出，极大地影响了特色街区的经营。尤其是夜间经营造成的油烟、噪音污染、占道等问题，给街道带来了诸多负面影响。另一个比较突出的问题是不少街区都面临停车位不足的问题，绝大多数没有专用停车场，车位问题成为街区能否长远发展的瓶颈。此外，休闲娱乐功能不足，基础设施欠缺。

（四）管理层次不高

街区的建设与管理密不可分，街区要在规范有效的管理下才能长期稳定发展，才能有效塑造出“品牌”。从全国著名的上海南京路、

南京湖南路、北京王府井等看，无不是在管理上下了大功夫的。管理不到位是一个突出的问题，缺乏先进的管理经验和现代商业运作模式是管理不到位的根源。对特色街区的管理，在认识上，不完整、不充分。行业整体服务意识差，服务水平落后，经营理念停留在卖出商品的层次上，停留在以市容为基础而有所扩展的管理层面上，顾客与商家只是简单的买卖关系，管理内容单一，管理思路没有提升到深层次管理水平上。

（五）业态结构不合理

布局不合理、产业层次低、业态不丰富。一是餐饮类业态比例过大，据贵州本土2016年度商业大数据报告显示，贵阳各大购物中心的总体销售额中，餐饮业占比近三成，餐饮依然是大型卖场的销售主力。购物、餐饮、休闲类业态比例结构不合理，与游客希望实现观光旅游、休闲度假及人文体验的到访目的相距甚远。二是非体验类业态比例过高，现有业态店铺的文化体验度明显不足。尽管在购物类业态中也有部分具有较突出的文化元素，但总体上存在同质化现象，文化体验度不高。现有餐饮类业态中，小吃业态呈独大局面，业态同质化，而大量小吃类店铺丛生，对街区环境存在干扰。随着上海新天地、城隍庙、成都锦里、宽窄巷等街区的成功，在全国引起了较大的反响，“他山之石，可以攻玉”，贵阳也将学习借鉴别的城市成功的经验，建设具有贵阳特色的文化街区。

第三节　提升创新型中心城市的魅力温度

2016年贵阳市委九届五次全会提出打造创新型中心城市的目标，要在文化建设上力推创新，打造文化载体，建设文化街区、特色街区，挖掘贵阳市丰富的文化资源、良好的生态和旅游资源，把贵阳建设成为一座有文化厚度、人文温度的城市。

一、贵阳建设特色街区的背景分析

1. 经济发展迅速，消费需求升级

据预计，到2020年我国人均GDP有望突破1万美元，消费的需求也将呈现爆发式增长。按照配第—克拉克定理，随着经济的发展，人均国民收入的提高，消费比重会继续提升，必然出现“三二一”的经济结构，第一产业、第二产业相对比重逐渐下降，第三产业相对比重逐步上升，出现了专业化、特色化、个性化消费需求，已有的普通商业街休闲旅游设施无法满足经济收入和休闲时间日益增加的人们的精神消费需求，原有设施的功能调整与新建设施项目的启动成为必然，特色街区正担负着满足市民和外来游客休闲旅游的重要职能。

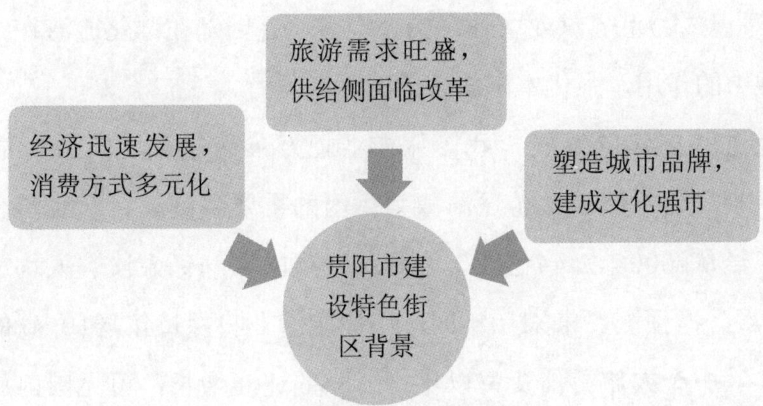

贵阳作为我国西南地区重要的中心城市之一，是贵州省的政治、经济、文化、科教、交通中心和西南地区重要的交通、通信枢纽、工业基地及商贸旅游服务中心。当前，贵阳正处在实现经济社会历史性跨越、建设更高水平全面小康的决战决胜期。贵阳市发展和改革委员会提供的数据显示：2016年，贵阳完成生产总值3157.70亿元、同比增长11.7%，经济增速连续4年位居全国省会城市第一。经济总量占全省比重从24.4%提高到27.5%，首位度提高3.1个百分点，旅游总收入年均增长26.5%。2014年贵阳市委市政府出台的《关于加快发展现代服务业的意见》中提出，要加快现代服务业的发展，充分发挥贵阳省会城市的服务功能，把贵阳建设成为全国服务业综合改革示范区、具有国际影响力的避暑胜地及休闲旅游目的地。

2. 旅游需求旺盛，供给侧面临改革

随着人们可支配收入的增加，外出旅游的需求更加旺盛，旅游业已成为全球经济中发展势头最强劲和规模最大的产业之一。从全球范围看，旅游业对经济发展贡献已超过10%，对全球就业贡献也超过

10%，早已成为世界重要产业。当今世界，各国都在强化旅游在经济社会发展中的作用，强化本国旅游的国际竞争力。

经过30多年的发展，我国旅游业已发展至中高级阶段，居民休闲需求规模化觉醒，旅游逐渐成为休闲的重要手段。目前我国国内游人数已经从2000年7.44亿人上升到2016年的44.4亿人次，人均出游率近3.4次。据预测，未来10年间，中国旅游业将保持年均10.4%的增长速度，其中个人旅游消费将以年均9.8%的速度增长，可见国内旅游已经成为一种刚需。但是旅游产品结构性失调、有效供给不足却一直是旅游产业发展的主要问题。中国建设银行首席经济学家黄志凌表示，无论是消费水平和消费能力，还是消费欲望，我国都不存在消费需求约束。而供给结构升级缓慢、创新能力不足等问题抑制居民现实消费需求的问题日益突出。有效供给能力不足的结果是，本来旺盛的现实消费，要么“储币待购”，要么通过境外购买来满足，产生“需求外溢”。

很明显，旅游业的发展不能单靠景区建设、收入靠门票价格这样的“老套路”。人们消费水平的提升和消费方式的多元化，使得旅游供给侧改革迫在眉睫。业内专家分析，供给侧结构性改革推动旅游业发展，前提就是要弄清楚旅游业发展在哪方面还满足不了旅游需求。从目前的发展情况看，在旅游公共服务体系和旅游产品品种多样化方面还是有较明显的短板，所以，以供给侧结构改革思维推进旅游产业发展，需要强化旅游公共服务体系和丰富旅游产品体系，大力发展旅游新业态，促进旅游消费升级。特色街区无疑是发展城市旅游业的重要招牌，街区的供给侧改革路径就是创新转型，从低级的购物需求，逐步提升到中级的休闲需求，再升级到高级的体验需求。

城市特色街区继承着一个城市独特的市井文化、人文传统和历史特征，是展现城市旅游魅力的最佳平台。特色街区与旅游业实际上是一个经济共同体，也是一个经济利益体，商、旅、文融合发展是特色街区发展的普遍特征。商业在旅游中，旅游在文化中，以文兴商，以旅游促消费。旅游和商业的繁荣，带来大量的人流、物流和资金流，逐步形成一个城市的商业中心、文化中心和金融中心。因此，国内外许多城市都把开发特色街区的旅游功能作为丰富城市旅游产品体系的突破口。比如美国纽约拥有数不尽的博物馆、旅游胜地、餐厅、酒店、剧院、娱乐场所和商场等文化旅游场所，这使得纽约的旅游业经久不衰，即使经济不景气，也没法撼动纽约作为全球旅游者最向往都市的地位。尽管"9·11"事件造成了美国两年的经济衰退，但没有能对纽约的旅游造成持续的冲击。即使在2008年至2010年期间发生的自大萧条以来最严重的经济危机，纽约的游客总数都没有根本的下滑。实际上，在2009年的小幅度调整后，很快又恢复了增长。

贵阳市服务业增加值虽然占GDP的比重超过百分之五十，但服务业发展的布局不合理、产业层次低、业态不丰富、现代服务业比重不高。2016年，贵阳市委、市政府《关于打造世界旅游名城的实施意见》中提出，到2020年，力争全市旅游总人数达2.3亿人次以上，旅游总收入3200亿元以上，入境人次50万人次以上，旅游业增加值占全市GDP比重15%以上；建成1至2个国家5A级旅游景区、1至2个国家级旅游度假区、2至3条特色旅游文化街区、2至3个国家级森林公园、3至4个国家湿地公园等。打造特色文化街区是推动贵阳供给侧结构性改革的现实选择，是应对经济发展、旅游业发展和文化发展的必然选择。

3. 塑造城市品牌，建成文化强市

贵阳是一座千百年来具有独特人文气息的城市，贵阳市委九届四次全会提出要实施文化惠民工程、打造人文贵阳升级版，丰富城市内涵、提升城市品位、塑造城市品牌，将贵阳文脉与时代需求结合起来，强力提升城市文化形象和自信。建设特色街区，关键的一点是要挖掘城市文化内涵，着力提升城市品位。

阳明文化是儒家文化讨论的一个热点，把阳明心学文化与贵阳特色文化街区建设结合起来，依托“阳明文化”在国内国际的影响力和知名度，提升品牌形象和核心产品的市场竞争力，可以形成新的阳明文化旅游开发圈，从而带动全局的发展。

生态文化作为贵阳城市文化的重要内容，承载着发展区域生活、居住环境以及为人们提供休闲娱乐之处的服务功能，这也构成了“爽爽的贵阳·避暑之都”城市文化品牌的价值所在。

打造贵阳特色文化街区，要挖掘贵阳城市文化内涵，着力提升城市品位，将阳明文化、生态文化和民族文化结合起来，进一步凸显贵阳作为贵州省会城市和中心城市重要地位，更好地发挥贵阳旅游资源独特、生态环境优良、文化内涵丰富等优势，助推打造创新型中心城市，进一步提高贵阳的综合竞争力，为成为具有较高国际知名度和较强综合竞争力的世界旅游名城奠定坚实基础。

二、贵阳市特色街区改造路径

近年来，中国城市建设日新月异，然而在城市快速发展的进程中，城市特性退化、“千城一面”的缺憾也不断凸显。有政协委员提出，“城市化发展进程中，城市格局、风貌正走向雷同，由地域、历史和文化形成的城市文脉、自然生态特征和乡土文化标识正在渐渐消失，逐步显露出城市记忆磨灭、文化形象缺乏、市民的地域归宿感淡化、文化认同感缺失等缺陷”。

贵阳目前的街区缺少文化形象、文化认同感缺失，城市记忆磨灭，要么是纯真的购物一条街，要么是烟熏火燎的美食街，缺少体验地方文化、购置旅游纪念品、真正表现出一座城市文化内涵的特色街道，商业与文化缺少互动，与贵阳要打造以山地和生态为特色的世界旅游名城还有很大的差距。未来，贵阳将借鉴上海、北京、杭州、成都等城市在特色街区的利用和打造方面的经验，对街区发展进行供给侧改革。依据各类街区空间的类型特点及所代表的文化特性，进行功能置换，打造高品质的特色化街区。

（一）挖掘自身的文化内涵

城市间的竞争不仅仅体现在经济发展程度上，文化层面的竞争可能将最终决定一座城市兴衰。贵阳市目前仍然属于传统型商业街区格局，从特征上看，它适应了当时传统商品经济特别是以传统市场经济为基础的时代特征，服务对象主要是本地居民。但城市经济发展到今天，居民和游客对于商业区休闲、游憩的需求已开始超过对纯粹购物的需求，贵阳传统的商业街区在历史文化、民族文化和商旅休闲文化

等功能的开发和利用方面还处于初级阶段，社会功能已不能满足现代消费需求潮流，完善贵阳商业街区的社会功能，进而提升其文化内涵认知度，是贵阳特色街区发展首先需要解决的问题。上海城隍庙地段曾经也面临着与今天的贵阳一样的窘境，在上海的文化认同上，上海市居民更愿意将近代上海的繁华与异国情调作为本土文化主调。城隍庙曾一度被上海市民认为是“打着传统文化的幌子”，且格调、品味不高的小商品市场。但上海市政府在20世纪80年代末至90年代初，开始对城隍庙和豫园地带投入巨资进行修缮和重建，其人文氛围、购物环境都焕然一新，成为集特色小吃、特色商品、民俗文化、传统建筑文化和文人园林文化于一体的上海文化与商业象征的空间，是代表中国传统文化的城市特色街区典范。贵阳市街区的发展与城隍庙的发展也有相似性，现阶段经历过曾经的辉煌后陷入文化与经济发展瓶颈的双重困境之中，传统文化、传统民俗已经在现有街区中难觅踪影，分散的古建筑物、街巷遗存也被新楼房及杂乱喧嚣的街市所埋没，而商业发展则又囿于传统模式停滞不前。贵阳市街区必须进行城市功能战略转换，将纯粹的卖场转化为以“品牌+游憩+文化功能”的街区，定位为建设贵阳本土文化特色型新模式，将传统商旅文化与现代商贸休闲文化对接，使商业场所休闲化，营造现代商业功能的环境条件。其功能上必须满足以下两个层面的需求：物质因素方面，必须满足旅游者和购物者餐饮、住宿、购物、观光、游憩、娱乐和交通的基本物质层面需求。精神因素方面，需要兼顾旅游者文化体验、知识积累与拓展、文化修养提升、愉悦身心、自我价值认知和社会交往等高层次的需求。

（二）营造独树一帜的商业氛围

城市街区的产生是与商业经济紧密联系在一起的，没有良好的商业经济基础，就没有街区赖以生存的空间。打造独具贵阳特色的街区，需要营造和恢复具有浓烈贵阳风格的商业环境和商业氛围，对现有布局从发展休闲商业区的角度进行再规划，增强吸引力、竞争力。

营造良好的休闲商业氛围一般包括：

1. 具有地方特色的商品

地方特色的商品包括传统老字号和现代创新品牌，老字号历经漫长岁月的风雨，具有良好的口碑和浓厚的文化积淀，都是弥足珍贵的财富，具有不可再生的经济价值、社会价值、文化价值。在弘扬精益求精的工匠精神的当代，积极发扬老字号的品牌价值，能更好地提高市场竞争力，更有利于老字号的传承和创新。贵阳有不少老字号，历史悠久，主要分布在餐饮、食品、医药、酿造等行业，例如贵阳同济堂、冠生源、德昌祥等都是具有鲜明的民族文化背景和深厚的文化底蕴的老字号。饮食类的更多，饮食文化的形成一般基于地域、风俗、气候和民族等诸多因素，因此常常表现出强烈的地方特色。在全球化浪潮日益迅猛的今天，各个国家间、民族间的文化差异日渐缩小，而饮食文化仍然保持着较高的差异性。尤其在社会物质水平大大提高的今天，饮食文化作为旅游六要素中的重要环节其地位也在日益增加。凯里酸汤鱼、老干妈调味品、刘姨妈黄粑粑、青岩卤猪脚、豆腐圆子、肠旺面、荷叶糍粑等等都是贵阳饮食类老字号，参与和见证着这个城市的百年风雨，与城市的发展紧密相连，是城市历史文化的重要组成部分。

2. 修复有历史价值的建筑物和街巷

建筑是地域文化最直接的表现方式，特色街区文化氛围营造的一个要求体现在其建筑风格上，在传统商业街区对建筑物、街巷进行符合文物保护要求的科学修复，对业态进行必要的重组，将分散的文化遗址景观积聚成吸引物，是特色街区功能提升的关键。甲秀楼、文昌阁、老牌坊、达德学院、贵州银行旧址等等都是贵阳现存的老建筑。贵阳的老建筑承载了不同的历史文化，甲秀楼、文昌阁是灿烂的明清建筑的代表；阳明祠展示了博大精深的“行知合一”的阳明学术文化；贵阳北天主教堂、弘福寺是贵州中外宗教文化的代表地；达德学校旧址的历史则是贵州近代教育文化的缩影。对遗址景观保护的意义在于继续其历史文化价值，在传统商业街区对建筑物、街巷进行符合文物保护要求的科学修复，对业态进行必要的重组，是特色街区功能提升的关键。在建筑风格规划上必须准确定位，外在形式与内在人文内涵统一，在兼顾建筑符号物质功能的同时亦要重视其象征功能。

3. 再现老贵阳市井生活方式

生活方式的保护是延续老城活力的基础，一座城市，绵延数百年，记录着光阴，承载着记忆。保护城市记忆中的老城特色，能唤醒人们对城市文化的感悟。而诸如茶楼、戏院这些让人流连忘返的场所，都可以赋予新时代的新内容呈现给游客，兼顾传统特点的同时迎合现代市场需求。贵阳的民间戏剧历史悠久，在汉族地区流行着黔戏、黔剧、花灯剧、地戏等，在少数民族聚居地区流行着侗戏、布依戏等，富有浓郁的地方色彩。在开发现代休闲游娱功能的过程中，以雅俗共赏、老少皆宜为原则，游客既能找到一处淡雅清净的茶楼细细

品茗，也能在本土表演与看客喧闹声中的茶馆里自得其乐。

（三）合理布局业态结构

业态是街区经营商品形式、种类的具体形式，街区业态的布局要根据街区的定位来安排，遵循社会经济的客观规律，不同类型街区其业态组合不同，街区的业态组合要根据针对的市场群体设定，合理的街区业态能够吸引对应的市场群体，实现街区应有的社会经济效益。否则，就不会达到预期的目的，甚至会造成社会资源的浪费。在我国各城市传统文化特色街区发展中不乏成功的案例，如成都宽窄巷、上海新天地、南京1912等。其中南京1912定位为“昔日总统府邸，今朝城市客厅”，以集中式的休闲娱乐业态搭载民国风格建筑，其业态结构以休闲娱乐为主，以餐饮为辅，其次是服务，更多的体验类业态使这个街区文化体验度更高，使文化体验得以穿行在历史中，也使该街区本身成为南京城市文化的一部分。成都宽窄巷以“成都生活精神”为线索，结合“宽”“窄”“井”三条老街及建筑群落，将特色餐饮、宅门酒店、展览形成“成都城市怀旧旅游的人文游憩中心”，实现了“老成都底片，新都市客厅”的发展定位。上海新天地以中西合璧、新旧结合的海派文化为基调，将上海特有的传统石库门旧里弄与充满现代感的新建筑群融为一体，创建既有传统风貌，又具有现代化功能设施的聚会场所，露天茶座及酒吧、广场表演等特色项目，实现了“历史在时尚中”的主题。贵阳特色街区要合理布局街区业态，既要有餐饮、购物等传统业态，也要有休闲、文化体验包括主题小店、手工作坊、书店、茶馆、画廊等业态，使贵阳的本土特色更加鲜明、生动，更具卖点。

三、贵阳市特色街区建设前景展望

建设以贵阳传统文化为底蕴的城市特色街区是贵阳商业街发展转型的关键，从深层次上挖掘自身的文化内涵和异质特性，突出贵阳文化核心价值。在吸纳西方先进的城市建设、城市规划理念的同时，注入本地的文化精髓，使其在满足社会功能需求和精神需求上达到和谐。

贵阳将在近几年里，根据《贵阳特色街区建设行动计划（2016—2018）》，按综合功能型和专业型打造若干条特色街区。着力打造包括汉湘街在内的多条历史风情文化精品街区，包括多彩贵州节庆街在内的多条新城风采精品街区。对于综合功能型商业特色街区，将注重把区位、规模、经营、形态、文化、特色、功能等各大要素进行系列整合，打造成融购物、娱乐、游憩、商务、文化、休闲等多种功能为一体的城市公共活动中心、城市形象展示中心、城市商贸商务中心；对于专业型特色街区，则将更加强化特色魅力，在产业发展的特色化、专营化、规模化上下功夫。

为避免特色街区的同质化，对于新建的商业特色街区，将充分利用各地历史、文化、景观、商业特色集聚街区的优势，注重传统文脉和商脉的传承，将文化作为街区持续发展的内涵，注重街区的市场定位和个性设计，实现与现有街区的错位发展，坚持商旅文结合，集聚特色品牌，提升街区品位。此外，规划还特别强调了特色街区的配套设施建设方向——增设街区旅游接待、中英文标识、消费者投诉等公共服务设施，增强街区的旅游休闲功能，同时满足游客和当地市民的休闲消费需要。

（一）老城街区：延续历史文化与风情

根据《贵阳特色街区建设行动计划》，在贵阳城市发展历史长河中孕育而成的一些老城巷道，将在未来两三年时间内实现新颜与旧貌的替代更迭，像汉湘街、市西路这样贵阳人耳熟能详的街道将会以新的风貌呈现出来。

围绕位于老城核心区位的汉湘街，将打造贵阳汉湘商业文化旅游项目，未来以达德书院旧址建筑形式为蓝本，融汇新时代的功能需求，进行有计划的保留和适度的创新，形成兼容并蓄的新汉湘街风貌，打造街坊氛围，构建人性化特色购物街区，建设成为贵阳市独具特色的文化旅游商业中心。

而家喻户晓的市西路商业街，综合整治形成贵州省第一条滨水商业步行街，全长约800米，涵盖时尚消费、餐饮娱乐、教育培训、民族文化、旅游观光、休闲健身、商务办公、酒店居住于一体，并与市西河形成“水”+“街”的独有商业模式，打造成规模庞大、功能齐全、品质一流的滨河特色商业步行街。

省府路石板街，位于贵阳市中心，由石板铺成，周边古街古巷有着不少贵阳市的文物古建筑群，深藏着贵阳人的历史记忆，极具传统文化色彩，周边有文昌阁、华家阁楼、省工委旧址等多处历史文物。按照市委和云岩区的计划，将把这条充满历史感的街道打造成现代中式和新古典建筑风格的特色文化街区。

在全国闻名遐迩的青岩古镇，则会打造全新寻坊特色街区，以明清建筑风格为主，辅以民国建筑内格，同时融入当地民居建筑特色，将项目打造成集特色文旅、休闲娱乐、特色民居及餐饮住宿文化相

结合。

（二）新城街区：展现时代元素与风采

特色街区的打造不仅仅是单纯围绕老城区展开，以高新区、双龙航空港经济区、白云区等新城区建设为契机，也将着力打造一批新城特色街区，充分展现贵阳城市新的时代元素与风采。

高新区白鹭湖，将打造大数据VR小镇，整个建设内容涵盖了焦耳创客广场、启林山、白鹭湖、筚蓝街、高新区人才酒店、联合广场特色餐饮区等。整体设计将以时尚现代为主，辅以部分古典元素融入其中，采用多首层规划，双动线设计，营造时尚消费体验，打造集文化旅游、休闲购物于一体的城市特色街区。

区位	建设街区	功能定位	功能导向
云岩区	市西路	滨河特色商业步行街	时尚消费、餐饮娱乐、教育培训、民族文化、旅游观光、休闲健身、商务办公、酒店居住
云岩区	省府路石板街	以阳明文化为主题的特色街区	突出历史记忆、贵阳风貌
南明区	汉湘街	历史文化商业街	以达德书院旧址为蓝本，打造街坊氛围
清镇市	青岩古镇	寻坊特色街区	以明清建筑风格为主，融入当地民居
高新区	白鹭湖	大数据VR小镇	文化旅游、休闲购物
双龙航空港经济区	多彩贵州城	多彩贵州城节庆街	民族风情特色街区
白云区	南湖公园+梵华里	梵华里时尚文化体验街区	文化旅游、亲子互动

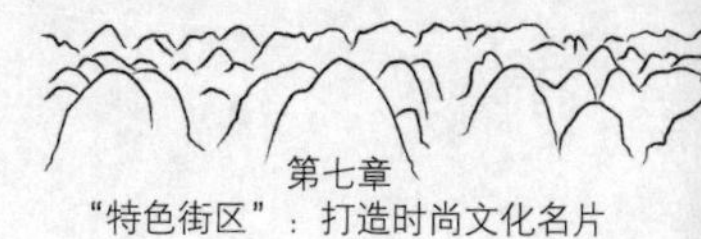

位于双龙航空港经济区的多彩贵州城也将迎来特色街区—多彩贵州城节庆街，整个街区规划建筑面积近20万平方米，以中心水街、原生态仿古街道为主，通过“一轴三中心”实现景观观赏、人文交流、商业发展，独具特色的表演广场通过现代元素结合娱乐、购物，打造具有贵州民族文化风情特色的商品购物街区。

位于白云区的梵华里特色街区项目，打的则是文化旅游与亲子互动主题牌，街区由南湖公园和梵华里项目共同组成，将建成集“城市生态、城市旅游、城市文化”为一体的商业载体城市时尚文化体验街区，体现“优雅慢生活，魅力快时尚”的主题，涵盖零售、文化、旅游、运动、亲子、娱乐美食、客栈、婚庆等丰富功能。

贵阳作为贵州的省会城市，蕴藏了丰富的地域资源和文化沉淀，在特色旅游城市格调提升的过程中，以文化特色为铺垫的特色街区的打造将不再“缺位”。

后 记

2016年10月，贵阳市文化发展大会召开，市委强调，要凸显“五种标识”，提升文化魅力，要打造“五张名片”，提升文化实力，要探索“五条路径”，提升文化张力。为贯彻落实市委市政府重要精神，集中反映以“五张文化名片”为核心的贵阳文化如何服务和保障好创新型中心城市建设，在市委常委、宣传部长兰义彤同志统筹指导下，市委讲师团具体负责组织有关专家学者编写了这本党员干部理论读本。

本书立足加快贵阳打造创新型中心城市战略目标，紧扣全市文化发展大会的有关精神，全面系统展现贵阳文化建设的“硬件”与“软件”，为贵阳文化事业、文化产业发展做出有益思考，同时为打造创新型中心城市、丰富人文内涵提供精神支撑。参加本书编写的有：贺建学（第一章）、袁从亮（第二章）、张小明（第三章）、郑汉（第四章）、颜节（第五章）、韩禄（第六章）、黄丹（第七章）。

在编写过程中，本书借鉴和参考了有关专家学者的观点，在此深表谢意！限于水平和时间，书中恐有疏漏和不当之处，恳请专家学者及读者见谅并不吝赐教。

编者

2017年8月